信阳师范学院商学院 学术文库

ZHONGGUO LIUTONG XIAOLV DE
QUYU CHAYI JI
YINGXIANG YINSU YANJIU

中国流通效率的区域差异及影响因素研究

俞彤晖 ◎ 著

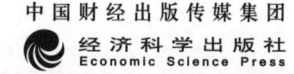

中国财经出版传媒集团
经济科学出版社
Economic Science Press

图书在版编目（CIP）数据

中国流通效率的区域差异及影响因素研究/俞彤晖著.—北京：经济科学出版社，2018.8
（信阳师范学院商学院学术文库）
ISBN 978-7-5141-9635-1

Ⅰ.①中⋯ Ⅱ.①俞⋯ Ⅲ.①流通业-区域差异-研究-中国 ②流通业-影响因素-研究-中国 Ⅳ.①F724

中国版本图书馆 CIP 数据核字（2018）第 185937 号

责任编辑：顾瑞兰
责任校对：王肖楠
责任印制：邱　天

中国流通效率的区域差异及影响因素研究
俞彤晖　著
经济科学出版社出版、发行　新华书店经销
社址：北京市海淀区阜成路甲 28 号　邮编：100142
总编部电话：010-88191217　发行部电话：010-88191522
网址：www.esp.com.cn
电子邮件：esp_bj@163.com
天猫网店：经济科学出版社旗舰店
网址：http://jjkxcbs.tmall.com
北京财经印刷厂印装
710×1000　16 开　11.5 印张　200000 字
2018 年 8 月第 1 版　2018 年 8 月第 1 次印刷
ISBN 978-7-5141-9635-1　定价：45.00 元
（图书出现印装问题，本社负责调换。电话：010-88191502）
（版权所有　翻印必究　举报电话：010-88191586
电子邮箱：dbts@esp.com.cn）

总　序

商学院作为我校 2016 年成立的院系，已经表现出了良好的发展潜力和势头，令人欣慰、令人振奋。办学定位准确，发展思路清晰，尤其在教学科研和学科建设上成效显著，此次在郑云院长的倡导下，拟特别资助出版的《信阳师范学院商学院学术文库》，值得庆贺，值得期待！

商学院始于我校 1993 年的经济管理学科建设。从最初的经济系到 2001 年的经济管理学院、2012 年的经济与工商管理学院，发展为 2016 年组建的商学院，筚路蓝缕、栉风沐雨，凝结着教职员工的心血与汗水，昭示着商学院瑰丽的明天和灿烂的未来。商学院目前拥有河南省教育厅人文社科重点研究基地——大别山区经济社会发展研究中心、理论经济学一级学科硕士学位授权点、工商管理一级学科硕士学位授权点、理论经济学河南省重点学科、应用经济学河南省重点学科、理论经济学校级博士点培育学科、经济学河南省特色专业、会计学河南省专业综合改革试点等众多科研平台与教学质量工程，教学质量过硬，科研实力厚实，学科特色鲜明，培养出了一批适应社会发展需要的优秀人才。

美国是世界近现代商科高等教育的发祥地，宾夕法利亚大学沃顿于 1881 年创建的商学院是世界上第一所商学院，我国复旦公学创立后在 1917 年开设了商科。改革开放后，我国大学的商学院雨后春笋般成立，取得了可喜的研究成果，但与国外相比，还存在明显不足。我校商学院无论是与国外大学相比还是与国内大学相比，都是"小学生"，还处于起步发展阶段。《信阳师范学院商学院学术文库》是起点，是开始，前方有更长的路需要我们一起走过，未来有更多的目标需要我们一道实现。希望商学院因势而谋、应势而动、顺势而为，进一步牢固树立"学术兴院、科研强院"的奋斗目标，走内涵式发展之路，形成一系列有影响力的研究成果，在省内高校起带头示范作用；进一步推出学术精品、打造学术团队、凝练学术方向、培育学术特色、发挥学术优势，尤其是培养一批仍处于"成长期"的中青年学术骨干，持续提升学院发展后劲并更好服务地方社会，为我校实现高质量、内涵式、跨越式发展，建设更加开放、充满活力、勇于创新的高水平师范大学的宏伟蓝图贡献力量！

"吾心信其可行，则移山填海之难，终有成功之日；吾心信其不可行，则反掌折枝之易，亦无收效之期也。"习近平总书记指出，创新之道，唯在得人。得人之要，必广其途以储之。我们希望商学院加快形成有利于人才成长的培养机制、有利于人尽其才的使用机制、有利于竞相成长各展其能的激励机制、有利于各类人才脱颖而出的竞争机制，培植好人才成长的沃土，让人才根系更加发达，一茬接一茬茁壮成长。《信阳师范学院商学院学术文库》是一个美好的开始，更多的人才加入其中，必将根深叶茂、硕果累累！

让我们共同期待！

前　言

近年来，随着改革开放的不断深入，中国经济取得了举世瞩目的成就，商贸流通领域也日趋活跃，以批发零售业为典型代表的中国流通产业取得了长足的发展，流通产业规模不断扩大，流通网点数量迅速增加，流通网络结构基本形成，流通产业主体呈现多元化发展的良好态势，流通业态由原先单一的百货业向多种业态共同发展的流通产业竞争格局转变，流通产业配套基础设施建设力度也在不断加大，电子信息技术在流通领域的广泛使用促使流通现代化初步显现，与此同时，流通产业在国民经济中的重要作用日益凸显，已经跃升为国民经济的先导性和基础性产业。然而，在快速成长的背后，流通产业也面临诸多发展问题。其中较为突出的有：流通产业长期粗放式发展、结构性矛盾突出、商品流通体系缺乏统一规划、产业集中度低、流通环节众多、物流体系建设落后、区域发展不均衡等问题。这些发展问题无一例外地阻碍了商品流通资源的有效配置，增加了流通成本，拖延了流通时间，降低了流通速度，进而造成了当前我国流通产业的核心发展问题——流通效率低下。作为流通产业运行节奏的综合体现，流通效率的高低直接关系到商品流通运行的顺畅与否，关系到流通产业发展的健康合理与否，甚至关系到整个国民经济社会发展大局的稳定与否。因此，对中国流通效率进行全面、系统地分析研究，特别是从区域差异的视角深入研究中国流通效率问题，不仅能够解决对流通效率内涵进行科学认识的问题，而且能够准确掌握中国区域流通效率的真实状况，为后续的研究和相关对策建议的提出提供坚实的理论与实践依据，具有重大的研究价值和研究意义。

当前，学术界对流通效率问题的研究多立足于理论认识的层面，例如，对流通效率重要性的认识、对我国流通效率现状的认识以及对导致我国流通效率低下原因的认识等。在实证研究方面，国内外学者多是将关注的重点放在了流通渠道效率、流通企业效率的研究上，鲜有学者从流通产业整体的视角展开对流通效率的深入研究。基于此，本书将以流通效率为起点，以"提出问题——理论分析——实证分析——解决问题"为逻辑主线，着重探讨中国流通效率区域差异及影响因素问题，并在此基础上有针对性地提出促进中国流通效率协调稳步增长的对策建议。为了实现该研究目的，本书须重点解决好以下几个问题：（1）总结梳理相关文献研究和基础理论，为全书的理论与实证分析提供了坚实的理论基础和方法论；（2）科学合理地界定流通效率的本质内涵，并基于流通效率的内涵，构建中国流通效率测度指标体系；（3）从理论视角展开对中国流通效率区域差异形成初始原因和流通效率影响因素作用机理的分析；（4）实证测度全国31个省（市、区）2006~2015年流通效率的实际水平，从绝对差异和相对差异的视角，全面、客观地衡量中国流通效率区域差异的真实状况，并借鉴区域经济收敛理论，尝试讨论中国区域流通效率的收敛性问题；（5）完成对中国流通效率影响因素作用效果的实证检验。

全书的研究内容和研究结论概括如下：

首先，本书立足于已有相关文献研究的理论成果，对流通效率的本质内涵进行了科学界定，认识到，流通效率是现代流通产业发展体系的核心内容和关键问题，是一个宏观的、具有多元内涵的复合型概念，直接反映了流通运行的节奏和流通价值实现的速度及能力，具体体现为流通速度的提高、流通成本的降低、流通时间的缩短以及资源损耗的减少，它既不是企业层面的效率，也不是行业层面的效率，而是整个流通体系的综合效率，不能单独从某一个视角来衡量，包含了市场效率、企业效率、资本效率和人员效率四层含义。基于流通效率的本质内涵，并依据指标体系构建的全面性、科学性、系统性、针对性和可操作性五项原则，本书从流通的市场效率、企业效率、资本效率、人员效率四个准则层选取了12项基础指标，构建了流通效率的测度指标体系。

其次，借助于区域经济差异理论，本书从理论视角尝试对流通效率区域差异形成的初始原因进行了分析，认识到，流通效率存在区域差异的现象在理论上是具有客观必然性的，这种区域差异还可能会随着经济的发展而不断扩大，仅依靠市场的力量是无法使其自动消失的。本书还基于既有文献对流通产业影响因素问题的研究，结合中国流通产业发展的实际情况，选取了包含市场化水平、城市化水平、信息化水平、对外开放程度以及基础设施建设水平在内的五个因素作为流通效率的外部影响因素，并分别就这五个外部影响因素对流通效率的作用机理进行了系统性分析。

再次，本书用了四章的篇幅完成了对中国流通效率区域差异及影响因素问题的实证研究。分别是：（1）中国流通效率的实证测度。利用主客观综合赋权法构建了流通效率综合权重测度公式，基于该公式，选取相应的基础数据，测度了中国（不包括港澳台）31个省（市、区）2006~2015年流通效率的实证结果。结果显示：全国31个省（市、区）流通效率综合值在近10年间均有所提高，但总体效率仍然不高，仍有超过半数省（市、区）的流通效率综合值是低于全国平均水平的。中国各省（市、区）流通效率水平各异，且分布不平衡，有显著的地域差异。（2）中国流通效率区域差异的实证测度。分别从绝对差异和相对差异两种视角选取多个指标，客观全面地评价了中国流通效率的区域差异状况。结果显示：2006~2015年，中国流通效率的区域绝对差异在不断扩大，而区域相对差异则有所下降。东部、中部、西部三大区域的流通效率区域差异程度各异，且区域内部的差异程度明显高于区域间的差异程度。（3）中国区域流通效率的收敛性分析。基于对经济收敛理论及文献的总结梳理，采用适用于流通效率的收敛检验方法，针对中国区域流通效率进行了收敛性的实证检验。结果显示：2006~2015年，中国区域流通效率不存在 δ 收敛，并且无论在全国各省（市、区）间还是东部、中部、西部三大区域内部各省（市、区）间均不存在 β 绝对收敛，然而，全国各省（市、区）和东部、中部、西部三大区域内部省（市、区）的流通效率均存在显著的条件收敛。从收敛速度来看，全国和东部、中部、西部三大区域内省（市、区）流通效率均有超过10%的条件收敛速度。此外，东部、中部、西部三大区域内部省（市、区）流通效率不存在俱乐部收敛现象。（4）中国流通效率影响因素的实证分析。针对中国流通效率影响因素作用效果的理论假设，本书选取相应的统计数据进行了实证检验，结果发现，各变量的回归系数与理论假设的预期结论基本一致，但也存在微小的差异。从全国视角来看，五个外部因素均对流通效率具有显著的正向影响效果，依据影响效果的强弱排名，分别为城市化水平、市场化水平、对外开放程度、基础设施建设水平和信息化水平。但在东部、中部、西部视角下，部分变量存在统计上不显著的问题，此外，基础设施建设水平在东部区域的影响系数为负值。

最后，本书基于前文的理论与实证分析，提出了促进中国流通效率协调稳步增长的对策建议。主要包括：进一步深化流通体制改革，加速流通产业市场化进程；推进新型城镇化建设，完善城乡商贸流通体系；加快流通产业信息化建设步伐，全面提升流通信息化水平；深化流通产业对外开放，提升本土流通企业国际竞争力；进一步加强流通基础设施建设，以适应流通产业现代化发展需要。

本书的创新之处包括：（1）从区域差异的视角深入细致地探究了中国流通效率的时空变动情况，为中国流通效率问题研究提供了一个崭新的视角。（2）运用收敛性思想探索了中国流通效率区域差异的演化趋势问题，为中国区域流通效率问题研究提供了新的研究思路。(3) 系统分析了中国区域流通效率影响因素的作用机理，并利用省级面板数据完成了实证检验工作，这是对流通产业发展影响因素研究理论及实践的拓展和补充。(4) 运用多种创新性实证研究方法完成了本书所需的实证测度及检验工作，丰富了中国区域流通效率研究的实证研究方法。

俞彤晖

2018 年 7 月

目 录

第一章　导论 (1)
 第一节　选题背景 (1)
 第二节　研究目的与研究意义 (7)
 第三节　研究思路、研究内容、章节安排与技术路线 (9)
 第四节　研究方法 (13)

第二章　文献综述和理论基础 (15)
 第一节　基本概念 (15)
 第二节　文献综述 (19)
 第三节　理论基础 (33)
 第四节　本章小结 (48)

第三章　中国流通效率的理论分析 (49)
 第一节　流通效率的内涵界定 (49)
 第二节　流通效率测度指标体系的构建 (52)
 第三节　中国流通效率区域差异理论分析 (57)
 第四节　中国流通效率影响因素的理论分析 (60)
 第五节　本章小结 (67)

第四章　中国区域流通效率的测度 (69)
 第一节　指标权重的确定 (69)
 第二节　中国区域流通效率的静态测度 (83)
 第三节　中国区域流通效率的动态测度 (87)
 第四节　本章小结 (91)

第五章　中国流通效率区域差异的测度 (93)
 第一节　区域差异测度方法概述 (93)

第二节　中国流通效率区域差异的测度方法选择与调整 …………（98）
　　第三节　中国流通效率区域差异的测度结果与分析………………（101）
　　第四节　中国流通效率区域差异的总体特征………………………（109）
　　第五节　本章小结……………………………………………………（111）

第六章　中国区域流通效率的收敛性分析………………………………（112）
　　第一节　区域经济收敛理论与相关研究……………………………（112）
　　第二节　区域流通效率的收敛性分析………………………………（117）
　　第三节　本章小结……………………………………………………（124）

第七章　中国流通效率影响因素的实证分析……………………………（126）
　　第一节　相关数据说明………………………………………………（127）
　　第二节　面板模型的设定与检验……………………………………（129）
　　第三节　面板协整方程的估计及分析………………………………（134）
　　第四节　本章小结……………………………………………………（138）

第八章　促进中国流通效率区域协调稳步增长的对策…………………（139）
　　第一节　全面深化流通体制改革……………………………………（140）
　　第二节　推进新型城镇化建设………………………………………（141）
　　第三节　加快流通信息化建设步伐…………………………………（143）
　　第四节　深化流通产业对外开放……………………………………（145）
　　第五节　加强流通基础设施建设……………………………………（147）
　　第六节　本章小结……………………………………………………（148）

第九章　结论与展望………………………………………………………（150）
　　第一节　主要结论……………………………………………………（150）
　　第二节　创新之处……………………………………………………（154）
　　第三节　研究展望……………………………………………………（156）

参考文献……………………………………………………………………（158）
后　　记……………………………………………………………………（172）

第一章
导　论

第一节　选题背景

伴随着20世纪70年代末开始的改革开放，中国流通产业发生了翻天覆地的变化。在计划经济时期，由于受"重生产、轻流通"观念的影响，我国商贸流通业长期被视为"末端""次要"的行业，发展受到严重制约，"流通无用论"成为那个时代的主流观点。20世纪90年代以后，随着社会主义市场经济体制的确立，商品流通体制逐步完善，流通领域日趋活跃，人们对流通产业地位的认识也从最初的"流通无用论""流通从属论"转变为"先导产业论""主导产业论""战略产业论"以及"基础产业论"（徐从才、盛朝迅，2012）。[①]

一、中国流通产业发展状况

（一）中国流通产业迅猛发展，市场规模不断扩张

改革开放40年来，我国商品流通领域发生了巨大的变化，流通体制改革取得了显著的成效，流通产业得以迅猛发展。在改革开放初期，受限于当时我国商品短缺的现实条件，流通的商品和渠道完全由国家计划掌控，商品供给能力十分弱小，经过40年的大胆改革创新，中国流通产业顺应时代要求，逐步打破了计划经济条件下的商品供求格局，初步形成了具有中国特色的、适应社会主义市场

---

① 徐从才，盛朝迅. 大型零售商主导产业链：中国产业转型升级新方向 [J]. 财贸经济，2012 (1)：71-77.

经济体制的现代流通产业。特别是在进入 21 世纪以来，中国流通产业发展步伐明显加快，市场规模不断扩张，位居世界前列。全年社会消费品零售总额从 2000 年的 3.9 万亿元增长至 2016 年的 33 万亿元，年均增长率接近 15%。2016 年末，批发和零售业法人企业数达到 19.3 万个，较 2000 年增长了 541.8%，全年实现商品销售总额 55.89 万亿元，销售规模是 2000 年的 8 倍以上。此外，值得一提的是，网上零售交易规模在 2016 年达到 5.16 万亿元，继续保持超过 26.2% 的高速增长。① 从这些数据可以看出，近十几年来，伴随着中国经济的高速发展，流通产业市场规模迅速扩张。

（二）流通多元化发展，新型商业流通格局逐步形成

改革开放初期，我国流通业态和流通渠道单一，经营方式较为传统，经过近 40 年的发展，流通业态由原先单一的百货业向包含超市、百货、便利店、专业店、网上商城、厂家直销中心、专卖店、仓储会员店、折扣店、家居建材商店以及基于多种零售业态集聚的大型购物中心（shopping mall）等多业态共同发展的流通业竞争格局转变。与此同时，流通产业主体已然呈现出多元化发展的良好态势，流通产业原有的国有垄断发展格局被打破，国有企业一家独大的情形转变成国有企业、集体企业、联营企业、私营企业、股份合作企业、港澳台投资企业、外商投资企业等多元主体共同发展格局。2016 年，以上批发零售企业中国有法人企业和从业人员占比分别减少至 1.82% 和 3.68%，集体法人企业和从业人员占比分别减少至 1.19% 和 1.03%，私营法人企业和从业人员占比分别达到 57.51% 和 35.07%，港澳台商投资企业和从业人员占比也分别增至 1.80% 和 6.76%。② 从当前我国流通业态的多样化发展趋势和流通主体的多元化发展趋势可以看出，新型的商业流通格局正逐步形成。

（三）流通产业全面对外开放，商品流通领域外商投资不断增加

作为我国对外开放的重要组成部分，商品流通领域的对外开放起始于 1992 年，当时仅是试点开放，直至 2001 年中国加入世界贸易组织，以及 2004 年底全面放开流通产业，外资企业才真正意义上被允许进入我国批发、零售等所有商品流通领域。近几年来，外资流通企业在华增量巨大，截至 2016 年末，外商投资批发零售企业已有 3 475 个，从业人员超过 81.4 万人，企业和从业人员数量占批

---

①② 中国统计年鉴，2017.

发零售业总数的比重分别增至1.80%和6.82%，发展十分迅速，已然成为中国商品流通市场中一支不可忽视的力量。① 我国本土流通企业通过与外商投资流通企业的市场竞争，能够不断获取新的增长动力，逐步形成自身发展的良性循环机制，并涌现出一批颇具国际竞争力的优秀流通企业。

（四）商品流通市场体系基本形成，流通现代化初步显现

改革开放初期，我国商品经济形式单一，流通中的商品基本被计划管理控制，实行统购派购、计划调拨、国家定价、凭票凭本、定量供应，随着社会主义市场经济体制的建立和不断完善，商品资源极大丰富，市场体系快速发育，市场机制逐步发挥作用，生产者、经营者、消费者对市场的依赖程度有了很大提高，商品交易市场得到了长足的发展，各种要素市场、无形市场应运而生。截至2016年末，我国亿元以上商品交易市场数量达到4 861个，成交额达到102 139.7亿元，依然保持较高的增长速度。城乡流通网点数量飞速增长，流通网络也已基本形成，电子商务、现代物流、连锁经营等现代化流通形式发展迅速，电子信息技术在流通领域广泛使用，电子化运营、采购、运输、储存等管理方式已在城市普及，居民购物环境得到大幅提升，流通现代化初步显现。

此外，伴随着流通产业规模扩张、流通产业主体和业态多元化发展，流通产业配套基础设施建设力度也在不断加大。截至2016年末，全国公路里程达到469.63万公里，铁路营业里程12.40万公里，定期航班航线里程634.81万公里，内河航道里程12.71万公里。随着我国流通产业基础设施建设的不断升级完善，流通能力得到大幅提升，2016年，全国公路货运量达到3 341 259万吨，铁路系统货运总量攀升至333 186万吨，水运货运量总计638 238万吨，民航货运量总计668.0万吨。②

（五）流通产业在国民经济中的重要作用日益凸显

流通产业作为市场经济体制下连接生产与消费的相对独立的环节，是国民经济顺畅运行的纽带与桥梁。经历了40年的改革开放，我国流通产业由弱小到壮大，由落后到先进，由封闭到开放，在促进生产、引导和扩大消费方面的重要作用日益凸显。特别是近年来，国内外经济形势复杂多变，中国经济增长速度缓慢回落，过去依靠投资拉动产能扩张推动经济快速增长的模式已不可持续，国民经

①② 中国统计年鉴，2017.

济的增长转而依靠消费驱动，流通对消费的促进作用显得尤为重要。具体来说，流通产业在国民经济中的重要作用主要体现在诸如对GDP、三次产业、社会就业等多方面的贡献。中国流通产业近年来正处在快速发展阶段，流通产业增加值占GDP比重以及占第三产业增加值比重均逐年提高。由于流通产业的双向促进引导作用，产业关联效应较高，对第一产业、第二产业以及第三产业都有重要的推动作用。此外，随着经济发展水平的不断提高，处于第三产业的流通产业吸纳劳动力的能力较强，为社会提供了大量的就业岗位，流通产业就业人数占全社会就业总人数比重逐年增大。

中国流通产业改革开放40年的成就斐然，但我们仍应清醒地认识到，与发达国家相比，我国流通产业在很多方面都存在差距，接下来，我们将结合当前我国的流通实践，简要地分析中国流通产业发展中存在的问题。

二、中国流通产业发展存在的问题

（一）对流通产业重视不够，扶持力度低

由于长期受"计划经济"时期"重生产、轻流通"观念的影响，中国流通产业在国家经济发展过程中一直缺乏明确的产业定位，一度被视为社会再生产的独立"末端环节"，且被认为缺乏价值创造功能，尤其是各级政府在"发展是第一要务"思想指导下，片面追求GDP，热衷发展高产出的制造业，而将流通产业发展放在次要位置，"重工轻商"的大环境严重阻碍了我国流通产业发展。尽管学术界已相继提出流通产业的"先导产业论""主导产业论""基础产业论"和"战略产业论"，然而，截至目前，国家产业政策层面仍未就流通产业地位进行明确定位，反映了国家对流通产业作用及功能缺乏足够认识。

与此同时，国家对流通产业扶持力度不足。从中央到地方各级政府预算中对流通产业的资金支持明显少于其他行业，且在内外贸政策方面存在重外贸轻内贸政策导向，致使我国内外贸体制差异显著，无法实现内外贸一体化发展。在流通人才培养方面也同样面临着重视不足的问题，例如，1998年，教育部对大学本科专业目录进行了调整，调整本身在当时具有一定的合理性，然而，这次调整将贸易经济专业从本科专业目录中剔除，仅有少数商贸类院校保留了该专业，这一决定存在值得商榷的地方，是不利于相关学科发展的，导致贸易经济专业人才的大量短缺，也从一个层面反映了国家对流通理论研究及流通人才培养方面重视不足。

(二) 流通产业长期粗放式发展，整体效率低下

我国流通产业仍处在粗放型发展阶段，在发展道路上选择的是通过不断增加投资实现的外延式发展。粗放式、外延式发展方式使得诸多问题凸显出来，例如，流通结构性矛盾突出，商品流通体系缺乏统一规划，部分地区商业网点建设出现比例失调、分工专业化程度低、功能定位重复等结构失衡现象，批发行业萎缩，配送、仓储等物流中心建设发展缓慢。与此同时，流通产业片面追求规模扩大，虽然在产业规模上得以扩张，流通网点数量也大幅增加，但流通布局却因此出现许多不合理现象，包括许多商业网点出现严重空间不均衡，部分流通业态过度竞争及流通基础设施盲目建设等问题。

改革开放以来，我国商业运作模式及生产方式落后，造成了市场流通体系不健全、不规范、流通环节繁多，当落后的生产方式与大市场接轨时必然带来高成本的流通过程，导致流通整体效率低下。流通成本主要来自两个方面：一个是批发零售环节成本，另一个是社会物流成本。商场、超市等流通网点对商品生产厂商收取诸如进场费、摊位租金、广告宣传费、水电费、销售人员工资等高额费用是造成批发零售环节成本居高不下的重要原因。同样，物流成本过高也使得流通成本难以降低，据有关部门统计，生产制造业厂商的物流成本约占总成本的40%，降低物流成本成了商品生产厂商提升市场竞争力的关键所在。因此，降低流通成本，提高流通效率，一方面要努力控制批发零售环节的经营成本，另一方面要健全现代化物流网络，促使商品流通市场高效运转。

(三) 我国流通产业与国际先进水平差距较大

进入21世纪以来，随着生产社会化的深入，几乎所有国家的生产与消费都迈入全球化进程，流通利用现代化手段跨越了国界，将世界各国的分工和交易都纳入国际化大流通当中。中国流通产业在当今时代国际化大潮中，尤其是在加入WTO以来，获得了较大的发展，然而在国际化条件下，我国流通产业仍面临着许多问题，与国际先进水平仍存在着较大差距，还需要长时间的探索完善和调整适应。

首先，在流通企业经营观念上，国内企业与国外先进企业存在着较大差距。我国零售企业长期存在着经营思路狭隘、理念陈旧等问题，在商品销售过程中出现对消费者不负责任的非正当经营行为，甚至存在一定的商业欺骗行为，企业发展也缺乏战略眼光，盲目地攀比、模仿，无法找准自身定位，"同质化"严重。与此形成鲜明对比的是，国外先进流通企业不断创新发展，通过实施客户服务战

略，细化消费者潜在和真实的需求，把握市场脉搏，利用服务、包装等方式增加商品个性化差异程度，努力提高消费者满意度。

其次，我国流通产业集中度较低，行业内部发展不均衡，流通企业多以中小型企业为主，规模较小，难以形成规模效益。而发达国家流通业集中度普遍较高，具有国际水平的大型专业化流通企业数量较多，连锁经营比重较大，例如，全球零售企业前30名全部是来自发达国家的跨国连锁企业。

在流通产业信息化方面，发达国家也远较中国起步早，早在20世纪60年代，西方国家流通产业便开始走信息化发展道路，像美国的流通产业信息化一直走在世界前列。这源于发达国家早已认识到科学技术进步才是流通产业发展的根本动力，只有不断研发新一代信息技术，并积极运用在流通领域，才能促使流通产业由劳动密集型向技术密集型发展，从根本上降低流通成本，提高流通产业竞争力和效率。

中国物流业发展还处在初级阶段，技术及服务水平相对落后，在现代化物流配送体系建设方面存在不足，尚不能在打造高效流通环节方面作出较大贡献。与此形成鲜明对比的是，发达国家在第三方物流服务方面愈发重视客户需要，不断创新服务形式、服务内容，为客户提供量身定制的一体化物流及供应链解决方案。

（四）流通产业区域发展不均衡

当前，我国流通产业正处在向现代流通业转变升级的过程当中，相对于市场形势的变化，缺乏统一、合理的流通产业发展规划，面临着较多的发展困难，尤其是我国各区域间流通产业发展不均衡问题愈加显著。鉴于流通产业在区域经济发展中发挥着重大促进作用，流通产业的区域发展不均衡问题必须予以高度重视。

从整体上看，当前，我国流通产业发展区域差异主要表现为东部、中部、西部区域之间的发展差异，东部区域流通产业发展水平遥遥领先于中部、西部区域。中部、西部区域总人口数占全国近2/3，然而，其零售网点数量却不及全国零售网点总数的一半。此外，各省（市、区）之间流通产业发展差异也十分明显，这主要是因为当前我国市场经济体制改革不够深入，仍普遍存在地方保护主义、地方经济垄断现象，严重阻碍了流通产业的跨地区发展。地方保护主义排斥异地流通企业进入本地流通市场，妨碍地区间平等竞争，影响商品流通资源的合理配置，造成市场分割，逐步形成封闭、保守、垄断的不良流通市场环境，严重阻碍了流通企业的合理扩张和商品流通资源的有效配置。

综上所述，中国流通产业在近年来迅速成长的同时，也面临诸多发展问题，其中较为突出的是：流通产业长期粗放式发展，结构性矛盾突出，商品流通体系缺乏统一规划，区域发展不平衡，产业集中度低，流通环节众多，配套物流体系建设落后等。这些发展问题无一例外地阻碍了商品流通资源的有效配置，增加了流通成本，拖延了流通时间，降低了流通速度，进而造成了当前我国流通产业的核心发展问题——流通效率低下。作为流通产业运行节奏的综合体现，流通效率的高低直接关系商品流通运行的顺畅与否，关系流通产业发展的健康合理与否，甚至关系整个国民经济社会发展大局的稳定与否。因此，对中国流通效率进行全面、系统的分析研究，特别是从区域差异的视角深入研究中国流通效率问题，不仅能够解决对流通效率内涵进行科学认识的问题，而且能够准确掌握中国区域流通效率的真实状况，为后续的研究和相关对策建议的提出提供坚实的理论与实践依据。

第二节　研究目的与研究意义

一、研究目的

本书的研究目的是全面、系统、深入地探讨中国流通效率区域差异及影响因素，并在此基础上有针对性地提出促进中国流通效率区域协调稳步增长的对策建议。为了达到该研究目的，本书须重点解决如下几个问题。

（1）厘清中国流通效率的相关理论基础，包括基本概念的界定、相关文献的评述、基础理论的回顾等。

（2）科学合理地界定流通效率的内涵，并基于流通效率的内涵，构建中国流通效率的测度指标体系，实证测度中国区域流通效率的真实水平。

（3）从理论视角展开对中国流通效率区域差异形成初始原因的分析，充分了解中国流通效率存在区域差异现象的客观必然性。

（4）从理论视角展开对中国流通效率影响因素的作用机理分析。

（5）实证测度中国流通效率的区域差异，并运用收敛性分析的方法探讨中国流通效率的区域差异会否长期存在的问题。

（6）构建流通效率影响因素的实证检验模型，基于全国和东部、中部、西部视角，完成对中国流通效率影响因素作用效果的实证检验。

（7）在完成本书理论与实证分析的基础上，有针对性地提出促进中国流通效率区域协调稳定增长的对策建议。

二、研究意义

当前，学术界对流通效率的理解与认识仍存在一些分歧，对其内涵的界定和评价方法也是见仁见智，但较为统一的认识是，流通效率的高低直接关系商品流通运行的顺畅与否，关系流通产业发展的健康合理与否，甚至关系整个国民经济社会发展大局的稳定与否。因此，对中国流通效率进行全面、系统的分析研究，特别是从区域差异的视角深入研究中国流通效率问题，不仅能够解决对流通效率内涵进行科学认识的问题，而且具有极其重大的理论及实践意义。

（一）理论意义

从理论层面来看，深入研究流通效率问题，有助于加深对流通效率本质内涵的理解，增强流通理论体系研究的全面性，更好地引导流通产业向着低成本、高效率方向发展。本书综合应用流通经济学、区域经济学、产业经济学和发展经济学等学科的相关理论和方法，通过交叉与延伸研究，拓宽了流通产业发展研究的分析框架和视角，丰富和发展了流通理论体系。

目前，有关流通效率的研究还处于起步阶段，没有一个全面、系统、科学的评价指标体系，本书结合相关理论，基于流通效率的本质内涵构建了流通效率测度指标体系，并采用主客观定权的方法确定了指标体系中各基础指标的综合权重，测算出中国各省（市、区）流通效率的实证结果，不仅能够准确、客观地反映流通效率的真实水平，为促进流通产业高效发展提供评价依据，而且也为深化流通理论体系作出了新的尝试。

本书基于区域经济差异相关理论，尝试对中国流通效率区域差异形成的初始原因进行分析，从理论视角阐释了中国流通效率存在区域差异的客观必然性，具有一定的创新思路。还在既有研究的基础上，结合中国流通产业发展的实际情况，选取了包含市场化水平、城市化水平、信息化水平、对外开放程度以及基础设施建设水平等因素的中国区域流通效率影响因素，从理论视角展开了中国流通效率影响因素的作用机理分析，丰富了流通产业发展影响因素的理论研究。

本书在理论分析的基础上对中国流通效率区域差异进行了实证测度，同时，构建流通效率影响因素的实证检验模型，完成了对中国流通效率影响因素的作用效果的实证检验。一方面，准确把握了流通产业区域差异化发展特征；另一方面，客观衡量了中国区域流通效率影响因素的作用效果，为后文中各区域因地制宜地提出促进中国流通效率区域协调稳步增长的对策建议提供了充足的理论依据。

（二）实践意义

有助于促进社会和国民经济和谐稳定发展。在新时期，中国经济已经迈入新的发展阶段，发展战略目标为转变经济增长方式、促进国民经济又好又快发展。作为国民经济重要组成部分，中国流通产业同样面临着发展方式转变这一现实需求，而流通效率综合反映了流通产业运行的节奏和价值实现的速度，为检验流通产业发展方式转变成效提供了重要的参考，因此，研究流通效率问题具有重大实践意义。

有助于全面提升流通产业竞争力。流通效率是反映流通产业核心竞争力的关键指标，在当今国际竞争日益激烈的大环境下，作为实现中国梦的重要手段，努力提高中国流通效率整体水平，实现流通产业区域协调高效发展，是突破中国流通产业长期以来的发展瓶颈、逐步缩小与国际先进水平的差距、更好地为生产和消费服务的必由之路。

有助于促进中国流通产业区域协调高效发展。对中国各区域流通效率进行科学、准确地测度，能够及时、全面地掌握流通产业区域发展差异化程度，找出各区域流通产业发展存在的问题。通过对流通效率区域差异演进情况的分析，能够引起社会各界对中国流通产业区域协调发展的重视，及时采取措施防止流通产业区域发展差异进一步扩大，并因地制宜地提出切实可行的对策建议，促进中国流通产业的区域协调高效发展。

第三节　研究思路、研究内容、章节安排与技术路线

一、研究思路

本书以"提出问题——理论分析——实证分析——解决问题"为逻辑主线，以流通效率为起点，研究思路着重围绕如下问题展开：中国流通效率的区域差异真实情况如何，中国流通效率的区域差异会否长期存在，流通效率的影响因素有哪些。第一，梳理了流通产业研究相关理论基础，综述了国内外相关研究，在此

基础上对流通效率内涵进行了科学界定,并据此构建了中国流通效率测度指标体系;第二,从理论视角上对中国流通效率区域差异形成的初始原因进行分析,充分了解中国流通效率存在区域差异现象的客观必然性;第三,从理论视角展开对中国流通效率影响因素作用机理的分析;第四,使用主客观综合定权的方法确定流通效率测度指标体系的综合权重,并在此基础上对近年来我国各省(市、区)流通效率进行实证测度与科学评价,发现中国流通效率存在较为严重的区域不平衡现象,揭示了流通产业区域协调发展过程中存在的问题;第五,以各省(市、区)流通效率值为基础,从中国和东部、中部、西部两种视角对我国流通效率的区域差异进行了实证测度,并使用收敛性分析的方法探讨了我国流通效率区域差异会否长期存在的问题;第六,构建流通效率影响因素的实证检验模型,基于全国和东部、中部、西部视角,完成对中国流通效率影响因素作用效果的实证检验;第七,基于以上理论和实证分析,结合中国各区域流通产业发展实际情况,有针对性地提出促进区域流通效率协调稳步增长的对策建议。

二、研究的主要内容

中国流通效率的区域差异及影响因素研究是一个多学科交叉的领域,研究的内容涉及流通经济学、产业经济学、区域经济学等。因此,本书对于中国流通效率的区域差异及影响因素研究,拟以流通经济学、产业经济学、区域经济学等学科的经典理论为基础,采用定性分析与定量分析相结合的方法展开研究,主要研究内容为以下几方面。

(一) 流通效率的内涵界定

通过文献检索、整理和述评,从流通效率重要性的认识、流通效率的现状及成因、流通效率的相关实证研究等多方面的已有文献研究中梳理出国内外学者对流通效率内涵的认识,并在此基础上结合流通效率的宏观性、整体性等特点,对流通效率的本质内涵进行科学界定。

(二) 中国流通效率区域差异及影响因素的理论分析

理论是实证的基础,在进行相关实证研究之前,必须对研究的问题进行理论分析。对于中国流通效率区域差异的理论分析,本书首先在相关研究的基础上界定了中国流通效率区域差异的内涵,随后借助区域经济差异相关理论对流通效率形成的初始原因进行了一定的理论推演分析,认识到了中国流通效率存在区域差异的客观必然性。对于中国流通效率影响因素的理论分析,本书通过对流通产业和服务业发展影响因素问题研究的总结梳理,结合中国流通产业发展的实际情况,认识到市场化水平、城市化水平、信息化水平、对外开放程度、基础设施建设水平五个因素可能对流通效率产生影响,在此认识的基础上,本书进一步分别就这五个影响因素对流通效率的作用机理进行了系统性的分析。

(三) 中国区域流通效率的测度

本书在流通效率内涵界定的基础上,依据指标体系构建的全面性、科学性、系统性、针对性和可操作性五项原则,从流通的市场效率、企业效率、资本效率、人员效率四个层面选取相应指标构建了中国流通效率测度指标体系,随后运用层次分析法和主成分分析法分别计算出流通效率测度指标的主、客观权重,再运用乘法合成归一法确定了一组现有条件下最优的主客观综合权重,构建出一个具体的流通效率综合权重测度公式。基于该测度公式,本书选取全国(不包含港澳台)31个省(市、区)作为流通效率测度的研究对象,将研究的时间跨度定为2006~2015年,利用经过处理的基础数据得出了中国31个省(市、区)2006~2015年流通效率的实证结果。

(四) 中国流通效率区域差异及收敛性分析

在得出了全国31个省(市、区)2006~2015年的流通效率实证结果后,为了更加全面、深入、严谨地揭示中国流通效率区域差异的真实状况,本书选取了包括极值差幅(R)、极均值差幅(R_m)、相对平均离差(D_r)、变异系数(CV)、基尼系数(Gini coefficient)和泰尔指数(Theil index)在内的多种区域差异测度方法,从绝对差异和相对差异两种视角对2006~2015年中国流通效率区域差异的动态演进趋势进行了全面、准确、客观的实证测度,并利用分解了的泰尔指数计算公式测度了基于东部、中部、西部三大区域分组的区域间差异与区域内差异。针对中国区域流通效率的收敛性问题,本书在借鉴区域经济学中经济收敛理论的基础上,运用多种收敛检验模型对区域流通效率的收敛性进行实证分析。

(五) 中国流通效率影响因素作用效果的实证检验

本书基于中国流通效率影响因素的作用机理分析,提出了相应的理论假设,即假设在其他外部条件不变的情况下,市场化水平、城市化水平、信息化水平、对外开放程度和基础设施建设水平对流通效率均具有正向影响作用,针对这一理论假设,本书构建了流通效率影响因素实证分析面板回归模型,并选取相应的统计数据进行了实证检验。

（六）提出针对性的对策建议

在完成上述问题的研究后，考虑到中国流通效率区域差异调控的总目标是"加强流通产业的区域协调可持续发展，将流通效率的区域差异控制在合理的范围内"，为促进中国流通效率区域协调稳步增长，避免流通效率区域差异程度进一步加剧，本书从多方面综合把握，提出了若干具有较强针对性的对策建议。

三、章节安排

本书具体的章节安排如下：

第一章是导论。主要陈述了本书的选题背景、研究目的、研究意义、研究思路、研究内容、章节安排、技术路线和研究方法等。

第二章是文献综述和理论基础。主要介绍了部分基本概念，综述了相关文献研究，总结梳理了流通基本理论和区域经济差异理论。

第三章是中国流通效率的理论分析。主要界定了流通效率的内涵，构建了测度指标体系、分析了中国流通效率区域差异形成的初始原因及中国流通效率影响因素的作用机理。

第四章是中国区域流通效率的测度。确定了流通效率测度指标体系的主客观综合权重，完成了对中国区域流通效率的静态和动态测度，并对东部、中部、西部三大区域视角下的流通效率进行了动态描述性分析。

第五章是中国流通效率区域差异的测度。介绍了常见的区域差异测度方法，完成了中国流通效率区域差异测度方法的选择与调整，测度了中国流通效率的区域差异，并分析了区域差异的总体特征。

第六章是中国区域流通效率的收敛性分析。总结梳理了区域经济收敛理论与研究，对区域流通效率的收敛性进行了实证分析。

第七章是中国流通效率影响因素的实证分析。针对流通效率影响因素作用效果的理论假设，选取相应的统计数据进行了实证检验。

第八章是促进中国流通效率区域协调稳步增长的对策。分别从五个方面提出了针对性的对策建议。

第九章是结论与展望。总结了全书的相关结论，陈述了研究存在的不足之处并提出了研究展望。

四、技术路线

本书的技术路线如图 1-1 所示。

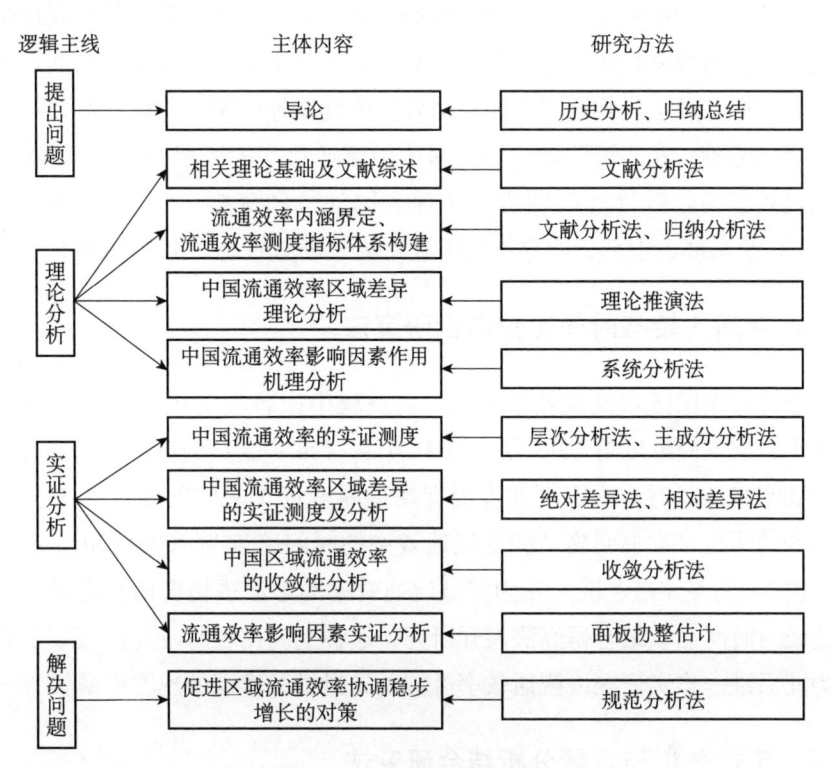

逻辑主线	主体内容	研究方法
提出问题	导论	历史分析、归纳总结
理论分析	相关理论基础及文献综述	文献分析法
理论分析	流通效率内涵界定、流通效率测度指标体系构建	文献分析法、归纳分析法
理论分析	中国流通效率区域差异理论分析	理论推演法
理论分析	中国流通效率影响因素作用机理分析	系统分析法
实证分析	中国流通效率的实证测度	层次分析法、主成分分析法
实证分析	中国流通效率区域差异的实证测度及分析	绝对差异法、相对差异法
实证分析	中国区域流通效率的收敛性分析	收敛分析法
实证分析	流通效率影响因素实证分析	面板协整估计
解决问题	促进区域流通效率协调稳步增长的对策	规范分析法

图 1-1 本书的技术路线

第四节 研究方法

本书采用的研究方法主要有规范分析与实证分析结合研究法、空间比较与时间比较结合研究法、定性分析与定量分析结合研究法。研究方法的多样性有利于本书从不同的视角更加客观、全面地研究中国流通效率问题。

一、规范分析与实证分析结合研究法

进行规范分析时，根据本书逻辑思路和研究对象的需要，首先，搜集大量与流通、流通产业、流通效率相关的国内外文献，对已有研究成果进行系统地述

评,明确了下一步研究的方向;其次,结合流通经济学、产业经济学与区域经济学等学科的相关理论,梳理出用于进行中国流通效率区域差异问题研究的基础理论,并将这些理论作为分析问题和制定政策的理论依据。

本书的实证分析侧重于对流通效率的区域差异及演进趋势进行客观评价和分析。通过对流通效率相关理论的规范研究,本书对中国流通效率的内涵进行了科学界定,在此基础上,构建了中国流通效率测度指标体系,并以此作为进一步分析的前提和基础。在实证阶段,本书对中国流通效率的区域差异及其演进趋势、区域流通效率的收敛性等问题进行了深入的评价和分析,发现了全国 31 个省(市、区)及东部、中部、西部三大区域间流通效率的差异化发展趋势。

二、空间比较与时间比较结合研究法

本书针对中国区域流通效率现状,为反映中国各省(市、区)流通效率的真实水平,从空间维度对 2015 年中国 31 个省(市、区)的流通效率演进趋势进行了实证测算。同时,为了更加准确客观地测度近年来中国各省(市、区)流通效率变动情况,本书明确了测度流通效率的时间跨度为 2006～2015 年,同样选取全国 31 个省(市、区)作为区域流通效率动态演进情况的研究对象,采用空间比较与时间比较结合研究法展开研究,这种空间比较与时间比较结合研究的方法为此后进一步实证测度流通效率区域差异提供了客观的现实依据。

三、定性分析与定量分析结合研究法

本书依据流通产业发展、流通效率的相关理论基础,通过国内外流通相关文献的比较研究,对中国流通效率的内涵进行了科学界定,定性分析了中国流通产业及流通效率现状、流通效率区域差异形成的初始原因,并对中国流通效率影响因素进行了系统的经济学分析,明确了这些因素对流通效率的作用机理。

在完成定性分析的同时,利用相关统计数据为测度依据,如市场集中度、市场流通速度、批发零售企业单位效率、流通企业库存率、流通业万元固定资产投资报酬率、从业人员人均实现利润等反映流通效率的相关基础数据,利用基于流通效率内涵构建的中国流通效率测度指标体系,对中国流通效率的区域差异情况等进行深入、细致地定量分析,并对中国流通效率的影响因素进行了定量的实证检验,以定量分析的结果为定性分析的内容提供佐证,并充实和丰富定性分析的内容。

第二章

文献综述和理论基础

第一节 基本概念

一、流通

国内外学者都曾致力于流通理论的构建,并积累了一定的经验,但对于一些流通理论基本问题尚未达成共识,在对流通概念的认识上也存在诸多争议。

一些国外学者很早就意识到流通的"桥梁"作用。弗雷德(Fred,1921)指出,流通连接生产与消费,具体包含两个过程,分别是人的转移和商品的实质转移。[①] 谷口吉彦(1935)认为,流通是将社会生产的商品从最初的生产者转移到最终的消费者的过程。[②] 铃木武(1985)则更为形象地将流通过程看作是在生产者与消费者之间架设桥梁的活动,架桥的过程包含了人、场所和时间。[③]

20世纪80年代以来,我国学者开始重视对流通概念的认识。著名经济学家孙冶方开创性地提出了"流通一般"的概念,他认为流通是商品从生产领域进入消费领域所经历的全部过程,将流通视为社会再生产过程的一个必要阶段,是由数以亿万次不断进行着的交换所构成的,同时,又是社会化大生产中的一个客观经济过程,拥有自己的相对独立性。左宪棠(1985)也是从社会化大生产的全过程来理解流通一般,认为流通一般的研究实际上是对再生产全过程的研究,是

---

① Fred E C. Criteria of Marketing Efficiency [J]. American Economic Review, 1921, 11 (2): 214 – 220.
② [日] 谷口吉彦. 配给组织论 [M]. 东京: 千仓书房, 1935.
③ [日] 铃木武. 现代流通政策和课题 [M]. 北京: 中国商业出版社, 1993.

广义的流通经济学的研究对象,而"流通特殊",则被称为狭义的流通,即商品流通,是指以货币为媒介的商品交换。① 因为货币出现后,商品交换形式有了质的飞跃,发展成为以货币为媒介,形式发达的商品交换,也就是流通。高涤陈、陶琲(1995)认为,流通是劳动生产物由生产领域向消费领域转移的过程,在社会再生产过程中,流通是与生产相对应的阶段,是生产过程的继续和补充。②

近年来,国内外学者对流通概念的认识有了新的进展。坂本秀夫(2008)称流通是连接生产与消费的桥梁和纽带,并将其定义为商品由生产领域向消费领域转移的过程,包含了物流与商流,此外,信息、金融及保险等活动也是流通的重要补充。③ 夏春玉(2006)将流通的内涵分为流通一般与流通,即广义与狭义的流通,但这里的"流通一般"与孙冶方的"流通一般"存在本质上的不同,孙冶方的"流通一般"的真正含义在于指出了流通不是资本主义市场经济的专利,流通也可以存在于社会主义计划经济,即社会主义计划经济条件下社会商品生产与商品流通也是按照价值规律组织进行的。④ 夏春玉所说的"流通一般"则包含两层含义:一种是物质的流通,另一种是一切生产要素的流通,这两层含义均具有太多的特质,无论哪一层含义都无法抽出共性,建立清晰统一的概念,更难以形成逻辑严谨的理论框架,这种"流通一般"对于科学的学术研究是没有实际意义的。因此,夏春玉认为,学术研究中所指的流通应是狭义的流通,即商流、物流与信息流。张声书(2007)认为,正是商品交换的进一步发展促使了流通的出现,流通是社会再生产的实现条件,而社会分工是商品交换、商品流通的前提条件,只要存在社会分工,就会有商品流通,任何社会形态条件下的流通,都是一定社会生产方式决定的商品流通的一般性和特殊性的结合。⑤ 在社会主义条件下的商品流通体现的是以公有制为基础的社会主义劳动者之间平等的分工协作关系。丁俊发(2006)认为,流通不仅包含了以货币为媒介的商品交换过程,还包含了商流、物流、资金流、信息流等商品所有者全部相互关系的总和。⑥

结合国内外学者对流通概念的界定,本书认为,流通概念在实体经济中有广义和狭义之分,但真正对科学严谨的学术研究具有实际意义的是狭义的流通,即

---

① 左宪棠,徐从才,蒋玉珉. 社会主义商品流通经济学的研究对象 [J]. 安徽财贸学院学报,1985(4):57-62.
② 高涤陈,陶琲. 商品流通的若干理论问题 [M]. 沈阳:辽宁人民出版社,1985.
③ [日] 坂本秀夫. 现代流通の解読 [M]. 东京:同友馆,2008.
④ 夏春玉. 流通概论 [M]. 大连:东北财经大学出版社,2006.
⑤ 张声书. 流通经济学导论 [J]. 中国流通经济,2007(2):12-15.
⑥ 丁俊发. 中国流通 [M]. 北京:中国人民大学出版社,2006.

商品流通。本书所指的流通即是商品流通，它作为社会再生产过程中的一个独立环节，是连接生产与消费的桥梁与纽带，包含了商流、物流、资金流和信息流等商品所有者全部相互关系的总和。

二、流通产业

由于国内外学者对流通概念的认识还不明确，加之各国各地区间国情及区情的不同，国内外理论界对流通产业的概念尚未形成统一的认识，导致各国各地区在界定流通产业时存在较多分歧。

日本业界认为，流通产业是构成商贸流通系统、体现流通功能的重要产业，并指出流通产业具体包含了流通专门产业、流通关联产业以及流通周边产业三大重要组成部分，其中，流通专门产业又可分为商品交换流通产业和物资流通产业，流通关联产业则包含了金融流通产业和信息流通产业，流通周边产业则主要是指服务流通产业。① 韩国政府在1980年批准通过的《流通产业现代促进法》中规定，流通产业是指从事农产品、水产品及工业品的批发、零售、保管、运输、包装及与此相关联的信息、服务等行业。② 辛格曼（Singelmann，1978）在对服务业进行分类时，也对流通服务部门进行了界定，认为流通服务部门包括批发业、零售业、交通和仓储业以及其他与销售相关的服务产业③。经济合作与发展组织（OECD，1997）界定的流通产业主要包括直接面向消费者的零售业和作为中介机构连接生产者与零售商的批发业，其进一步指出，在产业加速变动以及不断融合的大趋势下，流通产业的具体界限已变得模糊不清而难以辨别。④

国内学者对流通产业的界定也是莫衷一是。林文益（1995）认为，流通产业包含了整个流通领域内的全部产业部门，具体包括商业、物质贸易业、仓储业、金融业、保险业和邮电通信业等部门。⑤ 张绪昌、丁俊发（1995）将流通产业划分为流通仓储业、流通配送业、流通信息业、流通科技业、流通加工业及其他相关产业。⑥ 张声书（1999）将流通产业定义为专门从事商品贸易流通活动的经济

---

① 王月辉. 现代日本流通业[M]. 北京：科学技术文献出版社，2005.
② 金永生. 中国流通产业组织创新研究[M]. 北京：首都经济贸易大学出版社，2004.
③ Singelmann J. From Agriculture to Services: The Transformation of Industry Employment [M]. Sage Publications: Beverly Hills, 1978.
④ OECD. Regulation and Performance in the Distribution Sector [R]. Paris: OECD Working Papers. 1997, 5 (75).
⑤ 林文益. 贸易经济学[M]. 北京：中国财政经济出版社，1995.
⑥ 张绪昌，丁俊发. 流通经济学[M]. 北京：人民出版社，1995.

行业或部门，并认为流通产业是第三次产业中最重要的产业。① 马龙龙（2006）将流通产业划分为交易流通业与物流业两大部分，其中，交易流通业是指专门从事媒介商流的批发业和零售业，物流业则是那些专门从事物流的运输业、仓储业以及综合物流服务业，而消费者组成的专门以流通活动为业的消费合作社及生产者利用自产商品的剩余流通力为其他企业服务等情况也被其列入流通产业范畴。② 夏春玉（2006）认为，流通产业是指专门从事商品流通经营活动的营利性事业，其事业内容是商品流通，既包括实物商品的运动过程，也包括商品所有权的变动过程，大致相当于第三产业"第一层次"中的"交通运输业、国内商业、对外贸易业、物资供销业及仓储业"，或国际标准产业分类（ISIC）中的"批发与零售业"和"运输业与仓储业"。③ 杜丹清（2008）认为，流通产业是专门从事商品流通的所有组织组合而成的集合体。主要包含两大类：一是商业，主要指批发业、零售业和餐饮业，是流通产业的主体部分；二是专门为商业服务的行业，主要指物资供销业、仓储业、运输业和包装业等，是流通产业的重要外延部分。④ 彭晖（2010）是从广义和狭义两种视角来看待流通产业，其中，广义视角下的流通产业是指商流、物流、资金流和信息流的集合，是商品所有者的全部贸易关系的总和，涵盖了零售业、批发业、餐饮业、物流业、金融业及信息业等多行业，狭义视角下的流通产业则仅指零售业、批发业和物流业。⑤ 洪涛（2011）认为，流通产业是一个相对独立的产业组织，是商品流通的组织载体，内容涵盖了商品批发和零售业、餐饮和住宿业、电子商务业、物流配送业、商务服务业、生活服务业以及各类生产企业的分销渠道组织等。⑥

综上所述，可以看出，流通产业也有广义和狭义之分，广义的流通产业是商品所有者的全部贸易关系的总和，包含了整个流通领域内的所有产业部门，大致涵盖了零售业、批发业、餐饮业、住宿业、物流业、金融业、保险业和邮电通信业等行业。狭义的流通产业则是与商品流通活动高度相关的几个行业的总和，例如批发零售业、餐饮业、住宿业及物流业等。本书所指的流通产业是狭义的流通

---

① 张声书. 流通产业经济学 [M]. 北京：中国物资出版社，1999.
② 马龙龙. 流通产业结构 [M]. 北京：清华大学出版社，2006.
③ 夏春玉. 流通概论 [M]. 大连：东北财经大学出版社，2006.
④ 杜丹清. 现代流通产业经济学 [M]. 杭州：浙江工商大学出版社，2008.
⑤ 彭晖. 流通经济学 [M]. 北京：科学出版社，2010.
⑥ 洪涛. 流通产业经济学 [M]. 北京：经济管理出版社，2011.

产业,同时,依据数据的可得性原则,本书在统计上采用了批发零售业和餐饮业的统计数据作为流通产业的基本数据展开研究。

第二节 文献综述

一、流通效率的研究

(一)流通效率重要性的认识

近年来,随着对流通产业发展问题研究的不断深入,人们逐渐认识到流通效率的重要性,不少学者提出应重视从效率的视角研究流通产业发展。

黄国雄(2013)认为,我国流通产业仍处在粗放型发展阶段,流通效率低下成为突出问题,直接关系到经济社会效益。[①] 要转变经济发展方式,必须重视市场规律,重视流通效率,只有充分发挥流通功能,提高流通效率,才能彻底改变我国经济运行过程中长期存在的"高速度,低效率"状况,进而提升整体社会经济效益。文启湘等(2002)认识到,当前市场经济环境对商品流通体系提出了新的、更高的要求:即高效率地对商品资源进行合理配置。[②] 所谓高效率,是指以最快的速度、最少的费用实现商品从生产领域向消费领域的转移。同时还指出,流通效率的高低不仅关系到流通产业自身发展,而且还影响到了社会再生产的各个方面。李骏阳(2006)认识到,流通产业在过去的发展中片面追求规模与速度,不注重资源利用效率,导致了诸多不和谐的经济发展现象,应转变流通产业增长方式,把关注点从速度转向效益。[③] 张弘(2003)指出,当前我国流通产业发展整体水平较低,发展进度极不平衡,流通现代化还处在起步阶段,而流通效率低下正是阻碍我国流通现代化进程的主要原因。[④] 荆林波(2013)指出,中国流通产业仍处于粗放型发展阶段,提高流通效率,降低流通成本,对于我国转变经济发展方式具有重要意义。[⑤] 宋则(2011)认为,高效率的流通体系能够有

[①] 黄国雄. 流通效益是社会效益——流通实现是社会价值的实现[J]. 北京工商大学学报(社会科学版),2013(1):1-4.

[②] 文启湘,王增涛,邓欣. 工业化、信息化进程中的现代流通体系构建[J]. 经济经纬,2002(3):44-46,61.

[③] 李骏阳. 我国商业的科学发展观探讨[J]. 商业经济与管理,2006(12):3-8.

[④] 张弘. 信息化与中国流通创新[J]. 财贸经济,2003(10):58-62.

[⑤] 荆林波. 中国流通业效率实证分析和创新方向[J]. 中国流通经济,2013(6):13-17.

效化解结构性矛盾，在通货膨胀治理方面也具有积极作用。① 李松庆（2008）利用广东省流通产业发展的视角，揭示出发展流通产业的关键是要转变发展观念，促进流通产业结构优化及产业竞争力提升，只有高效率的流通产业才能为国民经济提供更大的贡献。② 晏维龙等（2004）则进一步指出了流通效率低下将直接削弱流通产业对地区经济增长的带动作用。③

（二）流通效率现状及成因的认识

对于我国流通效率现状及成因的认识，国内学者的认识较为统一。丁俊发（2012）指出，由于商业运作模式落后，现代物流起步晚、水平低，生产要素市场发育不完善以及消费者的消费方式过于传统等因素导致了我国流通产业运行成本居高不下，流通效率较低。④ 任保平（2012）认为，商品储运、采购、库存、销售等环节产生的隐性成本过大，造成流通资源的浪费，影响了流通产业的发展，资本、劳动、技术等要素都是制约流通效率提高的因素。⑤ 林至颖（2012）通过对中美流通产业的比较研究，发现我国流通产业集中度低、分布分散、规模较小、流通企业缺乏对流通信息的投资，导致运营成本巨大、效率过低、竞争力不足，阻碍了流通业发展和流通整体效率的提高。⑥ 李颖灏和彭星闾（2006）指出，我国零售业市场集中度处于较低水平，交易成本较高，阻碍了流通效率水平的提高。⑦

可以看出，国内学者普遍认为当前我国流通效率低下，导致这种状况出现的原因大致可以分为：流通产业集中度低，流通环节众多，配套物流设施落后，流通产业信息化程度低，流通企业竞争力不足、规模较小，流通产业投入较少、投资回报率低，从业人员劳动效率较低等诸多因素。

（三）流通效率相关实证研究

有关流通效率的实证研究方面，国内外学者均有一定的贡献。国外文献关于流

---

① 宋则. 构建现代商贸流通体系相关问题研究——基于通货膨胀治理的视角［J］. 广东商学院学报，2011（2）：4-8，53.
② 李松庆. 广东流通产业发展的战略思考［J］. 广东商学院学报，2008（1）：39-44.
③ 晏维龙，韩耀，杨益民. 城市化与商品流通的关系研究：理论与实证［J］. 经济研究，2004（2）：75-83.
④ 丁俊发. 流通成本高、效率低问题的冷思考［J］. 中国流通经济，2012（12）：18-20.
⑤ 任保平. 中国商贸流通业发展方式的评价及其转变的路径分析［J］. 商业经济与管理，2012（8）：5-12.
⑥ 林至颖. 中国与欧美流通发展比较及启示［J］. 中国流通经济，2012（1）：19-22.
⑦ 李颖灏，彭星闾. 我国零售业市场集中度的现状及对策［J］. 财贸研究，2006（5）：50-54.

通效率的实证研究主要集中在对零售业生产率和流通渠道效率的研究上。科诺帕（Konopa，1968）早在20世纪60年代就曾利用人均销售额及单位设施销售额对1948~1963年的英国零售业生产率进行了实证测算，结果显示，这一时期英国零售业生产率总体呈现上涨态势。[1] 英宁（Ingene，1982）认识到应从投入与产出视角构建零售业生产率的衡量指标体系，其在研究中还构建了销售渠道效率的动态影像因素模型。[2] 蒂斯（Teece，1992）在研究中重点考察了流通的渠道效率，认为只有巩固并加强生产商与零售商之间的长期稳定合作才能促使渠道效率提升，进而提高整体流通效率。[3] 布朗（Brown，1995）也是从流通渠道效率的视角对流通效率问题进行探讨，发现通过信息共享等方法能够显著提升流通渠道效率。[4] 佩里戈和巴罗斯（Perrigot，Barros，2008）使用DEA - Tobit两步法，对法国零售业技术效率进行测度，并找出了影响技术效率的决定因素。[5] 坦斯卡宁（Tanskanen，2003）利用案例分析的方法，针对物流供应链渠道效率和生产率问题进行了深入研究，发现通过改善生产和库存规划可以有效提高物流供应链的渠道效率。[6] 阿肯沙和桑贾夫（Akanksha，Sanjiv，2010）采用非参数DEA分析法对印度食品零售业生产率进行了实证研究，发现印度食品零售业存在效率低下等问题。[7]

国内文献关于流通效率的实证研究多数集中在流通企业效率的研究上，特别是对零售企业与物流企业全要素生产率的测度研究。汪旭晖和万丛颖（2009）运用Malmquist指数对1998~2007年我国零售业上市公司生产率进行了测算，研究发现，在2005年中国零售市场全面开放之前，零售业上市公司的生产率呈现缓慢下降的趋势，随着零售市场在2005年全面对外开放，零售业上市公司生产率开始迅猛增长。[8] 汪旭晖和徐健（2009）运用DEA模型、Malmquist生产率指数

---

[1] Konopa L. J. An Analysis of Some Changes in Retailing Productivity Between 1948 and 1963 [J]. Journal of Retailing, 1968, 44 (3): 57 - 67.

[2] Ingene C. A. Labor Productivity in Retailing [J]. Journal of Marketing, 1982, 46 (4): 75 - 90.

[3] Teece J. B. The lessons GM could learn for its supplier shakeup [J]. Business Week, 1992, 8: 29 - 36.

[4] Brown J. R., Lusch R. F., Nicholson C Y. Power and relationship commitment: their impact on marketing channel member performance [J]. Journal of retailing, 1995, 71 (4): 363 - 392.

[5] Perrigot R., Barros C. P. Technical efficiency of French retailers [J]. Journal of Retailing and Consumer Services, 2008, 15 (4): 296 - 305.

[6] Tanskanen K. Vendor Managed Category Management—an Outsourcing Solution in Retailing [J] Journal of Purchasing and Supply Management, 2003 (4): 165 - 175.

[7] Akanksha G., Sanjiv M. Measuring retail productivity of food & grocery retail outlets using the DEA technique [J]. Journal of Strategic Marketing, 2010, 18 (4): 277 - 289.

[8] 汪旭晖，万丛颖. 零售业上市公司生产率增长、技术进步与效率变化——基于Malmquist指数的分析 [J]. 经济管理，2009 (5): 43 - 47.

及 Tobit 回归，对我国零售服务业上市公司 1998~2007 年的效率及影响因素进行了实证分析，结果显示，中国零售业上市公司总技术效率水平较低，企业规模、地区经济发展水平、对外开放程度、资产负债率、地区消费潜力等因素都对零售业上市公司效率有着显著影响。[①] 樊秀峰和王美霞（2011）使用 DEA 效率评价方法，选取年末从业人数、主营业务收入、资产总额、净利润、门店数等指标对 22 家中国零售业上市公司进行了企业经营效率的评价，结果显示，大部分国内零售业上市公司存在资源配置效率较低、运营结构不合理等问题。[②] 杨波（2012）综合运用 DEA、MPI 及 Tobit 模型三种方法，对国内 58 家零售业上市公司 2005~2010 年的经营效率进行评价，并分析了环境变量对经营效率的影响，发现这几年间零售业上市公司的平均经营效率有所下降，且内部差异在扩大，作为环境变量的总部所在地区对经营效率的影响是显著的。[③] 雷蕾（2013）使用 51 家零售业上市公司 2001~2011 年的面板数据，基于 Malmquist 生产率指数方法对零售业上市公司全要素生产率进行了测算，结果显示，零售业上市公司全要素生产率在这一时期年均增长 4.1%，其中，技术效率提高了 3.6%，技术进步指数仅提高 0.5%。[④] 方虹等（2009）使用 30 家零售业上市公司 1999~2007 年的面板数据，基于 DEA - Malmquist 指数方法对零售业上市公司全要素生产率进行测算与分析，结果显示，零售业上市公司的全要素生产率提升显著，其中，主要的贡献来自技术进步而非技术效率，且大部分上市公司的规模效率不高。[⑤] 汪旭晖和徐健（2009b）运用超效率 CCR - DEA 模型对国内 24 家物流业上市公司的效率进行了评价和排序，并发现物流业上市公司的超效率是受到区域经济因素影响的，在经济发展水平较高的地区，效率值也较高。[⑥]

也有部分学者从行业整体视角来进行流通效率的实证研究。甘碧群和王文超（2003）使用批零企业的劳动生产率、商品周转速度、资金利润率、批零环节和

[①] 汪旭晖，徐健. 服务效率、区域差异与影响因素：零售业上市公司证据 [J]. 改革, 2009（1）：97 - 104.

[②] 樊秀峰，王美霞. 我国零售企业经营效率评价与微观影响因素分析——基于 22 家百强零售上市公司的实证 [J]. 西北大学学报（哲学社会科学版），2011（3）：26 - 31.

[③] 杨波. 我国零售业上市公司经营效率评价与分析 [J]. 山西财经大学学报, 2012（1）：52 - 61.

[④] 雷蕾. 零售业上市公司全要素生产率增长的实证研究——基于 Malmquist 指数的分析 [J]. 北京工商大学学报（社会科学版），2013（6）：20 - 26.

[⑤] 方虹，冯哲，彭博. 中国零售上市公司技术进步的实证分析 [J]. 中国零售研究，2009（1）：57 - 66.

[⑥] 汪旭晖，徐健. 基于超效率 CCR - DEA 模型的我国物流上市公司效率评价 [J]. 财贸研究, 2009（6）：117 - 124.

批零方式之间协同效应的大小以及营销费用和成本等因素来衡量批发零售业的宏观营销效率，发现我国批发零售业宏观营销效率在改革开放初期处于较低水平，呈现逐年提高的态势，然而在 1991~2000 年，效率波动幅度较大，甚至一度出现下降趋势，与美国相比，整体上还存在较大差距。[①] 章迪平（2008）对浙江省流通业全要素生产率进行了测算，发现浙江省流通产业仍处于粗放型发展阶段，各种要素中对流通产业增长贡献度最高的是资本投入，而全要素生产率的贡献度相对较低。[②] 李晓慧（2011）利用 1993~2008 年省级面板数据，运用 DEA - Malmquist 指数方法，对我国流通产业全要素生产率的时序演进情况进行了测度分析，研究结果发现，这一时期的流通产业全要素生产率年均增量为 0.6%，低于服务业平均水平，全要素生产率对流通产业的作用有待进一步提高。[③] 荆林波（2013）从包含行业人均年销售额、总资产周转率、行业单位面积销售额、库存率及物流效率等在内的多个指标入手，使用中国流通产业相关数据对 2004~2011 年流通效率进行实证分析，并从体制创新、机制创新、模式创新等三个方面对转变流通发展方式、提高流通效率提出了针对性建议，为中国流通产业创新指明了方向。[④] 李骏阳和余鹏（2009）依据流通效率的含义，分别从周转率指标、规模性指标和效益性指标三个方面着手建立流通效率测度指标体系，利用因子分析的方法，测算出近年来我国流通效率的演进情况，结果发现，1995~2007 年，我国流通效率呈现先下降后上升的变动趋势。[⑤] 郭守亭和俞彤晖（2013）基于对流通效率概念的理解，从市场、企业、资本与人员四个视角分别选取了 15 个基础指标，构建了一个复合型中国流通效率测度指标体系，并使用因子分析方法测算出全国 1995~2011 年流通产业效率的实证结果[⑥]，发现我国流通效率在这一时期总体上处于上升态势，仅有少数年份出现小幅下降，另从总体上可以将我国流通效率的演进趋势分为三个时间阶段，分别是持平发展阶段（1995~1999 年）、加速上升阶段（1999~2004 年）和平稳上升阶段（2004~2011 年），这与此前一

[①] 甘碧群，王文超. 批发、零售行业的宏观营销效率研究 [J]. 武汉大学学报（社会科学版），2003（3）：325-329.

[②] 章迪平. 流通业发展方式转变实证研究——以浙江省为例 [J]. 商业经济与管理，2008（8）：22-28，52.

[③] 李晓慧. 技术效率、技术进步与中国流通业生产率增长 [J]. 商业经济与管理，2011（6）：18-25.

[④] 荆林波. 中国流通业效率实证分析和创新方向 [J]. 中国流通经济，2013（6）：13-17.

[⑤] 李骏阳，余鹏. 对我国流通效率的实证分析 [J]. 商业经济与管理，2009（11）：14-20.

[⑥] 郭守亭，俞彤晖. 中国流通效率的测度与演进趋势 [J]. 北京工商大学学报（社会科学版），2013（6）：12-19.

些学者得出的我国流通效率有下降趋势的结论不同。

二、流通产业发展水平评价研究

对于流通产业发展水平的评价,国外文献方面并没有进行专门的探讨,国内文献则是从包括流通产业竞争力、流通力以及流通产业现代化水平等多种视角进行探讨的。

对于流通产业竞争力的研究,始于对流通产业竞争力内涵的认识。石忆邵和朱卫锋(2004)在对南通市商贸流通产业进行研究时,将流通产业竞争力定义为:"能否扩大本地区对区域的商业辐射力及对产品的集散力,巩固与提升产业在区域的地位,并使本地区企业获得竞争优势的能力"。[①] 杨亚平和王先庆(2005)则从更为全面的视角看待流通产业竞争力,将其看作是一个国家或地区内流通产业的整体竞争力,可以分为国际竞争力和国内竞争力两个层面,是流通产业在原有规模及实力的基础上扩展更广阔市场,并获得相应的经济效益的能力。[②] 王德章和宋德军(2006)同样将流通业竞争力视为是一个国家或地区内流通产业整体的竞争力,并更详细地分解为一个国家或地区内流通产业的规模、增长、结构、效益的现状及发展态势。[③] 张赛飞和欧开培(2006)则指出,流通产业竞争力的含义应该是一个国家或地区内流通产业在一定的国民社会经济环境和经济体制下发展潜力强弱的程度及其所表现出来的综合实力。[④] 纪宝成(2010)首先明确指出流通产业竞争力是一个国家竞争力的重要组成部分,并认为应从宏观和微观两个视角分开考察流通产业竞争力,其中在微观视角下,流通产业竞争力应包含流通企业的流通竞争力以及流通企业的整体竞争力,体现于怎样在既定的经济利益前提下节约尽可能多的流通费用或者是在既定的费用约束下获得最大的经济利益,从而获取更大的市场竞争优势;而在宏观视角下,流通产业竞争力则是一个国家的流通体系、流通产业以及流通企业相比其他国家的流通体系、流通产业以及流通企业能够更为有效地提供产品服务及协调产销矛盾的能力,具体

[①] 石忆邵,朱卫锋. 商贸流通业竞争力评价初探——以南通市为例 [J]. 财经研究,2004(5):114 – 121.

[②] 杨亚平,王先庆. 区域流通产业竞争力指标体系设计及测算初探 [J]. 商讯商业经济文荟,2005(1):2 – 6.

[③] 王德章,宋德军. 哈尔滨市现代流通业竞争力现状、问题与对策 [J]. 北方经贸,2006(5):19 – 23.

[④] 张赛飞,欧开培. 流通产业竞争力评价指标体系研究 [J]. 商讯商业经济文荟,2006(4):10 – 12.

体现为怎样在国际竞争中掌握重要商品的流通控制权、定价权等,进而赢得国家竞争优势。[①] 蓝庆新(2005)在研究中指出,流通产业竞争力主要是指能否扩大对地区间乃至国际范围的商贸流通辐射能力以及对商品的总体集散能力,巩固和提升产业在地区间乃至国际范围的整体地位,促进区域内流通企业获得更大竞争优势的能力。[②] 王永培和宣烨(2008)则认为,流通产业竞争力反映了地区市场竞争力的强弱,代表了市场机制运行的总体能力。[③]

自从20世纪80年代高涤陈首次提出了"流通生产力"[④]的概念后,国内众多学者就流通力的认识问题展开了相关研究。

黄黎明(1988)认为,流通力是一个客观的经济范畴,是指人们进行商品流通的能力,即人们运用流通技术条件,按照生产的商品数量和需求水平将商品从生产领域向消费领域转移的过程。[⑤] 王盾(1988)认为,流通力是一个有别于生产力的概念,是一种驾驭商品从生产领域进入消费领域,满足纷繁复杂的社会需求的能力。[⑥] 时珍和韦奇(1988)认为,将流通力说成只是"社会把产品从生产领域运送到消费领域的能力"是不确切的,流通力应分为两个层次:第一,流通力作为"在流通中继续进行的生产过程"的主客观条件,直接属于社会生产力这一范畴;第二,流通力是纯粹流通部门所必须具有的在流通过程中发挥作用的主客观条件。[⑦] 马兴微(2010)将流通力视为商品流通能力和水平的表现,可以理解为商流力、物流力、资金流力、信息流力的合力,从量化的视角看,流通力就是在一定时期内花费在流通领域的物化劳动和活劳动同已转移到消费领域的产品数量间的比值。[⑧] 高铁生(2004)是从企业层面理解流通力的,他认为流通力既是个总量的概念,又是个效率的概念,对一个流通企业来说,流通力是其全部竞争力的总和,是与行业内其他企业竞争的全部能量。[⑨]

---

① 纪宝成. 流通竞争力与流通产业可持续发展 [J]. 中国流通经济, 2010 (1): 4-6.
② 蓝庆新. 我国流通业竞争力状况评价及提升途径 [J]. 北京市财贸管理干部学院学报, 2005 (4): 4-7, 12.
③ 王永培, 宣烨. 基于因子分析的我国各地区流通产业竞争力评价——兼论中西部地区流通产业发展对策 [J]. 经济问题探索, 2008 (4): 42-46.
④ 高涤陈. 论流通经济过程 [J]. 经济研究, 1984 (4): 14-20.
⑤ 黄黎明. 流通力论 [J]. 当代财经, 1988 (7): 1-4.
⑥ 王盾. "流通力"假说 [J]. 财经理论与实践, 1988 (5): 28-30.
⑦ 时珍, 韦奇. 关于流通力的几个问题 [J]. 财经理论与实践, 1988 (6): 26-29.
⑧ 马兴微. 流通力评价模型与指标标准研究 [J]. 中国流通经济, 2010 (5): 8-10.
⑨ 高铁生. 流通力是竞争胜出的基础——中国家电连锁集团崛起的启示 [J]. 价格理论与实践, 2004 (6): 24-25.

近些年来，国内学者提出了流通现代化的概念，并不断深化了对这一概念的理解与认识。杨圣明和王诚庆（1995）在研究中指出，流通现代化是国民经济现代化的重要构成，所谓流通现代化过程则是指在国民经济商品化、社会化的同时，以现代工业文明为基础，借助当今世界先进科技成果以及现代科学知识，武装我国的流通，使之转化成为实际的流通生产力，形成现代化的国民经济流通体系，与现代化的生产与消费体系紧密联系在一起，促使整个国民经济体系实现平稳运行及良性循环。[1] 丁俊发和张绪昌（1998）认为，商品流通现代化是指在遵循当前市场经济现实规律和国际通行流通准则的基础上，通过在商品流通的全过程中运用现代化的流通方式、管理手段以及先进技术设施，使现代科学技术广泛融入商品流通领域的商流、物流、信息流中，形成高效益、高效率的商品流通体系，促进国民经济不断增长。[2] 晏维龙（2002）指出，流通现代化是流通随着社会、经济、技术的发展，不断适应生产、消费及自身发展的要求而"与时俱进"的过程，是一个动态的概念。具体包括流通经营现代化、流通组织现代化、流通观念现代化、流通布局现代化、流通技术现代化以及流通体制现代化等多个方面。[3] 宋则和张弘（2003）认为，流通现代化是指伴随着信息化社会和工业化社会的发展，在商品流通领域产生的创新、变革过程，并提出了流通现代化的外延，分别是流通方式、流通制度、流通组织、流通观念、流通技术以及流通人才六个方面的综合现代化。[4]

三、流通产业发展区域差异问题研究

通过对流通产业发展水平评价方式探讨以及针对我国流通产业或企业的实证研究，国内学者逐渐认识到中国流通产业存在区域发展水平不均衡等问题。

部分学者通过探讨流通产业竞争力的测度指标，发现了各地区流通产业竞争力水平存在较大差异。例如，刘根荣和付煜（2011）从制度因素、资本因素、组织因素、人员因素、技术因素、基础设施等潜在竞争力层面以及流通能力、流通效率等现实竞争力层面选取了30个基础指标，构建了流通产业竞争力评价指标

---

[1] 杨圣明，王诚庆. 论第五个现代化——流通现代化 [J]. 中国社会科学院研究生院学报，1995（2）：7-14.

[2] 丁俊发，张绪昌. 跨世纪的中国流通发展战略——流通体制改革与流通现代化 [M]. 北京：中国人民出版社，1998.

[3] 晏维龙. 论我国流通产业现代化 [N]. 经济日报，2002-12-23（T00）.

[4] 宋则，张弘. 中国流通现代化评价指标体系研究 [J]. 商业时代，2003（11）：2-3.

体系，运用因子分析的方法对全国31个省（市、区）的区域流通产业竞争力进行了测度及排序，发现我国流通产业竞争力呈现出显著的区域发展差异化状况，其中，流通产业竞争力较强的地区主要集中在东部各省份，流通产业竞争力较弱的地区主要集中在西部各省份，而中部各省份的流通产业竞争力强弱水平则处于两者之间。[①] 楼文高和吴晓伟（2010）在构建流通产业竞争力评价指标体系的基础上，应用投影寻踪建模技术对我国31个省（市、区）2006～2008年区域流通产业竞争力水平进行综合评价，发现我国区域流通产业竞争力呈现出东部强、西部弱的显著特征。[②]

也有学者从流通力的视角来考察流通产业发展区域差异的状况。孙薇（2005）创建了地区流通力评价指标体系，该指标体系综合涵盖了商流力指标、规模力指标、发展力指标、物流力指标、信息流力指标、资金流力指标以及贡献力指标七大类共23项基础指标，结合我国各省（市、区）流通产业发展实际，运用因子分析法，得出了全国31个省（市、区）的流通力水平指数，发现地区流通力水平存在显著的区域差异，东部地区表现最好，应注重协调发展，中部地区表现次之，应争取缩小差距，西部地区表现最差，应努力通过改革实现整体提高。[③]

还有学者从流通现代化水平视角考察流通产业区域发展差异问题。瞿春玲和李飞（2012）在对商品流通现代化指标体系进行完善的基础上，运用模糊综合法将商品流通现代化指标转换为具体的指数，得到全国各省（市、区）商品流通现代化水平的实证结果，并依据该结果进行聚类分析，将全国31个省（市、区）划分为三种类型区域，即流通现代化的率先发展型区域、积极追赶型区域和欠发达型区域，可以看出，我国商品流通现代化整体水平不高，区域发展差异显著。[④] 李杨超和祝合良（2014）从流通效率、流通产业对国民经济贡献度、流通产业组织化程度、流通产业结构、流通企业效益、流通人才素质、流通环境、流通信息化程度以及流通产业总规模九个大类选取22项基础指标，对全国31个省（市、区）2015年流通现代化水平进行实证测度，分析结果发现，我国东部、中

[①] 刘根荣，付煜. 中国流通产业区域竞争力评价——基于因子分析 [J]. 商业经济与管理，2011（1）：11-18.

[②] 楼文高，吴晓伟. 区域流通业竞争力投影寻踪建模及实证研究 [J]. 中国流通经济，2010（10）：17-20.

[③] 孙薇. 基于因子分析法的地区流通力比较研究 [J]. 财贸研究，2005（4）：36-42.

[④] 瞿春玲，李飞. 中国商品流通现代化的模糊综合评价研究 [J]. 北京工商大学学报（社会科学版），2012，27（2）：38-43.

部、西部地区流通现代化水平存在明显差异，发展极不平衡。[1]

部分学者构建了流通产业发展水平测度指标体系，通过具体的发展水平指数得出流通产业区域发展存在差异的结论。任保平和王辛欣（2011）从市场环境、基础设施水平、流通规模、信息化水平、贡献率、增长率六个层面选取了22个基础指标，构建了地区商贸流通产业发展指标体系，对全国31个省（市、区）的商贸流通产业发展现状进行了实证测度及比较分析，结果发现，我国的商贸流通产业发展水平呈现显著的区域不平衡，从全国东部、中部、西部三大区域视角来看，商贸流通产业发展水平在东部地区最为发达，西部地区最为落后，而中部地区则处于二者之间。[2]

也有学者在发现流通产业发展水平存在区域差异后，对差异的变动情况进行了定量研究。赵锋（2014）在定量测度1999~2012年我国31个省（市、区）流通产业发展水平的基础上，利用基尼系数、泰尔指数、对数离差均值等空间差异指标，对中国流通产业发展区域差异情况进行动态实证度量，研究结果显示，中国各省（市、区）流通产业发展水平存在显著差异，这种差异随着时间演进呈现出先减后增的态势，东部、中部、西部地区流通产业发展水平差异总体呈现上升态势，且区域内部差异占总体差异比重较高。[3]

部分学者从零售业、物流业投入产出效率或全要素生产率的视角得出流通产业发展存在区域差异的结论。例如，刘勇和王旭晖（2007）运用DEA模型对我国30个省（市、区）的零售行业运行效率进行实证分析，发现全国各省（市、区）零售行业有效程度各异，很多地区非有效程度极为严重，且存在行业发展区域不平衡问题，东部及沿海地区的零售行业运营效率相对较高，而中部、西部地区零售行业的运营效率则处于较低水平。[4] 谢菲等（2014）使用DEA模型对我国29个省（市、区）物流产业投入产出效率进行测算分析，发现有效性存在显著的区域差异，北京、上海等15个省（市、区）是DEA有效的，山西、内蒙古等省（市、区）的纯技术效率水平较低，青海、宁夏等省（市、区）的产业规模效率较低。[5] 田刚和李南（2009）采用1999~2006年中国30个省级区域面板

---

[1] 李杨超，祝合良. 中国流通现代化区域性差异实证分析 [J]. 中国流通经济，2014（10）：29-35.

[2] 任保平，王辛欣. 商贸流通业地区发展差距评价 [J]. 社会科学研究，2011（2）：45-50.

[3] 赵锋. 我国流通产业发展水平的测度与区域差异分析——基于1997~2012年数据的实证研究 [J]. 广西社会科学，2014（3）：79-83.

[4] 刘勇，汪旭晖. 对全国30个地区零售行业效率的分析 [J]. 统计与决策，2007（18）：75-77.

[5] 谢菲，黄新建，姜睿清. 我国物流产业投入产出效率研究 [J]. 南京师大学报（社会科学版），2014（1）：48-56.

数据，运用 Malmquist – DEA 方法对物流产业全要素生产率的增长来源、区域差异及变动趋势进行了实证分析，结果显示，东部、中部、西部区域之间全要素生产率存在显著差异，东部地区全要素生产率平均增长最快，中部地区全要素生产率增长最慢。[①]

也有部分学者研究了服务业全要素生产率的区域差异问题。刘兴凯（2009）通过对中国服务业全要素生产率面板数据的实证分析发现，我国东部、中部、西部地区以及各省（市、区）的服务业全要素生产率增长呈现显著的差异。[②] 杨青青等（2009）应用随机前沿模型对我国服务业生产率进行了测算，发现地域差异情况显著，东部地区拥有较高的全要素生产率水平和生产率增长率，中部地区的生产率水平高于西部地区，但西部地区却拥有较中部地区更高的生产率增长率。[③]

还有学者从流通效率的视角发现我国流通效率也存在区域差异问题。俞彤晖和郭守亭（2014）从市场、企业、资本、人员四个层面选取 10 项基础指标，构建了流通效率测度指标体系，对全国 31 个省（市、区）的流通效率进行实证分析，结果显示，中国区域流通效率存在明显的发展不平衡现象，流通效率高的地区主要集中在经济发达的东部地区，而经济发展水平较低的中部、西部地区的流通效率相对较低。[④]

四、流通产业发展影响因素研究

任保平和王辛欣（2011）在实证研究中发现，地区商贸流通业在东部、中部、西部地区间的发展差距主要与地理区位、地理分工、市场环境和工业化城市化水平四个因素密切相关，正是这四个因素的相互影响、共同作用，才使得当前商贸流通业出现地区发展差异显著的状况。[⑤] 曹振纲等（2011）通过对我国商贸流通业区域发展现状及发展动态的评价分析，提出了影响我国商贸流通业发展的若干因素，主要包括：社会、文化、政治及法律环境；城市化水平；市场化程

[①] 田刚，李南. 中国物流业技术进步与技术效率研究 [J]. 数量经济技术经济研究，2009（2）：76 – 87.

[②] 刘兴凯. 中国服务业全要素生产率阶段性及区域性变动特点分析——基于1978～2007 年省际面板数据的研究 [J]. 当代财经，2009（12）：80 – 87.

[③] 杨青，苏秦，尹琳琳. 我国服务业生产率及其影响因素分析——基于随机前沿生产函数的实证研究 [J]. 数量经济技术经济研究，2009（12）：46 – 57，136.

[④] 俞彤晖，郭守亭. 中国流通效率的区域差异研究 [J]. 河南社会科学，2014（5）：66 – 70.

[⑤] 任保平，王辛欣. 商贸流通业地区发展差距评价 [J]. 社会科学研究，2011（2）：45 – 50.

度；对外开放程度；信息技术等因素。① 杨青青（2009）在运用随机前沿模型对我国服务业生产率进行实证分析后发现，人力资本、信息化程度、市场化进程以及社会资本等因素对服务业生产率具有显著的促进作用。② 汪旭晖和徐健（2009）使用零售业上市公司相关数据作为依据，认识到我国零售服务业效率的影响因素包括企业自身因素和区域宏观因素两大类。通过实证检验后发现，企业自身因素中的企业规模对零售企业综合技术效率存在显著的正向影响，资产负债率存在显著的负向影响，而多元化模式对零售业综合技术效率的影响效果不大；区域宏观因素中的地区 GDP、城镇居民人均可支配收入均对零售企业综合技术效率有显著的正向影响，而外商在零售业的年末投资额对其有显著的负向影响，这是因为外资进入的挤出效应大于溢出效应，而限额以上零售企业门店数对零售企业综合技术效率几乎无影响，说明零售业竞争程度与企业效率无关。③ 晏维龙（2006）利用 1960~2003 年中国流通发展年度数据和城市化率，基于自回归分布模型的方法构建了一个误差修正模型，探讨了城市化水平对流通产业发展的影响效果，并发现从长期来看，城市化水平每增长 1%，流通产业发展水平就提高 2.4%。④ 朱发仓和苏为华（2007）对我国流通产业利用外资情况进行了实证分析，发现流通产业利用外资水平与流通产业产值、就业增长之间存在弱相关性，但没有显著的格兰杰因果关系，认为流通产业利用外资水平对流通产业发展主要是间接促进作用，而不是直接促进作用。⑤ 庄岩（2010）也通过对我国流通产业利用外资情况的实证分析发现，流通产业利用外资水平对流通产业增加值及就业人数的影响呈现"U"形曲线关系，而不是简单的线性关系。⑥ 赵玻和文启湘（2003）通过对东部、西部流通产业外商投资影响作用的实证分析发现，外商投资对东部地区流通产业增长具有正向影响，而对西部地区流通产业发展缺乏影响。⑦ 多姆斯等（Doms et al.，2003）利用 1992~1997 年美国零售业生产率增长

---

① 曹振纲，金涛，马小勇. 我国商贸流通业区域差异影响因素及对策分析 [J]. 商业时代，2011 (33)：21-23.

② 杨青青，苏秦，尹琳琳. 我国服务业生产率及其影响因素分析——基于随机前沿生产函数的实证研究 [J]. 数量经济技术经济研究，2009 (12)：46-57，136.

③ 汪旭晖，徐健. 服务效率、区域差异与影响因素：零售业上市公司证据 [J]. 改革，2009 (1)：97-104.

④ 晏维龙. 中国城市化对流通业发展影响的实证研究 [J]. 财贸经济，2006 (3)：55-59，97.

⑤ 朱发仓，苏为华. 我国流通业利用外资的实证分析 [J]. 统计研究，2007 (8)：44-47.

⑥ 庄岩. 外商直接投资对中国流通业影响的实证分析 [J]. 中国软科学，2010 (S2)：24-27，61.

⑦ 赵玻，文启湘. 发展西部流通业须着力吸引外商直接投资 [J]. 中国流通经济，2003 (2)：15-17.

率和劳动生产率数据,证实了美国零售企业与信息技术投资之间存在显著正相关性。[①] 董承华和刘国辉(2013)通过对京东商城、苏宁易购、沃尔玛公司和香港利丰集团的案例分析发现,信息技术能够显著提升传统流通业效率。[②] 李宏(2007)在研究中运用协整分析方法实证探讨了我国流通产业发展与工业化水平之间的动态关系,结果显示,流通产业发展与工业化水平之间不仅在数据上表现出紧密的关联度,而且也存在较为显著的因果关系。[③] 左峰(2010)在研究中发现,流通产业与工业化之间存在双向互动的密切联系,其中,工业化对流通产业发展具有拉动、支持和渗透效应。[④] 张弘(2003)指出,信息化能够在很大程度上提高流通效率与流通社会化的实际水平,节约大量流通成本,为流通产业的高效发展带来巨大机遇,并为流通创新提供不竭的动力。[⑤]

五、简要评述

结合上述文献梳理分析,我们发现,流通效率区域差异问题是一个涉及流通经济学、产业经济学、区域经济学等多学科的综合性问题,相关研究所取得的理论和实证成果为我们进一步展开中国流通效率区域差异及影响因素研究提供了一定的理论支撑和方法论,当然,既有研究成果仍存在一些不足,有待进一步深入研究。

在关于流通效率的研究方面,随着对流通产业发展问题研究的不断深入,多数学者认识到我国流通产业仍处在粗放型发展阶段,效率低下成为突出问题,不仅影响流通产业自身健康发展,而且影响到了社会再生产的各个方面。对于导致流通效率普遍低下的原因大致可以分为:流通产业集中度低,流通环节众多,配套物流设施落后,流通产业信息化程度低,流通企业竞争力不足、规模较小,流通产业投入较少、投资回报率低,从业人员劳动效率较低等诸多因素。在流通效率的实证研究方面,国外研究主要集中在对零售业生产率和流通渠道效率的测度上,而国内研究则较多集中在对流通企业效率的测度上,特别是对零售业与物流

[①] Doms M. E., Klimek S. D., Jarmin R. S. IT investment and firm performance in US retail trade [R]. FRBSF Working Paper, 2003.
[②] 董承华,刘国辉. 信息技术提升流通业效率的路径研究 [J]. 北京工商大学学报(社会科学版), 2013 (2): 31-34.
[③] 李宏. 工业化与流通产业发展关系的实证分析 [J]. 统计与决策, 2007 (22): 97-99.
[④] 左峰. 流通与工业化互动的历史印证和现实路径 [J]. 中国流通经济, 2010 (3): 14-17.
[⑤] 张弘. 信息化与中国流通现代化 [J]. 商业经济与管理, 2003 (9): 43-46.

业全要素生产率的测度，仅有少量国内学者从流通产业整体视角来进行流通效率的实证研究，且在流通效率测度方法的选择上有较大差异，对于如何提高流通效率也缺乏较为明确的路径分析。

在关于流通产业发展水平评价的研究方面，缺乏相应的国外文献研究，国内文献方面则是从包括流通产业竞争力、流通力、流通产业现代化水平等若干视角分别进行探讨的。部分学者对流通产业竞争力、流通力、流通产业现代化水平等发展水平评价视角的内涵界定不清，导致基于这些视角构建的发展水平测度指标体系更为杂乱无章。因此，本书在构建流通效率测度指标体系之前，必须首先准确界定流通效率的内涵。对于流通产业竞争力、流通力、流通产业现代化水平等，虽然均为流通产业发展水平的评价标准，然而各自也有所不同，流通产业竞争力主要是指一个国家或地区内流通产业的整体竞争力，具体体现为流通产业的规模、增长、结构、效益的现状及发展态势等，反映了市场竞争力的强弱，代表了市场机制运行情况。流通力是一个客观的经济范畴，是指人们进行商品流通的能力和水平，可以理解为商流力、物流力、资金流力、信息流力的合力。流通产业现代化水平是指伴随着社会、经济、技术的发展，在商品流通领域产生的创新、变革过程，是国民经济现代化的重要组成部分。可以说，流通产业竞争力、流通力、流通产业现代化水平等评价标准具有不同的侧重点。

在关于流通产业发展区域差异问题的研究方面，同样是缺乏相应的国外文献研究，国内学者通过对流通产业发展水平评价方式探讨以及针对我国流通产业或企业的实证研究，逐渐认识到中国流通产业存在区域发展水平不均衡等问题。部分学者是基于流通产业竞争力、流通力、流通产业现代化水平等流通产业发展水平评价视角进行实证测度，均得出我国东部、中部、西部地区流通产业发展水平存在明显差异，发展极不平衡的结论。也有部分学者构建了流通产业发展水平测度指标体系，通过具体的发展水平指数得出流通产业区域发展存在差异的结论。还有部分学者从零售业、物流业投入产出效率或全要素生产率的视角得出流通产业发展存在区域差异的结论。仅有极少数学者从流通效率的视角，发现我国流通效率也存在区域差异问题。可以说，对于我国流通产业发展区域差异的研究存在衡量标准冗余、测度指标体系杂乱等问题，导致相应的研究缺乏重点性，也几乎没有学者对流通效率区域差异进行定量测度。

在关于流通产业发展影响因素的研究方面，国内外学者均有一定的研究成果，但多数学者是针对单一影响因素进行的分析，忽视了其余一些重要的外生影响因素，即使有部分学者提供了多种影响因素的分析思路，也多为理论分析，缺乏多种影响因素的实证研究，基于区域差异视角的影响因素分析则更为鲜见，因此，本书试图基于既有文献对流通产业影响因素问题的研究，结合中国流通产业发展的实际情况，选取多种区域流通效率的影响因素，基于区域差异的视角，对流通效率的这些影响因素的作用机理进行理论分析，提出相应的理论假设，并选取相关数据对理论假设进行实证检验。

第三节 理论基础

一、马克思主义流通理论

马克思较早地对流通问题进行了全面系统的奠基性研究，流通经济理论正是马克思主义政治经济学的核心内容。马克思对流通的研究是从商品交换开始的，他认为，商品流通是一个以货币为媒介的社会劳动的物质交换过程，即 W－G－W，该物质交换过程由两部分构成，分别是 W－G（销售）和 G－W（购买），前者通过商品销售，让渡使用价值，实现商品价值，补偿了商品生产中消耗的劳动，后者是购买生产过程中消耗的生产生活资料及劳动力。在《资本论》中，马克思给商品流通赋予了明确的定义："每个商品的形态变化系列所形成的循环，同其他商品的循环不可分割地交错在一起，这全部过程就表现为商品流通"[1]。除商品流通外，马克思将流通按对象划分为商品流通、货币流通、资本流通和社会总资本流通四种类型。其中，货币流通的定义为："商品流通直接赋予货币的运动形式，就是货币不断地离开起点，就是货币从一个商品占有者手里转到另一个商品占有者手里，或者说，就是货币流通"[2]。资本流通比商品流通和货币流通更为重要也更为复杂，资本必须在流通中，但又不在流通中产生[3]，资本流通是商品经济高度发展的产物，在形式与本质上均区别于商品流通，"商品流通是资本的起点"[4]。社会总资本的流通，不仅包括上述的资本流通，还包括资本家的剩余价值流通和工人购买生活资料的流通，而后者被马克思称为小流通。[5]

---

[1] 马克思. 资本论（第1卷）[M]. 北京：人民出版社，1975：131.
[2] 马克思，恩格斯. 马克思恩格斯全集（第23卷）. 北京：人民出版社，1972：134.
[3] 杨圣明. 对马克思流通理论的再学习、再认识 [J]. 毛泽东邓小平理论研究，2014（7）：73－78，92.
[4] 马克思. 资本论（第1卷）[M]. 北京：人民出版社，1975：167.
[5] 王全火等. 新编政治经济学教程 [M]. 北京：对外经济贸易大学出版社，1997：112.

马克思认为流通是"商品所有者全部相互关系的总和"①，是社会再生产的重要环节之一，其根据对商品经济发展的大量分析，将交换（交换就是流通）从生产领域分离出来，形成了一个新的独立经济领域，从而确立了社会再生产过程生产、分配、交换、消费的"四分法"。②马克思主义流通理论强调，不仅生产能够决定流通，而且流通对生产也具有反作用。对于流通领域是否创造价值的问题，马克思在《资本论》中也有明确的论述，即认为"在流通过程中，不生产任何价值，进而也不生产任何剩余价值，只是同一价值量发生了形式变化，事实上不过是发生了商品的形态变化，这种商品形态变化本身同价值创造或价值变化毫无关系"。③马克思继续指出，"商人资本既不创造价值，也不创造剩余价值，就是说，它不直接创造它们。但既然它有助于流通时间的缩短，它就能间接地有助于产业资本家所生产的剩余价值的增加。"④即认为流通阶段虽然不创造价值与剩余价值，却能缩短流通时间，间接有助于价值与剩余价值的增加。

从马克思对流通理论的阐述中我们可知，在商品经济条件下，流通不仅是交易行为的总和，也是商品所有者全部相互关系的总和，是社会再生产的重要一环，流通是随着社会生产的发展从生产领域分离出来的，生产能够决定流通，同时流通对生产也具有反作用，流通将生产与消费紧密地连接在一起，成为二者之间必不可少的中间环节。正是因为马克思将流通作为社会再生产的一个环节，其流通理论具有一定的系统性和全面性，不仅研究了流通的功能及流通与生产的关系，而且还研究了商品流通与资本流通之间的关系，并将商品流通与资本流通相结合，揭示了商业资本整体运动的实质，在商品的形态变化过程分析中，全面系统地揭示了商品流通的全过程。然而今天来看，马克思的流通理论具有一定的历史局限性，而且理论过于抽象，对流通与市场的关系、流通的多元化形式等诸多流通问题也并未涉及。

二、西方经济学中的流通理论

（一）重商主义的流通理论

重商主义也被称为"商业本位"，产生于15世纪，盛行于17世纪，以商业

---

① 马克思，恩格斯. 马克思恩格斯全集（第23卷）[M]. 北京：人民出版社，1972：188.
② 丁俊发，赵娴. 流通经济学概论 [M]. 北京：中国人民大学出版社，2012：5.
③ 马克思，恩格斯. 马克思恩格斯全集（第25卷）[M]. 北京：人民出版社，1974：311.
④ 马克思，恩格斯. 马克思恩格斯全集（第25卷）[M]. 北京：人民出版社，1974：312.

资本为研究对象,是关于资本主义商业资本运动的商业理论,一度成为欧洲最受欢迎的政治经济体制。17世纪20年代初,英国启蒙经济学家托马斯·孟出版了《英国来自对外贸易的财富》一书,成为重商主义理论的代表性人物。重商主义认为,除开采金银矿外,以货币为媒介的商品交换(流通)对一国财富的增加具有极其重要的作用,而贵金属(货币)是衡量财富的唯一标准,一切经济活动的目的就是为了获取更多的金银,金银越多,则国家就越富强。当然,重商主义还认为,并非所有的商品交换(流通)都是财富增长的源泉,只有通过对外贸易顺差,即出口额大于进口额,才能获得财富的增长,而国内贸易仅是一种利益让渡的零和游戏,无助于财富的增长。

重商主义的流通思想集中于对流通过程的研究,认为流通的作用胜于生产,是一国财富增加的关键因素,这一观点对于流通的存在和发展具有重要的意义,对于我们当前研究市场经济条件下的流通问题也具有一定的借鉴意义。当然,重商主义思想也存在较多的局限性,如对货币职能的盲目崇拜,过分夸大了货币的地位和作用;同时,对财富的认识也是片面的,即将一国拥有的金银数量(货币)等同于真实财富,正是基于这种认识,重商主义思想才将高水平的货币供给与积累等同于经济繁荣、国家富强,并将扩大国际贸易顺差作为其唯一的政策目标;此外,重商主义思想将国内贸易看作是一种无助于财富增长的零和游戏,也显然是错误的。

(二)古典经济学的流通理论

自古典经济学开始,经济学的研究领域逐渐由流通领域转向了生产领域,试图证明经济生活受永恒的自然规律的支配,作为古典经济学的奠基人,亚当·斯密出版了人类经济史的不朽之作《国民财富的性质和原因的研究》,在书中,斯密花费了大约四分之一的篇幅对重商主义思想进行了严厉的批判。例如,批判重商主义将货币或金银视为财富的根本,称这一看法是荒谬的,认为一国的财富在于该国国民的劳动所创造出的生活必需品和便利品,这些生活必需品和便利品或由它们自己生产而来,或由别处交换而来,而货币或金银仅仅充当了交换媒介的角色,是创造财富的工具,而不是财富本身。这里提出了货币在流通(交换)活动中所具有的媒介作用。与此同时,针对重商主义(尤其是以托马斯·孟的《英国来自对外贸易的财富》一书为代表)将对外贸易顺差视为获得财富增长的唯一途径的说法,斯密认为,国内贸易同样是促进生产及财富增长的有力手段,对于这一观点,其在论述商业对农村改良的贡献时已作了充分说明。斯密对于重商主义的批判,最核心的内容是指出了重商主义是一种限制与管理的学说,并提出了"看不见的手"的著名论断。斯密的著作对重商主义思想进行了全面彻底的清算,标志着产业资本的观点最终克服了商业资本的局限①,这一思想上的进步具有较大的历史意义,应当予以充分地肯定。

斯密虽未针对流通问题进行过专门的论述,但其关于分工与交换的思想对今天我们认识流通问题仍有裨益。斯密认为,"引出上述许多利益的分工,原不是人们智慧的结果,尽管人们预见到分工会产生普遍富裕,并想利用它来实现普遍富裕。它是不以这种广大效用为目标的一种人类倾向所缓慢而逐渐造成的结果,这种倾向就是互通有无,物物交换,相互交易。"② 说明了分工是"人类交换倾向"引起的,即交换是分工的前提,交换使得专业化成为可能,并指出"分工的程度总要受交换能力大小的限制,换言之,要受市场广狭的限制。"③ 分工也极大地促进了交换的发展,甚至推动整个社会的商业化,正如斯密所说:"分工一旦完全确立,一个人自己劳动的生产物,便只能满足自己欲望的极小部分,他的大部分欲望须用自己消费不了的剩余劳动生产物来满足。于是人们就要依靠交换来生活,或者说,在一定程度上,一切人都成为了商人,而社会本身,严格地说,成为了商业社会。"④ 通过对分工与交换内在逻辑的深入分析,斯密展示出分工与交换对流通问题研究产生的重大意义。

在亚当·斯密之后,古典经济学派的另一位代表人物——大卫·李嘉图的代表作《政治经济学及赋税原理》一书于1817年问世,该书继承并发展了亚当·斯密的自由主义经济理论,认为限制国家的活动范围、减轻税收负担是促进增长经济的最好方法。作为李嘉图学说体系的重要组成部分,他的对外贸易学说再一次从理论上批判了重商主义教条,同样也深化了我们对流通问题的认识。对于对外贸易的经济作用,李嘉图认为,"对外贸易的扩张虽然大大有利于一国商品总量的增长,从而使享受品总量增加,但却不会直接增加一国的价值总量。"⑤ 即是指用本国商品交换来的外国商品无论总量增加多少,均不会使本国所拥有的价

---

① 晏智杰. 古典经济学 [M]. 北京:北京大学出版社,1998:51.
② 亚当·斯密著,郭大力、王亚楠译. 国民财富的性质和原因的研究 上 [M]. 北京:商务印书馆,1972:12.
③ 亚当·斯密著,郭大力、王亚楠译. 国民财富的性质和原因的研究 上 [M]. 北京:商务印书馆,1972:16.
④ 亚当·斯密著,郭大力、王亚楠译. 国民财富的性质和原因的研究 上 [M]. 北京:商务印书馆,1972:20.
⑤ 李嘉图著,郭大力等译. 政治经济学及赋税原理 [M]. 北京:商务印书馆,1962:99.

值总量增长。这是由于交换而来的外国商品的总价值并不取决于商品在国外生产所消耗的劳动量，而取决于本国用于交换的商品所消耗的劳动量。

李嘉图的上述论述即是承认了在国际贸易中等价交换原则是无效的。对于经济发展水平不同的两个国家而言，发达国家的劳动生产率较高，而落后国家的劳动生产率较低，发达国家单位商品所包含的劳动量要少于落后国家，因此在国际贸易中，发达国家能以包含较少劳动量的商品交换落后国家包含较多劳动量的商品，这就使得国与国之间贸易的利润率无法像国内贸易那样处于同一水平。若按照斯密的绝对优势理论，则单位生产成本较高的落后国家完全不用生产任何商品，仅仅进口即可，而发达国家则要生产所有商品，不必进口只需出口。正是基于这种情况的考虑，大卫·李嘉图在亚当·斯密绝对优势理论的基础上发展出了比较优势理论。比较优势理论认为，国际贸易的基础是劳动生产率的相对差距，而非绝对差距，以及商品生产过程中产生的相对成本差距，每个国家都应依照"两利相权取其重，两弊相权取其轻"的原则，生产并出口具有比较优势的商品，而进口那些具有比较劣势的商品。该理论也为后来的国际贸易理论奠定了基础。

可以看出，古典经济学并未直接针对流通问题进行较多的论述，然而，无论是亚当·斯密关于分工与交换的思想，还是大卫·李嘉图在对外贸易学说方面所作的奠基性工作，均深化了我们对流通问题的认识。

（三）新古典经济学的流通理论

19世纪70年代，边际效用学派的出现被视为一场经济学领域的革命，发端于边际革命的新古典经济学将完全竞争、市场出清、供求均衡、消费者与生产者决然分开等作为基本假设，在理论上抽离了现实存在于生产与消费领域之间的媒介——流通。这一学派的经济学者将研究的重点放在了生产者行为与消费者行为上，并产生了较为系统的生产理论和消费理论，却未能形成专门的流通理论。由于商贸流通理论逐渐不受重视，流通这一概念逐渐淡出了主流西方经济学视野。以新古典经济学为主体的主流西方经济学忽视商贸流通理论研究的原因主要有以下两个方面：其一是主流经济学的"假设——推理"分析为特征的公理化研究，逐渐使商贸流通理论不重视实际行为主体；其二是新古典经济学在阐述市场有效资源配置时，完全抽离了生产者与消费者在现实中直接见面的过程。[1] 这不得不

---

[1] 程艳. 商贸流通理论的发展及评述 [J]. 浙江学刊, 2007 (5): 181 – 185.

说是新古典经济学留下的一个理论缺憾,而这一缺憾恰恰为此后各经济学派针对商贸流通领域相关理论的弥补提供了原动力。

(四) 新制度经济学的流通理论

科斯开创的新制度经济学是主流西方经济学新近发展的重要理论分支,其通过交易费用的视角对商贸流通理论的研究范围进行了拓展。新制度经济学将市场与企业视为一种制度,交易费用的不同导致了这两种制度的资源配置形式不同,契约依据交易成本的不同而自发形成,并在此基础上形成了不同的制度安排,并对经济绩效产生了显著影响。新制度经济学通过对社会交易过程的研究,从制度安排的视角研究如何减少交易费用,提高交易效率,增进社会福利,促进经济增长。科斯(Coase,1937,1994)以边际交易成本等价论证了市场、企业及价格的关联[1][2],威廉姆森(Williamson,1965)运用交易费用理论研究了产业组织,特别是反托拉斯与政策的实践,均涉及了不同制度条件下的交易成本及长期契约的形成问题。[3] 其中的契约理论在新制度经济学后期发展过程中涉及了商贸流通理论问题,而交易费用理论虽与我们研究的流通费用有所不同,但对于我们从更广泛的视角研究流通问题还是有所裨益的。

(五) 新兴古典经济学的流通理论

自20世纪80年代以后,以澳大利亚华人经济学家杨小凯为代表的一批经济学家,采用非线性规划与超边际分析方法,将新古典经济学所忽视的分工和专业化的思想纳入决策与均衡模型,用现代分析工具扩展了对交换的产生、贸易的形成、批发零售的分工等商贸流通理论问题的研究,弥补了新古典经济学未能对古典经济学中商贸流通思想进行解释的缺陷。杨和黄(Yang and Ng,1993)最早使用超边际一般均衡分析法,正式地提出了"职业中间商"的一些基本特征,指出专业化及城市化水平的提高能够有效提高交易效率,进而促进人均真实收入的增加,而一个交易的层级结构及职业中间商也随着这一过程产生。[4] 杨小凯(2006)基于分工及专业化视角对零售商、批发商及交易的层级结构所作的规范

---

[1] Coase R. H. The Nature of the Firm [J]. Economica, 1937, 4 (16): 386 – 405.

[2] Coase R. H. Essays on Economics and Economists [M]. Chicago: University of Chicago Press, 1994.

[3] Williamson J. G. Regional inequality and the process of national development: a description of the patterns [J]. Economic development and cultural change, 1965, 13 (4): 1 – 84.

[4] Yang X., Ng Y. K. Specialization and Economic Organization: A New Classical Microeconomic Framework [M]. Amsterdam: North – Holland, 1993.

形式阐述，充分说明了商贸流通理论在新兴古典经济学中的地位。[①] 布坎南曾这样评价杨小凯：其贡献在于跨越两个多世纪以来经济学的误差性分析，重新回归到亚当·斯密经济思想的起点，探讨分工对国民财富的作用，其运用边际分析方法及理论对工业化、城市化、经济结构变动和商业发展的解释，既具有创新性又富有政策含义。新兴古典经济学复活了长期以来消失于主流经济理论当中的流通思想，为我国的流通经济研究进行了重要的理论铺垫。

三、中国流通理论发展与演进

中国的流通理论研究有着丰富的社会主义政治经济学理论基础。新中国成立以来，我国经历了多次经济体制的重大改革，在充分消化吸收马克思主义政治经济学流通理论与西方经济学流通理论优秀研究成果的基础上，国内学者在中国流通理论研究方面不断发展、创新、完善，取得了较为丰硕的成果。总的来说，中国的流通理论研究经历了从"无流通论"到"有流通论"再到"先导产业论""基础产业论"与"战略产业论"等发展阶段。

（一）从"无流通论"到确立"有流通论"

"无流通论"是在苏联得到普遍认同的关于商品和流通的主流认识，并已写进了苏联《政治经济学教科书》。在新中国成立初期，经济理论及实践建设均是仿效苏联经验，"无流通论"理所当然被全盘照搬，同样仿效苏联建立的还有高度集中的计划经济体制。

自20世纪50年代中期开始，人们逐渐发现这种计划经济体制下的社会主义"无流通论"思想在中国的经济建设实践过程中遇到了诸多困难，并试图对其进行改革。以反对社会主义"无流通论"而蜚声经济学界的我国著名经济学家孙冶方早在1956年就发表了《把计划和统计放在价值规律的基础上》一文，在文中他提到："虽然价值规律在商品经济社会中是一个盲目的自发规律，是与市场竞争、经济危机、失业，乃至殖民地侵占、侵略战争等一系列消极破坏性因素相联系着，然而在社会主义制度下，我们把这个自发性规律变成我们自觉掌握的规律，进而就排除了其消极破坏性的一面，保留了积极进步的一面"，"在社会主义或者共产主义社会中，我们限制或除去了市场竞争所带来的消极的破坏性一面，这是好的，但我们不能不计算产品的社会平均必要劳动量，否定或低估价值

---

① 杨小凯. 经济学——新兴古典与新古典框架 [M]. 北京：社会科学文献出版社，2006.

规律在社会主义经济中的作用，也就是否定了计算产品的社会平均必要劳动量的重要性"，"我们应肯定地说，通过对社会平均必要劳动量的认识与计算来推进社会主义社会生产力的发展，价值观律的重大作用，在我们社会主义经济中非但不应受到排斥，而且应该受到更大重视"。① 孙冶方通过肯定价值规律在社会主义社会中同样存在重大作用来批判了"无流通论"的思想。他同时指出："任何社会化大生产均包含两个过程，即生产过程和由不断进行着的交换所组成的流通过程"，"流通是社会化大生产的一个客观经济过程，只要有社会分工就会存在交换，只要有社会化大生产就会存在流通过程，这就是流通一般"。② 从而阐述了社会主义社会同样存在流通过程，确立了"有流通论"的理论观点。还有不少与孙冶方同时期的我国经济学家曾对"无流通论"进行了批判，例如，许涤新在 1959 年发表了《论农村人民公社化后的商品生产和价值规律》③ 一文，于光远在 1959 年发表了《关于社会主义制度下商品生产问题的讨论》④ 一文，卓炯在 1961 年发表了《试论社会主义制度下的商品》⑤ 一文。这些老一辈经济学家基于不同的视角对流通问题进行了一定的研究，但由于时代局限等原因，并未能从根本上清除"无流通论"。20 世纪 70 年代末至 80 年代初，随着改革开放政策的实施，我国经济学界开始从多视角、多方面对"无流通论"进行彻底的清理，并针对长期以来受"无流通论"影响而造成的我国流通发展遭遇瓶颈约束的情况提出了流通规模应与生产发展及消费水平相适应的重要论点。高涤陈（1984）对社会主义流通经济过程进行了较为系统的理论阐述，他指出，流通是与社会分工、社会化生产的出现及发展相联系而产生的社会经济过程，在认识社会主义流通过程时，不能局限于商品交换形式，而应从社会化大生产的根本性质以及交换与流通在社会再生产过程中的作用与地位来把握流通这一经济过程。⑥

（二）流通先导产业论

流通先导产业论是刘国光等经济学家率先提出来的。刘国光最先在 1999 年发表了《把流通业从末端行业转向先导行业》⑦ 一文，提出在社会主义市场经济

---

① 孙冶方. 把计划和统计放在价值规律的基础上 [J]. 经济研究, 1956 (6): 30 - 38.
② 商业部商业经济研究所. 论社会主义商品流通 [M]. 北京: 中国商业出版社, 1981: 30.
③ 许涤新. 论农村人民公社化后的商品生产和价值规律 [J]. 经济研究, 1959 (1).
④ 于光远. 关于社会主义制度下商品生产问题的讨论 [J]. 经济研究, 1959 (7).
⑤ 卓炯. 试论社会主义制度下的商品 [J]. 中国经济问题, 1961 (5) (6).
⑥ 高涤陈. 论流通经济过程 [J]. 经济研究, 1984 (4): 14 - 20.
⑦ 刘国光. 把流通业从末端行业转向先导行业 [N]. 人民日报, 1999 - 2 - 2.

条件下，我国流通产业的地位和作用将从社会生产中的末端产业上升为先导产业。他指出，必须认识到流通是反映一国经济社会发展繁荣程度的窗口，是观察人民生活水平和国家综合国力的晴雨表，是启动市场、促进消费和需求不断增长的助推器[1]，改革开放以来，随着我国消费者主体地位的上升，买方市场逐渐形成，消费者主权地位得以确立，作为启动市场经济运行的起点，商品流通业将会转化为周而复始的经济增长的新起点，即从末端产业上升为先导产业，以带动其余产业的发展。在此基础上，他在另一篇文章中进一步指出了，加快流通产业向先导产业升级转换，对于促进我国经济整体健康快速协调发展有着极为重要的现实意义。[2] 王先庆和房永辉（2007）指出，引导或推动流通产业转化成为国民经济的先导性产业的关键在于具有不断提升流通先导力。[3] 而所谓流通先导力则是指流通对于社会经济发展所发挥的引导和推动的能力。李骏阳和李燕搏（2008）指出，流通是决定经济运行速度、效益及质量的引导性力量，流通产业对整体国民经济的先导作用主要体现在如下几个方面：其一，流通产业对国民经济的贡献度不断提高；其二，流通产业对相关产业发展的导向性作用加强；其三，流通产业的战略性地位得到提升。[4]

（三）流通基础产业论

流通基础产业论的思想始于 20 世纪 90 年代后期，但当时的研究观点并未明确地指出流通产业是基础产业[5]，作为流通基础产业论的积极倡导者，黄国雄（2003）最先明确地提出，流通产业不仅是国民经济运行中的先导产业，而且是一个基础产业，具有基础产业的全部特征。一是社会化，流通产业具有社会化特征，流通产业（包括批发业、零售业、餐饮业和生活服务业等）在全社会范围内通过自身商业活动为生产和生活提供商品和各种服务，在保证生产企业对原料设备需求的基础上，也通过零售活动为消费者提供了生活必需的产品及服务，与广大消费者、生产企业及社会团体建立了最密切、最直接、最广泛的经济联系，是一项全民性、社会性的经济活动，这是其他任何一个产业所无法

---

[1] 刘国光. 把流通业从末端行业转向先导行业 [J]. 商业经济文荟, 1999（2）：9-10.
[2] 刘国光. 加快流通产业向先导产业的转化 [J]. 价格理论与实践, 2004（6）：23.
[3] 王先庆, 房永辉. 流通业成为"先导性产业"的约束条件和成长机制 [J]. 广东商学院学报, 2007（6）：25-28, 86.
[4] 李骏阳, 李燕搏. 从"末端产业"到"先导产业"——我国流通改革三十年述评 [J]. 市场营销导刊, 2008（5）：3-10.
[5] 贾履让, 张立中. 中国流通产业及其运行 [M]. 北京：中国物资出版社, 1998.

比拟的。二是关联度,关联度是指某一产业对国民经济各部门的关联、制约和影响程度,是反映基础产业特性的重要标志,流通是连接国民经济各部门的桥梁与纽带,是生产与生产,生产与消费的中介,可以说,没有生产就没有流通,没有流通,生产同样无法进行,在市场经济条件下,任何一个部门都或多或少或直接或间接受到流通产业的制约和影响,因而可知,流通产业是国民经济中关联度最高的一个产业。三是贡献率,贡献率是国民经济基础产业特性的重要标志,流通产业在整个国民经济当中的贡献率一般为10%左右,发达国家已达12%~15%,我国也已超过8%,位于各个行业前列,随着第三产业占国民经济比重的提升,流通产业的贡献率也在不断增加,成为国民经济增长点的重要构成。四是就业比,就业比是指一个产业所能够容纳的劳动力数量在解决整个社会劳动力就业出路方面所占的比重,流通产业具有点多面广、门槛较低、容易进入、分布零散等特点,随着产业结构的调整,尤其是农村劳动力的转移,流通产业在解决社会劳动力就业出路方面将发挥越来越大的基础性作用。五是不可替代性,不可替代性同样是基础产业特性的重要标志,流通产业作为社会分工的产物,其特定职能是作为商品交换的媒介,为商业提供服务,这是其他任何产业均不可替代的职能,任一国家或地区若离开了流通,离开了商业,便会失去它的生存条件。[①]

洪涛的《流通基础产业论》是我国第一部专门论述流通产业基础产业特性的专著[②],其著作的核心观点是,流通产业逐渐成为一个基础性产业,主要体现在以下几个方面:社会消费品零售总额大幅增长;流通产业增加值占GDP比重有所提升,成为国民经济的支柱产业;商品进出口贸易总额有较大的提高;在吸纳劳动力就业方面,流通产业的贡献仅次于农业和制造业;流通产业所有制结构发生了巨大的变化;流通产业社会化程度极大地提高;流通业态多元化发展,经营方式呈现多样化;电子商务活动迅猛发展;相继出现了一大批较大型的商贸流通企业集团;中国特色的商品流通市场体系初步形成。

(四)流通战略产业论

战略产业是指在国民经济中具有战略意义或重大影响的产业群体,对国民经济整体运行与发展能够起到很好地带动与调节作用,并能够积极促进产业升级。近年来,随着中国流通产业对外开放的不断深入,有关流通产业重新定位的研究

[①] 黄国雄. 流通新论[J]. 商业时代, 2003(1): 13-14.
[②] 洪涛. 流通基础产业论[M]. 北京: 经济管理出版社, 2004.

和针对开放条件下流通经济安全的问题受到了较为广泛的关注,不少学者提出了流通的战略产业论。其中,具有代表性的是曹金栋和杨忠于(2005)[1]、冉净斐和文启湘(2005)[2]以及刘子峰(2005)[3]等。

曹金栋和杨忠于(2005)在研究中指出,现代流通产业已符合战略性产业的标准,主要表现为:(1)从某种意义上讲,现代流通产业拥有较高的进入壁垒。现代流通产业将朝着大型化、国际化、多元化、咨询化的方向发展,信息科技和现代营销技术已成为流通产业发展的核心动力,雄厚的商品流通资本已成为流通企业运行的必然要求,这就对中小流通企业的进入构成了较高的壁垒。(2)流通产业面临国外厂商的竞争。随着中国流通产业对外开放的不断深入,外商投资进入流通领域的步伐明显加快,使得国内流通产业所面临的外部竞争程度进一步加剧。(3)流通产业对其他产业具有外溢效应。在市场经济条件下,流通产业作为连接生产与消费的桥梁和纽带,在整个国民经济中发挥着枢纽的作用,并对整个社会资源的配置和产业结构的优化调整起着不可替代的作用。[4] 根据以上三条标准不难看出,中国流通产业对国民经济具有显著的影响效果,与此同时,流通产业发展面临着较大困难,流通产业安全受到较大挑战,应将其作为战略性产业对待。冉净斐和文启湘(2005)[5]也指出,中国流通产业应定位于战略产业,并从流通产业安全、流通产业发展潜力、流通产业贡献度、流通产业竞争力与国家竞争力关系等视角论述了流通产业具有战略产业特性的理论依据。具体体现为:流通产业具有很强的产业关联度,对国家竞争力具有重大影响,流通产业竞争力是国家整体竞争力提升的重要促进力量;流通产业拥有巨大的发展潜力和良好的发展前景;流通产业对增加劳动力就业贡献巨大,并对产业结构优化升级具有促进作用;在流通领域全面对外开放的背景下,流通产业收到国外资本的巨大挑战,成为一个事关国家安全的产业。刘子峰(2005)则是从产业关联度、国家经济安全、经济增长贡献力、扩大内需和增加就业等方面主要论述了流通产业的战略产业特性。[6]

---

[1] 曹金栋,杨忠于. 关于流通业战略性地位的理论探讨及对策分析[J]. 经济问题探索,2005(2):108-109.
[2] 冉净斐,文启湘. 流通战略产业论[J]. 商业经济与管理,2005(6):10-15,19.
[3] 刘子峰. 论流通产业的战略性地位[J]. 财贸研究,2005(2):39-45.
[4] 曹金栋,杨忠于. 流通业战略性地位实证[J]. 商业时代,2005(11):24-26.
[5] 冉净斐,文启湘. 流通战略产业论[J]. 商业经济与管理,2005(6):10-15,19.
[6] 刘子峰. 论流通产业的战略性地位[J]. 财贸研究,2005(2):39-45.

四、区域经济差异理论

区域差异理论是区域经济理论体系的重要组成部分,区域差异问题始终是区域经济学研究的核心论题之一。

基于新古典经济学的新古典区域均衡发展理论起源于20世纪40年代,其中具有代表性的理论观点包括:保罗·N. 罗森斯坦-罗丹(Paul N. Rosenstein - Rodan, 1943) 提出的大推动理论、罗格纳·纳克斯(Ragnar Nurkse, 1953) 提出的贫困恶性循环理论、理查德·R. 尼尔森(Richard R. Nelson, 1956) 提出的低水平均衡陷阱理论和哈维·莱宾斯坦(Harvey Leibenstein, 1957) 提出的临界最小努力命题理论等。[①] 这些理论均是建立在自动趋向均衡的新古典假设基础的,并具有严密的逻辑,强调区域之间或区域内部的平衡发展。新古典区域均衡发展理论认为,只要在完全竞争的市场条件下,竞争机制和价格机制便会促使社会资源达到最优的配置效果。然而从现实来看,这一理论所预期的区域均衡发展趋势是很难实现的,因为新古典区域均衡发展理论过于理想化,忽视了现实生活中的很多客观经济因素,比如,该理论忽视了规模效益和技术进步对区域经济发展的影响[②],认为完全竞争市场中的供求关系就能决定资本和劳动力的流向,但事实上,单纯靠市场的力量不仅不会使得区域差异减小,反而会进一步扩大差异水平,发达的区域拥有更大的市场、更好的服务、更完善的基础设施,必然对资本和劳动力具有更强的吸引力,从而形成了规模经济,导致了极化效应,即便发达区域对周围区域具有一定的扩散效应,然而在完全竞争的市场条件下,极化效应往往大于扩散效应,使得区域差异进一步扩大。此外,不同区域间技术进步状况会对资本收益率产生影响,资本要素加速向发达区域流动,加重了不发达地区资本要素的匮乏,区域经济差异进一步扩大。因此可知,新古典区域均衡发展理论是使用静态分析方法将区域经济发展问题过分简单化了,与发展中国家的客观经济现实差距太大,很多问题无法解释,针对这一情况,一些经济学家提出了区域非均衡发展理论。该理论遵循了区域非均衡发展的规律,突出了重点区域,有利于资源配置效率的提高。其中最具代表性的是冈纳·缪尔达尔(Gurmar Myrdal, 1944) 提出的循环累积因果理论[③]、弗朗索瓦·佩鲁(Francois Perroux,

---

① 吴传清. 区域经济学原理 [M]. 武汉:武汉大学出版社, 2008.
② 杨竹莘. 区域经济差异理论的发展与演变评析 [J]. 工业技术经济, 2009 (8): 63-68.
③ Myrdal G. Economic Theory and Underdeveloped Region [M]. London: Duckworth, 1957.

1955）提出的增长极理论[①]、阿尔伯特·赫希曼（Albert Hirschman，1958）提出的非均衡增长理论[②]、约翰·威廉姆森（John Williamson，1965）提出的倒"U"形发展理论[③]、约翰·弗里德曼（John Friedmann，1966）提出的中心—外围理论[④]。

（一）缪尔达尔的循环累积因果理论

循环累积因果理论最早是由瑞典经济学家缪尔达尔于1944年在其著作《美国的两难处境：黑人问题和现代民主》中提出，他认为经济发展过程在不同区域之间并非同时发生和均衡扩散的，而是从一些初始条件较好的区域开始，一旦这些具备初始优势的地区较其他区域优先发展，则由于既有优势，这些区域便可通过循环累积因果过程，不断累积新的优势，继续获得优先发展，从而进一步加剧了区域间差异化程度，导致发达区域和落后区域之间发生空间相互作用，产生了两种相反的累积效应，即回流效应和扩散效应。回流效应是指，落后区域的劳动力、资金等生产要素向发达区域流动，导致区域间差异程度不断扩大；扩散效应则是指，发达区域的劳动力、资金等生产要素向落后区域进行扩散，从而促使区域间差异程度得到缩小。缪尔达尔将社会的各种经济和非经济因素作为一个整体来考察，是对新古典经济学关于市场机制会促使社会资源达到最优配置这一基本假设的挑战。缪尔达尔基于循环累积因果理论提出了区域发展的政策主张，指出在国家经济发展初期，政府应当采取一些不平等发展战略，优先发展那些区位优势明显、资源较为丰富的区域，使得这些区域获得优先发展，然后利用这些优先发展区域的扩散效应带动其他区域的发展；同时，为了防止因循环累积因果过程导致的区域差异程度扩大，政府应针对落后区域制定相应的经济刺激政策。缪尔达尔的循环累积因果理论经过了学者们几十年的实践检验，是符合客观实际情况的，尤其适合用于指导发展中国家解决区域差异问题。

---

① Perroux F. Note on the concept of growth poles, (trans. Livingstone, I. from Note sur la notion de croissance). In: Livingstone I, 1971: Economic Policy for Development: Selected Readings, Harmondsworth: Pengiun, 1955: 278 – 289.

② Hirschman A. O. the Strategy of Economic Development [M]. New Haven: Yale University Press, 1958.

③ Williamson J. G. Regional inequality and the process of national development: a description of the patterns [J]. Economic development and cultural change, 1965, 13 (4): 1 – 84.

④ Friedmann J. Regional Development Policy: A Case Study of Venezuela [M]. Massachusetts: MIT Press, 1966.

(二) 佩鲁的增长极理论

增长极理论是由法国经济学家佩鲁在 20 世纪 50 年代首先提出来的，该理论认为，社会是一个异质体，各种组织、团体等单位间存在着一种支配关系，支配单位能够对被支配单位产生影响，而被支配单位却无法对支配单位产生影响或无法产生相同的影响，两者之间的关系是不平等的，起支配作用的单位成为了增长点或"增长极"，获得了优先发展，然后通过不同的渠道扩散，带动其他单位发展。法国经济学家布代维尔（J. R. Bouderville, 1966）对佩鲁的增长极理论作出了进一步的发展和完善[①]，并由抽象空间引入到地理空间，对增长极的空间特性进行了强化，提出了区域增长极的概念，认为区域增长极是主导推进型产业在城市区域的集聚，并指出区域经济不平衡发展是普遍存在的，一个特定的经济空间中，经济增长并不体现在所有的区域内，而是体现在那些增长极区域，使之获得较快的发展速度，并通过扩散效应带动其他区域发展。区域增长极理论主张通过转移支付在落后区域建立区域增长极，以期实现对劳动力和资本等生产要素的吸引，并对周边区域产生扩散效应，带动周边区域发展，缩小区域经济发展差异。

(三) 赫希曼的非均衡增长理论

美国经济学家赫希曼于 1958 年出版了《经济发展战略》一书，书中重点从现有资源稀缺性及企业家的缺乏等方面，指出了现实条件下均衡发展战略的不可行性，并系统地提出并阐释了非均衡增长理论。[②] 非均衡增长理论认为，经济的进步并不会同步地出现在全部区域，而一旦出现在某一区域，强有力的经济进步推动力将促使经济增长围绕着最初的出现点集中，即出现了增长极，因此，该理论将经济增长速度的不平衡看作是经济发展过程中不可避免的伴生物和前提条件。该理论还提出了与缪尔达尔的循环累积因果理论中回流效应和扩散效应相类似的"极化效应"和"涓滴效应"，认为在经济发展的初期阶段，极化效应占据了主导地位，此时区域间差异将不断扩大，然而，随着经济发展阶段的不断演进，涓滴效应最终会超过极化效应从而占据主导地位，进而促使区域间差异缩小。非均衡增长理论同样对发展中国家具有较强的指导意义，赫希曼认为，在一个国家或地区经济发展初期阶段，应实施非均衡发展战略，选择那些具有竞争优

[①] 张金锁，康凯. 区域经济学 [M]. 天津：天津大学出版社，2003.
[②] 赫希曼，曹征海. 经济发展战略 [M]. 北京：经济科学出版社，1992.

势的区域进行优先发展,这将使资源配置效率达到最优,虽然会出现区域经济差异,但他认为在政府进行干预的基础上,涓滴效应最终会超过极化效应,区域差异也将逐渐消失。

（四）威廉姆森的倒"U"形发展理论

区域经济差异倒"U"形理论最早是由美国经济学家威廉姆森于1965年提出,该理论的提出是建立在库兹涅茨收入分配倒"U"型假说[①]理论基础之上,是关于区域差异程度与经济发展过程变动关系的一般假设,具体而言,即认为在经济发展初期阶段,区域差异程度较小,随着经济发展水平的提高,区域差异程度逐渐扩大,当经济发展水平提高到一定程度的时候,区域差异程度开始转而缩小。为了证实该假说的可靠性,威廉姆森利用24个处于不同经济发展水平的国家的横截面数据和美国内部各地区的横截面数据进行了截面数据分析,同时,利用10个国家的历史数据进行了时间序列分析,结果证实了该假说与实践经验是基本吻合的。自此以后,经济发展过程中区域差异的阶段性特征变化便成为了区域经济差异研究领域的重要论题。[②]

（五）弗里德曼的中心—外围理论

中心—外围理论是20世纪六七十年代区域经济学、发展经济学针对发达地区与落后地区不平等经济关系问题进行研究时所形成的一系列相关理论观点的综合,最早是由美国城市与区域规划学家弗里德曼于1966年在其著作《区域发展政策——委内瑞拉案例研究》一书中依据区域非均衡发展思想和中心地理论提出的。该理论不仅从经济视角考察了区域间差异的问题,而且还从更为广泛的视角探讨了区域间差异化的过程。该理论将经济落后地区看作是经济上缺乏自主权且对中心区保持高度依赖的外围区,中心区则是具有较高增长倾向的区域,外围区的资本、技术、资源、劳动力等生产要素均来自中心区,然而,由于政治与经济权利以及资源匹配的不平衡,导致了空间二元结构的出现,中心区和外围区共同组成了这个空间二元结构。中心区对外围区的支配地位体现为六种反馈机制,分别是支配效应、信息效应、联动效应、心理效应、现代化效应以及生产效应。在这六种反馈效应和中心区扩散效应的共同作用下,中心区与外围区之间的边界变

[①] Kuznets S. Economic Growth and Income Inequality [J]. American Economic Review, 1955, 45 (1): 1 – 28.

[②] 张秀生. 区域经济学 [M]. 武汉:武汉大学出版社, 2007.

得模糊，最终实现区域经济一体化。该理论对于制定区域经济协调一体化发展具有一定的指导意义。

第四节 本章小结

本章首先对流通和流通产业的概念进行了界定，认识到流通概念在实体经济中有广义和狭义之分，但真正对科学严谨的学术研究具有实际意义的是狭义的流通，即商品流通。本书所指的流通即是商品流通，它是社会再生产过程中的一个独立环节，是连接生产与消费的桥梁与纽带，包含了商流、物流、资金流和信息流等商品所有者全部相互关系的总和。而流通产业的概念也有广义和狭义之分，广义的流通产业是商品所有者的一切贸易关系的总和，包含了整个流通领域内的全部产业部门，大致包括了零售业、批发业、餐饮业、住宿业、物流业、金融业、保险业和邮电通信业等行业，狭义的流通产业则是与商品流通活动高度相关的几个行业的总和，例如批发零售业、餐饮业、住宿业及物流业等，本书所指的流通产业是狭义的流通产业。

在文献综述部分，总结梳理了有关流通效率方面的研究、有关流通产业发展水平评价方面的研究、有关流通产业发展区域差异问题方面的研究以及有关流通产业发展影响因素方面的研究，相关研究所取得的理论和实证成果为我们进一步展开中国流通效率区域差异及影响因素研究提供了一定的理论支撑和方法论，当然，这些研究也存在一些不足，有待进一步深入研究。

在理论基础部分，本章较为系统地阐述了流通相关的理论，分别包括马克思主义流通理论、重商主义的流通理论、古典经济学的流通理论、新古典经济学的流通理论、新制度经济学的流通理论、新兴古典经济学的流通理论等，又对中国流通理论的演进与发展进行了总结梳理，总的来说，中国的流通理论研究经历了从"无流通论"到"有流通论"再到"先导产业论""基础产业论"与"战略产业论"等发展阶段。在梳理了流通相关理论后，本章还对区域经济差异理论进行了归纳讨论，这也为后文中对中国流通效率区域差异的实证分析提供了理论依据。

第三章
中国流通效率的理论分析

流通产业是国民经济的先导产业、基础产业和战略产业,其基本职能是商品交换的媒介,流通产业的运行是实现商品价值和使用价值的关键环节,并在社会再生产过程中引导和制约着生产、分配、消费乃至整个国民经济的运行,作为流通产业运行节奏的综合体现,流通效率的研究具有重大的理论与实践意义,本章将在进一步总结梳理国内外相关文献的基础上,尝试对流通效率的内涵进行科学界定,并基于流通效率的本质内涵构建一套科学合理的中国流通效率测度指标体系,然后将依据区域经济差异的相关理论对中国流通效率区域差异形成的初始原因进行理论分析,最后还将系统地对中国流通效率的多个影响因素及其作用机理进行分析。

第一节 流通效率的内涵界定

纵观流通效率相关研究发现,国外学者对流通效率问题的研究较为鲜见,且多是从流通渠道效率抑或是流通企业生产率视角来考量这一问题,这是缘于西方经济学对连接生产与消费的流通领域进行了选择性忽略,流通相关理论在西方经济学体系中始终处于边缘化、零散化的状态。近年来,流通效率问题逐渐引起国内学者的重视。尤其是20世纪90年代以来,随着我国改革开放的不断深化,商品流通体系逐步完善,流通产业日趋活跃并取得重大发展,针对流通效率的学术研究也日益丰富,流通效率已然成为人们关注流通产业发展的焦点之一,然而,学术界对流通效率内涵的理解与认识却众说纷纭、见仁见智。需要指出的是,宏观层面的流通效率与微观层面的流通企业的"技术效率"是有区别的。在既有文献中，研究者多将宏观层面的流通效率等同于微观层面的流通企业"技术效率"，后者的内涵主要指流通企业的纯技术效率和规模效率等。有如零售业上市公司、物流业上市公司的全要素生产率的实证研究在当前流通产业相关研究中并不鲜见。正是囿于这种微观视角，这些实证研究才过分偏重对计量结果的对比分析，却忽视了从流通产业整体视角进行宏观把握。事实上，多数研究是用宏观经济数据进行实证分析，如果从流通产业整体层面看"效率"，它的内涵会更丰富，既包含了流通企业的"效率"，又能够准确体现流通产业宏观发展的节奏。因此，在宏观层面上，"流通效率"的提法是更科学些的。

一、学术界对流通效率内涵的认识

在经济学视角中，效率是衡量经济活动的重要指标之一，一般是指在社会经济活动中，生产要素投入与其所能提供的效用产出之间的比值。正是基于这种思想，谢菲尔德（Shepherd，1963）将流通效率定义为流通商品总价值与流通总成本的比值，即流通效率 = 流通商品总价值/流通总成本[1]，这一比值的大小直接决定了流通效率的高低。然而，这种定义缺乏客观的比较标准且过于单一，此外，这种比值决定效率的定义方法意味着一旦流通成本增加，流通效率就会降低，然则流通成本在服务水平与产品质量上投入的增加并不能单纯解释为流通效率的降低，相反是流通效率提高的一种表现。相类似的，李辉华和何曙（2001）认为，商品流通效率是衡量商品流通整体质量的概念，主要由商品流通实现价值量与商品流通时间、流通费用的比值决定。[2] 刘根荣（2014）认为，流通效率是指流通在服务商品由生产领域向消费领域转移中追求经济效益的过程中，所占用的流通时间与所消耗的流通资源。[3] 这两种定义基本与谢菲尔德（Shepherd）的定义相一致，只是将流通成本用流通时间和流通费用的形式来表达。蒂斯（Teece，1992）对流通效率的研究是基于流通渠道的视角，他认为流通效率的提高有赖于生产商与供应商之间形成长期稳定的互利合作关系，从而降低流通渠道成本，改善流通渠道绩效，进而提高流通效率。[4] 同样基于流通渠道视角研究流

---

[1] Shepherd G. S. Agricultural Price Analysis [M]. Ames：University of Iowa Press，1963.

[2] 李辉华，何曙. 我国当前买方市场下的商品流通效率分析 [J]. 山西财经大学学报，2001（1）：44 – 46，49.

[3] 刘根荣. 现代流通产业竞争力理论与实证研究 [M]. 厦门：厦门大学出版社，2014.

[4] Teece J. B. The lessons GM could learn for its supplier shakeup [J]. Business Week，1992（8）：29 – 36.

通效率的还有巴泽尔和德特梅耶（Buzzell and Drtmeyer，1995），他们也认为加强流通渠道中生产商与销售商之间的合作能够有效地提高服务质量，减少库存，降低渠道成本，进而提高流通效率。[1] 有学者从资源配置合理性的视角考察流通效率。如吴隽文（1990）认为，流通效率高的表现应为有限资源的合理配置以及交易费用的降低，而企业的内在流通力是提高流通效率的关键。[2] 安罗伊（Anrooy，2003）认为，流通效率的影响因素包括信息的可得性、市场控制力及外部性，强调通过有效配置资源使消费者满意度达到最大。[3] 而弗雷德（Clark，1921）则是从企业个体和社会整体两个层面来定义流通效率，其中，企业个体层面的流通效率高低是由企业的获利大小与经营成本的比值大小决定的，社会整体层面的流通效率高低则取决于社会流通整体服务质量水平的高低和服务成本的多少。[4] 这种基于多视角多层面考量流通效率的思路是可取的，然而，由于各层面评价指标的选取仅限于利润、成本等少量指标，缺乏对流通效率问题全面的把握。也有一些学者将流通效率看成是流通环节运行状况的考察指标，并使用若干指标对其进行评价。例如，庄尚文和王永培（2008）将流通效率视为商品流通发展的两个主要层次之一[5]，主要包括库存率和资产负债率，反映了流通环节的运行状况。流通效率的高低已然成为我国市场化改革成败得失的重要指标之一。[6] 戢守峰和徐原青（2004）则认为，流通效率取决于流通费用和资金周转速度，是提升经济竞争力的核心指标。这一类定义有助于对流通运行状况的把握，但衡量指标的选取方面仍有失全面性的考虑。[7] 还有部分学者认识到流通效率是个综合性概念，应从多个维度选取指标对其进行考察。例如，依绍华（2013）认为，流通效率是个综合性指标，包括商品流动效率、资金流动效率和物流效率，是衡量国民经济运行质量的重要标准之一。[8] 江彤（2014）指出，流通效率主要是对流通人员绩效、

---

[1] Buzzell R. D., Drtmeyer G. Channel partnerships streamline distribution [J]. MIT Sloan Management Review, 1995, 36 (3): 85.
[2] 吴隽文. 从流通效率流通渠道谈提高流通力的途径 [J]. 商业经济与管理, 1990 (1): 37 – 40.
[3] Anrooy R. V. Vertical Cooperation and Marketing Efficiency in the Aquaculture Products Marketing Chain: A National Perspective From Vietnam [R]. FAO Working Paper. 2003
[4] Fred E. C. Criteria of Marketing Efficiency [J]. American Economic Review, 1921, 11 (2): 214 – 220.
[5] 商品流通发展的另一个主要层次是商品流通结构
[6] 庄尚文, 王永培. 商品流通结构、效率与制造业增长——基于 2000~2006 年中国省际面板数据的实证分析 [J]. 北京工商大学学报（社会科学版）, 2008 (6): 11 – 18.
[7] 戢守峰, 徐原青. 现代流通中的利润空间分析 [J]. 中国流通经济, 2004 (1): 29 – 31.
[8] 依绍华. 流通业对扩大内需的促进机制及对策研究 [J]. 价格理论与实践, 2013 (5): 33 – 34.

流通资本效率、流通网点效率以及行业竞争效率的综合考察，提高流通效率的最终目的是最大限度地实现流通的顺畅和高效，从而更好地发挥引导生产与消费的作用。[①] 徐从才（2006）也是从多维视角看待流通效率，认为流通效率包括流通组织效率和流通产业效率，流通组织效率反映了流通实现过程中的利益和谐度，而流通产业效率则反映了流通过程中的价值补偿程度。[②] 宋则（2006）则进一步指出流通效率是商贸流通业整体运行节奏的体现，是流通产业竞争力的核心指标，具有较强的综合性，不能仅从某一个维度衡量。这一类定义的综合性较强，反映了流通效率的多元内涵性特征。[③]

二、本书对流通效率内涵的界定

根据对已有相关研究的总结梳理，我们逐渐认识到，流通效率是现代流通产业体系发展的核心内容和关键问题，是一个宏观的，具有多元内涵的复合型概念，直接反映了流通运行的节奏和流通价值实现的速度与能力，具体体现在流通速度的提高、流通成本的降低、流通时间的缩短以及资源损耗的减少，它既不是企业层面的效率，也不是行业层面的效率，而是整个流通体系的综合效率，不能单独从某一个视角来衡量，应包含以下四个层次的含义，分别是：（1）流通的市场效率，主要反映商品流通活动中市场的整体表现、运行节奏及顺畅程度；（2）流通的企业效率，主要反映流通企业在商品流通运行过程中的盈利能力和效率表现；（3）流通的资本效率，主要考察商品流通的资本投入回报率，反映资本在商品流通运行过程中的盈利能力；（4）流通的人员效率，主要考量流通产业单位劳动力投入效率，反映人力资本的盈利能力。

第二节　流通效率测度指标体系的构建

一、相关研究回顾

对于流通效率测度指标体系方面的研究，近年来仅有少量文献涉及。荆林波（2013）在对中国流通行业的效率现状进行考察的过程中并未构建效率评价指标

[①] 江彤．流通创新促进消费的影响机理分析［J］．生产力研究，2014（8）：47-49，65.
[②] 徐从才．流通经济学 过程 组织 政策［M］．北京：中国人民大学出版社，2006.
[③] 宋则．流通现代化及流通业竞争力研究（上）［J］．商业时代，2006（4）：11-13.

体系，而是选取了若干国际上对流通效率进行测度的基本指标，如行业人均毛利、行业单位面积营业额、行业人均年销售额、库存周转率、总资产周转率等指标对中国流通行业效率进行测度。[①] 这种评价方法能够明确地指出流通业创新的方向，然而，作为对整体流通效率的评价方法却过于单一。刘根荣和付煜（2011）在构建中国流通产业区域竞争力评价指标体系过程中，也针对流通效率层面选择了包括人员效率、资本效率、网点效率、土地效率和限额以上批发零售企业利税率 5 个基础指标构成了流通效率的评价指标体系。[②] 然而，由于基础指标的选取不够丰富，存在缺乏全面性等问题。李骏阳和余鹏（2009）从周期率指标、规模性指标、效益性指标三个方面选取了 10 个基础指标构建了一套中国流通效率测度指标体系，并运用因子分析的方法对我国 1995~2007 年流通效率演进趋势进行了实证分析[③]，这套流通效率测度指标体系在指标选取的丰富程度上较为可取，然而，对于批零企业库存率、存货周转率以及单位 GDP 所耗费物流费用这三个指标的负向性问题未考虑充分，存在指标不可公度的缺陷。洪涛（2012）也是从多维度视角来选取流通效率测度指标体系的基础指标，这套指标共分为包括流通者效率指标、生产者效率指标、消费者效率指标和社会公共效率指标在内的 4 个立场性指标层，12 个类型性指标层，共 27 个基础指标。[④] 这样的指标选取方案避免了从单一视角来考察流通效率，具有一定的客观全面性，但由于选取的指标类型太多，基础指标过于繁杂，在数据的可得性方面存在明显不足，缺乏可操作性，使得该流通效率评价指标体系难以应用于实证研究。孙金秀（2014）则是从投入、产出方面选取指标构建现代流通业效率评价指标体系，其中，投入指标 9 个，产出指标 3 个，并运用灰色关联—数据包络（GRA – DEA）混合模型对中国现代流通产业的综合效率、技术效率以及规模效率进行了测度。[⑤] 这一评价方法的指标选取较为丰富、全面，也能够体现一定的客观性，然而，研究视角具有一定的局限性，仅从投入—产出的视角考察流通效率，无法准确掌握流通产业的运行节奏和流通价值的实现速度。

---

① 荆林波. 中国流通业效率实证分析和创新方向 [J]. 中国流通经济, 2013 (6): 13 – 17.
② 刘根荣, 付煜. 中国流通产业区域竞争力评价——基于因子分析 [J]. 商业经济与管理, 2011 (1): 11 – 18.
③ 李骏阳, 余鹏. 对我国流通效率的实证分析 [J]. 商业经济与管理, 2009 (11): 14 – 20.
④ 洪涛. 降低流通成本、提高流通效率的路径选择 [J]. 中国流通经济, 2012 (12): 30 – 35.
⑤ 孙金秀. 现代流通业效率指标体系的构建与评价——基于中国 30 个省际数据的比较分析 [J]. 商业经济与管理, 2014 (6): 14 – 21.

二、测度指标体系构建的原则

为了能够更加全面、客观、准确地把握流通效率的真实状况，测度指标体系的构建应依据以下原则。

（1）全面性原则。作为连接生产与消费的桥梁与纽带，流通在从生产领域向消费领域转移的过程中环节众多，影响流通效率的因素较多，应从多重维度广泛、全面地选择和纳入所需指标，充分考虑所选指标对整个流通体系的涵盖程度。依据前文对流通效率内涵的界定，流通效率测度指标体系将分别从市场效率、企业效率、资本效率、人员效率四个层面选取相应指标。

（2）科学性原则。流通效率测度指标体系及其基础指标的选择和纳入要有经济学理论依据，具备一定的科学内涵，符合统计学相关理论，且具有一定的现实依据。

（3）系统性原则。系统性原则是指流通效率测度指标体系的选择和纳入应注意整体性、有序性，指标之间应具备一定的内在联系，能够形成一个有机整体，指标体系也应具有适应性。

（4）针对性原则。构建流通效率测度指标体系应充分考虑流通产业独特的产业特性，能够准确反映流通效率的现状及变动趋势，剔除与流通效率无关的指标。

（5）可操作性原则。可操作性原则是指流通效率测度指标的选择和纳入应充分考虑其在基础指标层面具有广泛的数据可得性，确保指标体系整体统计数据来源的顺畅，并且所得数据经过标准化处理后可用于计算以及进一步的数据分析处理。

三、测度指标体系的构建

基于流通效率的本质内涵，依据指标体系构建的全面性、科学性、系统性、针对性和可操作性五项原则，本书将从流通的市场效率、企业效率、资本效率、人员效率四个层面选取相应指标构建流通效率的测度指标体系。

（一）市场效率

流通的市场效率是从市场整体的层面把握商品在流通领域运行的节奏，主要通过流通产业市场集中度、市场流通速度、人均社会消费品零售总额等指标来具体衡量。流通产业的市场集中度是流通效率的重要保证，市场集中度反映了流通产业的规模经济效益，市场集中度低势必会严重影响流通企业的竞争力和整体流通效率。查尔斯和帕里（Charles and Parry，2000）通过对零售企业的研究发现，扩大经营规模，增加规模经济效益，能够有效促进流通效率提高。[①] 孙志伟（2008）也指出，要提高流通效率必须着力培育大型流通企业集团，发挥规模经济效益，提高市场集中度。[②] 因此，市场集中度是测度流通效率的正向指标。市场流通速度在这里是指流通市场的商品周转速度，市场流通速度的提高，能够有效地减少商品由于耽搁迟滞造成的损耗，提高社会商品流通的整体效率，用来作为衡量流通效率的正向指标。社会消费品零售总额是反映社会商品购买力实现程度的重要指标，使用人均社会消费品零售总额作为流通市场效率的正向评价指标可以较好地考量流通市场的人均规模情况，以及从人均流通价值实现的视角上把握流通效率，人均社会消费品零售总额越高，说明市场流通价值实现能力就越强。

（二）企业效率

流通效率与流通企业自身的生存与发展紧密相关，没有流通体系整体效率就谈不上流通企业的发展，没有流通企业的效率当然也更谈不上流通体系整体效率的提高，因此，流通的企业效率在流通效率指标体系中占据举足轻重的地位。

企业效率考察了流通企业的综合运营效率，即从流通企业的视角考量了流通业整体运行节奏，主要通过限额以上批发零售贸易企业单位效率、流通企业库存率、限额以上批发零售贸易企业税收占主营业务收入比重、限额以上批发零售贸易企业资产负债率和限额以上批发零售企业存货周转率等指标来衡量。限额以上批发零售贸易企业单位效率是反映单位企业销售及盈利能力的重要指标，用来作为衡量流通效率的正向指标。流通企业库存率反映流通企业库存积压的程度，巴泽尔和德特梅耶（Buzzell and Drtmeyer，1995）的研究证明，较低水平的库存率能够有效减少对资金的占用，大大节约渠道流通的成本，进而提高流通效率。[③] 徐从才（2006）也指出，商品流通库存的积压构成了对流通实现的现实约束，库存率越高，流通实现的效率就越低。[④] 因此，本书将流通企业库存率作为流通效

[①] Charles A. I., Parry M. E. Is channel coordination all it is cracked up to be? [J]. Journal of Retailing, 2000, 76 (4): 511 – 547.

[②] 孙志伟. 以现代化流通化解通货膨胀压力 [J]. 中国流通经济, 2008 (5): 16 – 19.

[③] Buzzell R. D., Drtmeyer G. Channel partnerships streamline distribution [J]. MIT Sloan Management Review, 1995, 36 (3): 85.

[④] 徐从才. 流通理论研究的比较综合与创新 [J]. 财贸经济, 2006 (4): 27 – 35, 96.

率的负向衡量指标。限额以上批发零售贸易企业税收占主营业务收入比重同样也被看作是流通效率的负向衡量指标,因为过高的税收比重必然成为流通企业发展的瓶颈,导致流通企业运营效率增长乏力。流通企业如果资产负债率过高,势必会增大企业经营的难度,使企业面临倒闭的风险,带来的不仅是经济利益的损失,更是造成了资源的巨大浪费,增加了流通成本,阻碍了流通效率的提高,因此,将限额以上批发零售贸易企业资产负债率作为流通效率的负向衡量指标。流通企业的存货周转率反映了存货的流动性,即企业存货的周转速度,用来衡量流通企业运营各环节的效率,存货周转率的提高在一定程度上能促进流通效率的提高,因此是流通效率的正向衡量指标。

（三）资本效率

流通的资本效率是从与流通相关的资本报酬的视角考察了流通效率。主要通过流通业万元固定资产投资回报率和限额以上批发零售企业总资产报酬率来衡量。固定资产投资回报率能够较好地反映流通产业资本投入产出的效率,而限额以上批发零售企业总资产报酬率考察的是资本投入实现企业盈利的效率,这两项指标均能很好地从资本层面把握流通效率,且均为正向的衡量指标。

（四）人员效率

流通的人员效率是从流通产业劳动力投入的视角考察流通效率。主要通过劳动投入效率、限额以上批发零售业从业人员人均实现利润等指标来衡量。劳动投入效率是流通产业增加值与流通产业从业人员的比值,主要考察了单位劳动力对流通产业的贡献度,而限额以上批发零售业从业人员人均实现利润则是从业人员盈利能力的体现,这两项指标均是流通效率的正向衡量指标,能够反映劳动力配置是否合理、是否存在由于从业人员冗余而造成的人力资本浪费现象,进而反映流通效率的大小。

具体的流通效率测度指标体系构成与指标说明见表3-1。

表3-1　　　　　　流通效率测度指标体系构成与指标说明

层面指标	基础指标	指标说明	正指标	负指标	变量
市场效率	市场集中度	限额以上流通业销售额/流通业商品销售总额	√		X_1
	市场流通速度	当年主营业务收入/平均流动资产总额	√		X_2
	人均社会消费品零售总额	当年社会消费品零售总额/年末人口数	√		X_3

续表

层面指标	基础指标	指标说明	指标属性 正指标	指标属性 负指标	变量
企业效率	限额以上批发零售企业单位效率	限额以上批发零售企业销售额/企业数量	√		X_4
企业效率	流通企业库存率	流通企业库存总额/流通业商品销售总额		√	X_5
企业效率	限额以上批发零售企业税收占盈利比重	限额以上流通企业税金/限额以上流通企业销售利润		√	X_6
企业效率	限额以上批发零售企业资产负债率	限额以上批发零售企业负债/企业资产总额		√	X_7
企业效率	流通企业存货周转率	主营业务成本/平均存货余额	√		X_8
资本效率	流通业万元固定资产投资回报率	流通业商品销售利润/流通业固定资产投资	√		X_9
资本效率	限额以上批零总资产报酬率	限额以上批发零售业销售利润/限额以上批发零售业总资产	√		X_{10}
人员效率	批发零售业劳动投入效率	批发零售业增加值/批发零售业劳动投入	√		X_{11}
人员效率	从业人员人均实现利润	限额以上批发零售业实现利润/限额以上批发零售业从业人数	√		X_{12}

第三节 中国流通效率区域差异理论分析

一、中国流通效率区域差异的基本概念

一般来说，区域差异是一个宽泛的概念，是指各区域之间在诸如自然资源禀赋、经济发展水平、收入或消费水平、市场成熟程度、产业结构、人口素质、资本投入、生产效率等多方面存在的差异。事实上，在这些差异当中，除了自然资源禀赋的区域差异是完全由自然因素决定之外，其余几种类型的区域差异均存在着千丝万缕的关系，而区域经济差异又在这些差异类型中居于核心的位置[①]，因而区域经济差异问题越来越受到社会的关注，对区域经济差异的研究也始终是区域经济学研究的重要论题。作为世界上最大的发展中国家，中国的区域经济差异问题由来已久，在具体的研究当中，由于研究目的及内容的不同，学者们对区域经济差异的理解也存在一定的偏差，一些学者认为，区域经济差异是各个区域之

---

① 张秀生. 区域经济学 [M]. 武汉：武汉大学出版社，2007.

间经济总量的差异（魏后凯，1992）①，这包含了国内生产总值、国民生产总值以及国民收入水平等方面的差异（覃成林，1998）②，这类观点是从静态视角上定义区域经济差异；也有学者是从动态视角来定义区域经济差异，认为区域经济差异不仅是各个区域之间经济总量的差异，而且也包含了经济增长速度方面的差异（李小建，1999）③；还有学者指出，研究区域经济差异应使用各区域间人均意义上的经济发展总体水平差异程度来衡量（覃成林，1997）④。综合而言，区域经济差异既包含静态层面的人均经济发展总体水平差异，也包含动态层面的经济增长速度差异。虽然对于区域经济差异的含义理解有所偏差，但学者们几乎达成共识的是，区域经济差异程度过大必然会给国家经济发展、社会稳定、民族团结带来一系列的负面影响。作为国民经济的先导性和基础性产业，中国流通产业在繁荣商品市场、扩大社会就业、优化经济结构等方面的优势愈加明显，对区域经济增长也具有较强的促进作用（徐从才，2006）⑤，流通产业的发展状况直接反映了国民经济的发达程度，因此，研究中国区域经济发展问题，必须充分考虑各区域流通产业的发展状况，可以说，流通产业的区域差异是区域经济差异的重要组成部分。已有学者认识到，流通产业区域差异的扩大会造成我国区域经济发展不平衡的加剧。⑥

作为流通产业竞争力的核心指标，流通效率直接反映了流通运行的节奏和流通价值实现的速度及能力，是衡量整个流通体系综合效率的复合型指标。流通效率的区域差异通常是指，在一定时期一个国家或地区内，各区域之间流通效率的不平衡现象。流通效率的区域差异可分为静态差异和动态差异，其中，静态差异是指在某一固定时间点上各区域之间流通效率水平的差异，而动态差异则是指各区域之间流通效率增长速度的差异。

二、中国流通效率区域差异形成的初始原因分析

通过在第二章中对区域经济差异理论的梳理分析，我们认识到，区域经济差

---

① 魏后凯. 论我国区际收入差异的变动格局 [J]. 经济研究，1992 (4): 61-65, 55.
② 覃成林. 中国区域经济差异变化的空间特征及其政策含义研究 [J]. 地域研究与开发，1998 (2): 37-40.
③ 李小建. 经济地理学 [M]. 北京：高等教育出版社，1999.
④ 覃成林. 中国区域经济差异研究 [M]. 北京：中国经济出版社，1997.
⑤ 徐从才. 流通理论研究的比较综合与创新 [J]. 财贸经济，2006 (4): 27-35, 96.
⑥ 赵锋. 我国流通产业发展水平的测度与区域差异分析——基于1997~2012年数据的实证研究 [J]. 广西社会科学，2014 (3): 79-83.

异是任何国家在经济发展过程中都会普遍存在的客观现象。

作为国民经济的重要组成部分，流通产业与国民经济存在密切的联系，主要体现为流通产业对国民经济当中的其他产业具有较强的拉动作用（曹静，2010）[①]，同时，国民经济对流通产业的成长也发挥了强大的推动作用（石明明、张小军，2009）[②]，已有学者通过实证研究发现，流通产业与区域经济增长具有显著的正向相关关系（冉净斐、文启湘，2005）[③]，进而可以推断出，作为流通产业运行节奏和流通价值实现的速度及能力体现的区域流通效率也与区域经济发展具有相似的规律。受限于地区资源禀赋、经济社会条件、流通发展环境等因素，中国的流通效率难免会存在区域差异现象。

对于中国流通效率区域差异形成的初始原因，我们可以借助前文述及的区域经济差异相关理论进行一定的理论推演分析。

在经济发展初期，假定各区域之间流通产业发展水平与流通效率基本一致，生产要素可以在各区域之间自由流动，如果由于某种原因，出现了流通效率较高的区域，就可能会形成循环累积因果理论中提出的"回流效应"，即流通效率较低区域的优质生产要素（包括资金、技术、资源、劳动力等）向流通效率较高的区域流动，由于规模经济与技术进步的存在，流通效率较高地区会因市场的作用而持续、累积地加速增长，从而形成区域流通效率的增长极，导致区域间流通效率差异程度不断扩大。随着经济发展到一定阶段后，流通效率较高区域的发展会受到有效需求不足、市场环境变化、城市发展问题等因素的限制，将对流通效率较低区域产生有利的影响，例如，部分优质生产要素由流通效率较高区域向流通效率较低区域转移，这就是"扩散效应"，"扩散效应"会在一定程度上缩小流通效率的区域差异。然而，根据循环累积因果理论，"扩散效应"相对"回流效应"是有限的，因为市场的力量往往是趋于扩大而非缩小区域差异的。[④] 据此可知，中国流通效率存在区域差异现象是具有客观必然性的，这种区域差异还可能会随着经济的发展而不断扩大，仅依靠市场的力量是无法使其自动消失的。流通效率的区域差异在一定条件下具有正面的经济效应，这是因为适度的区域差异

---

① 曹静. 基于典型相关分析的流通产业与国民经济关联性研究 [J]. 商业经济与管理，2010（5）：13－17.

② 石明明，张小军. 流通产业在国民经济发展中的角色转换：基于灰色关联分析 [J]. 财贸经济，2009（2）：115－120，137.

③ 冉净斐，文启湘. 流通战略产业论 [J]. 商业经济与管理，2005（6）：10－15，19.

④ Myrdal G. Economic Theory and Underdeveloped Region [M]. London：Duckworth，1957.

能够增强流通产业发展的活力和区域竞争意识，有利于促进区域流通资源的合理配置，然而，当流通效率区域差异不加控制地无限扩大并达到一定程度的时候，必然会对流通产业的区域协调发展造成一系列的负面影响，例如，加剧商品流通市场的区域分割，引起流通产业的区际冲突，干扰和危害相关产业发展，阻碍区域经济协调稳定增长，甚至会破坏社会安定团结。因此，政府必须采取相应对策进行主动干预，使流通效率的区域差异得到有效控制。

以上分析仅是就流通效率存在区域差异的初始原因进行的理论性分析，在现实条件下，造成中国流通效率区域差异的因素是纷繁复杂的，有些因素是持久性的，多是一些自然因素①，而有些因素的作用方向和效果却是经常变化的。由自然因素造成的流通效率区域差异不是本书研究的重点，接下来，本书将从理论层面上对一些影响中国流通效率的外部因素进行分析，在一定层面上讲，正是这些影响因素作用效果的差异共同导致了中国流通效率的区域差异。

第四节 中国流通效率影响因素的理论分析

本节将在既有研究的基础上提出一些可能对中国流通效率产生较大影响的外部因素，并尝试对这些影响中国流通效率的外部因素的作用机理进行分析。

一、相关研究回顾

对于流通产业的影响因素，国内外学者已取得了一定的认识，早在20世纪60年代，日本学者林周二（1962）就指出，体制因素（市场化水平）是促使流通产业快速发展的关键，通过在体制安排上破除传统垄断厂商的垄断性、排他性，排除不必要的流通中间环节，缩短流通渠道，降低流通费用，从而能够大大地提高流通效率。②佐藤肇（1974）则认为，日本流通产业快速发展的关键因素是技术创新和现代化水平。③日本学者对流通产业的研究起步较早、较深入，对流通产业发展的影响因素也曾持有过各种不同见解，但都认为体制因素（市场化水平）和技术创新是影响流通产业发展和流通效率的关键。丹尼尔斯等（Daniels

---

① 这里的自然因素包含了区位因素、自然资源禀赋、历史文化因素、随机冲击和机遇等。
② 林周二（日）．流通革命——产品、路径及消费者［M］．北京：华夏出版社，2000.
③ 佐藤肇（日）．日本的流通机构［M］．东京：有斐阁，1974.

et al. , 1991) 通过对美国大、中、小三种类型城市中商业发展进行的实证分析，得出了城市化对商业发展具有显著的促进作用。[①] 晏维龙 (2006) 通过综合使用 ECM 和 ADL 模型，就中国城市化对流通产业发展的短期和长期影响效果进行了定量研究，实证结果发现，城市化对流通产业发展具有积极的促进作用。[②] 郭文杰 (2007) 指出，外商直接投资与城市化对服务业发展具有正向促进作用。[③] 张弘 (2009) 基于改进了的产业创新动态过程模型，认为技术创新是加强我国流通产业现代信息技术基础建设、加快流通产业网络信息化进程的重要推动力量，是流通产业发展的重要助推器，技术创新的跳跃性必然导致流通产业的跳跃式发展。[④] 赵玻和文启湘 (2003) 分析了外商投资对我国东部、西部流通产业的影响作用效果，结果发现，外商投资也是流通产业发展的一个重要影响因素。[⑤] 朱军 (2008) 通过对天津市城市服务业发展现状的研究发现，体制改革水平、技术创新水平、基础设施建设水平和对外开放水平等均是城市服务业发展的重要且显著的影响因素。[⑥] 许建平和任燕 (2012) 在针对服务业效率影响因素的实证研究中发现，各地区服务业发展差异与区域经济发展开放程度、城市化水平、科技和人力资本要素水平以及基础设施建设水平等诸多影响因素之间有着显著的关联性。[⑦] 江小涓和李辉 (2004) 利用回归模型，验证了我国省际服务业的影响因素有经济体制、收入水平、城市化水平和人口密度等几个方面。[⑧] 杨青青等 (2009) 同样在实证研究中发现，人力资本、信息化程度、市场化进程以及社会资本等因素对服务业生产率具有显著的促进作用。[⑨]

总结国内外学者对流通产业及服务业发展影响因素的研究，我们发现，市场

---

① Daniels P. W. , O'connor K. , Hutton T. A. The planning response to urban service sector growth: an international comparison [J]. Growth and Change, 1991, 22 (4): 3 – 26.
② 晏维龙. 中国城市化对流通业发展影响的实证研究 [J]. 财贸经济, 2006 (3): 55 – 59, 97.
③ 郭文杰. 改革开放以来 FDI、城市化对服务业的影响研究 [J]. 财贸经济, 2007 (4): 91 – 95.
④ 张弘. 技术创新与我国流通产业的发展 [J]. 中国流通经济, 2009 (9): 16 – 19.
⑤ 赵玻, 文启湘. 发展西部流通业须着力吸引外商直接投资 [J]. 中国流通经济, 2003 (2): 15 – 17.
⑥ 朱军, 何静, 马虎兆. 城市服务业发展影响因素的实证分析——以天津市为例 [J]. 科学学与科学技术管理, 2008 (12): 86 – 91.
⑦ 许建平, 任燕. 我国服务业效率特征研究——基于区域发展差异影响因素的解释 [J]. 产业经济研究, 2012 (1): 70 – 77.
⑧ 江小涓, 李辉. 服务业与中国经济: 相关性和加快增长的潜力 [J]. 经济研究, 2004 (1): 4 – 15.
⑨ 杨青青, 苏秦, 尹琳琳. 我国服务业生产率及其影响因素分析——基于随机前沿生产函数的实证研究 [J]. 数量经济技术经济研究, 2009 (12): 46 – 57, 136.

化水平、技术创新水平、人力资本存量、城市化水平、信息化水平、对外开放程度以及基础设施建设水平等诸多方面的因素对流通产业的发展均具有一定程度的正向促进作用。作为流通产业发展的核心指标，流通效率直接反映了流通运行的节奏和流通价值实现的速度及能力，那么上述这些影响因素会否对流通效率的提升同样产生正向促进作用呢？接下来，我们将从理论视角对中国流通效率影响因素的作用机理进行分析。

二、中国流通效率影响因素的作用机理分析

基于既有文献对流通产业影响因素问题的研究，结合中国流通产业发展的实际情况，本书将主要分析市场化水平、城市化水平、信息化水平、对外开放程度以及基础设施建设水平等影响因素对中国区域流通效率的作用机理。

（一）市场化水平

市场化水平，实际上就是对市场的资源配置权大小的衡量。中国的市场化过程是将资源配置权由按照政府制定规则进行分配转向按照市场交易价格规则进行分配转变的改革过程，解决了经济运行的根本动力问题，国有经济垄断的破除以及产权多元化促进了整体市场效率的提升，也为经济增长提供了长效的体制保障。刘建国（2014）指出，市场经济与其他资源配置方式相比，在对社会资源进行有效配置方面具有显著优势，可以说，市场机制是最具有效率的。[1] 沈坤荣（1999）也通过实证研究证实，非国有经济比重较大的省（市、区）能够获得效率优势，其经济增长率更高，也即市场化程度高的省（市、区）比市场化程度低的省（市、区）更具经济增长效率。[2]

从20世纪80年代开始，我国逐步对流通产业进行市场化改革，鼓励集体商业与个体商业的发展，对大型国营流通企业实行承包经营，同时，渐进式地放开工农产品购销和城乡集市贸易，经过近30年的发展，逐步形成了国有流通企业市场份额迅速下降，私营、外资及个体流通企业快速发展，多种经济成分与多元经济结构共存的流通市场格局，市场化水平大大提高。

随着流通市场化水平的提高，商品流通市场活力不断增强，流通市场总体容

---

[1] 刘建国. 区域经济效率与全要素生产率的影响因素及其机制研究 [J]. 经济地理，2014（7）：7-11.

[2] 沈坤荣. 改革二十年我国所有制结构变动对产业结构变动的影响分析 [J]. 管理世界，1999（2）：86-94, 219-220.

量不断扩大，商品供应品种日益丰富，流通产业整体规模稳步增长，物流领域也获得了长足的发展，流通要素及流通资源得以高效配置，贸易壁垒也被逐步取消，进而促使流通市场整体效率的不断提高。对于流通企业而言，市场经济条件下流通企业的生存、发展或倒闭均由市场来检验与调控，流通市场化进程使得企业增强了忧患意识，并促使企业通过不断地调整自身经营管理方式以更好地适应激烈的市场竞争环境，从而达到提高流通企业竞争力与流通企业运营效率的目的。流通市场化进程同样会促进流通从业人员通过不断提升自身技术水平和劳动效率以更好地适应流通市场竞争环境和企业内部竞争环境，进而提升了流通人员效率。

综上所述，市场化水平影响中国区域流通效率的作用机理主要表现在以下几个方面：流通领域市场化水平的高低影响着商品流通市场活力的强弱；影响着流通要素及流通资源配置的优化程度；影响着流通企业竞争意识的强弱；也影响着流通企业运营效率和流通从业人员劳动效率的高低。

（二）城市化水平

城市化也称城镇化，是由传统乡村社会（以农业为主）向现代城市社会（以工业、服务业、高新技术产业及信息产业为主）逐渐转变的历史过程。从本质上讲，城市是消费地（田村正纪，2007）[1]，人口集中于城市，需求就集中在城区这一相对狭小的空间范围内，因而流通企业在城市能够获得更大的发展空间。何永达和赵志田（2012）认为，人口密度大意味着市场需求量大、消费者购买能力强，能够吸引更多的零售商业企业进入本地区市场，提高零售网点密度，进而提升流通市场集中度。[2] 城市化所引起的集中市场的出现，一方面，能够直接为流通产业提供市场需求，另一方面，城市人口的增加也为流通产业提供了充足的劳动力。与此同时，城市化带来了分工和专业化的提高，也提高了交易频率和交易效率。杨和莱斯（Yang and Rice，1994）曾使用新兴古典城市化层级结构模型论证了集中交易能够提高交易效率的结论。[3] 交易效率的提高进而推动了流通市场效率的提高。此外，城市拥有较为完善的流通基础设施，城市化进程也会推动流通运输费用及交易成本的降低。

---

[1] 田村正纪. 流通原理 [M]. 北京：机械工业出版社，2007.
[2] 何永达，赵志田. 我国零售业空间分布特征及动力机制的实证分析 [J]. 经济地理，2012（10）：77-82.
[3] Yang X., Rice R. An equilibrium model endogenizing the emergence of a dual structure between the urban and rural sectors [J]. Journal of Urban Economics, 1994, 35 (3): 346-368.

综上所述,城市化水平影响中国区域流通效率的作用机理主要表现在以下几个方面:城市化水平的高低影响着人口的集中程度,进而影响着市场需求量、流通网点密度、流通市场集中度的高低;影响着分工与专业化水平的高低,进而影响着商品流通市场交易频率与交易效率的高低;影响着配套流通基础设施的完善程度,进而影响着运输费用和交易成本的高低。

(三) 信息化水平

信息化是指运用现代网络信息技术装备国民经济各部门及各领域,从而使社会劳动生产率得以大幅提高的过程(李细建,2014)[①]。信息化是当今世界经济社会发展的大势所趋,其影响力、渗透力超越了其他任何技术,传统流通产业与信息化的结合必将对流通产业的发展产生深远的影响。张弘(2009)认为,流通产业信息化是一个包含了宏观经济调控、产业结构调整、企业经营和管理流程再造的变革与创新过程。[②] 从硬件视角来看,流通产业信息化通过大量运用先进信息网络技术和设备来武装流通产业;从软件视角来看,流通产业信息化强调的是运用信息化的思维方式来运营和管理流通企业。由于长期以来中国流通产业一直被视为劳动密集型产业,忽视了对现代信息技术的利用,一定程度上阻碍了流通效率的提高。随着现代信息技术在流通领域逐渐渗透,中国流通产业悄然开启了信息化发展道路,虽然我国流通产业信息化发展进程才刚刚起步,然而,根据现代信息技术的发展历程和规律来看,信息化的加速必然能够给中国流通产业带来跨越式的发展。

信息化对流通产业发展最深刻的影响在于促进了流通效率的提高,主要体现为加快商品流转速度、降低流通运行成本、缩短流通运行时间、提高流通劳动效率等方面。网络信息技术在流通领域的广泛应用突破了传统商品流通过程中信息传递的时空限制,将生产领域与消费领域紧密联系在了一起,使得双方交易的时间缩减,交易的空间距离消失,这样就大大降低了交易成本,提高了商品交易效率。在网络信息技术高度发达的今天,电子商务为生产者与消费者之间提供了便捷的交易平台,提升了交易速度,增加了商品销量,同时,借助网络信息技术手段,能够使企业迅速地对市场需求变动作出反应,大大减少不必要的商品库存,加快了资本流转速度,从一定程度上提高了流通资本效率。流通信息化也能大大提高流通企业效率,流通产业信息化水平的提高促使了先

[①] 李细建. 流通先导问题研究 [M]. 北京:经济科学出版社,2014.
[②] 张弘. 技术创新与我国流通产业的发展 [J]. 中国流通经济,2009 (9): 16 – 19.

进流通经营、管理技术的快速推广，流通企业积极运用现代化流通技术设施和先进的流通经营、管理方法，促使流通企业经营方式的进一步现代化，大大降低了流通企业的运营成本，提高了流通企业的管理水平。与此同时，当前先进的信息管理系统在流通企业的广泛运用也将为流通企业解决内部采购、库存及销售问题时提供更为高效的决策方案，优化整合信息、资金、劳动力等方面资源，提高流通企业的内部管理效率，降低企业管理成本。流通信息技术的加强也将优化商品流通的物流配送环节，合理安排商品库存、订货及配送方案，并以最快的速度将商品送至消费者手中，从而形成一套科学高效的信息化物流配送体系。流通从业人员借助现代信息化手段能够较好地改变传统流通产业人工操作的低效状况，从而大幅提升流通从业人员的劳动效率。可以说，流通信息化水平的提高将使流通领域的商流、物流、资金流、信息流都建立在现代信息技术基础之上。

综上所述，信息化水平影响中国区域流通效率的作用机理主要表现在以下几个方面：流通产业信息化水平的高低决定了商品流通信息传递速度的快慢，进而影响着商品流通交易时间的长短和流通整体运行节奏的快慢；影响着商品流通库存的优化程度和流通运营成本的大小；影响着流通企业内部管理效率的高低，进而也影响着流通从业人员劳动效率的高低。

（四）对外开放程度

长期以来，中国流通产业发展始终滞后于国民经济发展，经营方式陈旧、管理经验缺乏、技术水平落后、商业网点稀疏、流通设施短缺，加上之前政府对流通产业重视不够，投资力度不足，导致国内流通产业发展举步维艰。20世纪90年代以来，随着中国改革开放的不断深化，流通产业对外开放程度随之加深，外商逐渐加大在中国流通领域的投资，有效弥补了此前我国流通基础建设资金短缺的弊端。在当前商品流通领域全面对外开放的大背景下，大量国外流通企业争相涌入中国，虽然在一定程度上导致国内流通市场日趋饱和，竞争加剧，并给国内流通企业的经营带来了诸多挑战和困难，然而从另一方面看，我国流通企业在与国际流通业巨头的竞争中不断地学习和发展，自身竞争力逐步提高，同时，随着国外先进流通技术与管理经验的引进，国内流通企业日渐成熟，因此可以说，随着对外开放广度和深度的不断拓展，中国流通产业积极融入国际市场，为自身赢得了改革与发展的机遇。

钱纳里（H. Chenery，1995）的研究发现，对准工业国家在结构转变过程中采取不同的贸易战略会对经济增长产生不同的影响，其中，选择外向型发展战略的国家具有更高的要素利用效率。① 从这一理论视角出发，我们同样认为，对外开放会促进流通效率的提升，接下来，我们将分析对外开放对流通效率的作用机理。

流通产业对外开放程度的加深，首先，使得外资注入的速度加快，这能够较好地弥补我国长期以来流通资金短缺的问题，同时，带动我国对流通产业相关建设的投资。其次，外资流通企业的大量涌入，使得国内流通市场竞争更加激烈，促使国内流通企业想方设法增加投资、扩大规模、提高流通市场竞争力，这样就会促进我国流通产业市场集中度和流通规模经济效益的提高，进而提升流通市场效率。再次，在外资引入的过程中，国外流通企业通过示范效应与竞争效应对我国流通企业产生技术外溢，有助于提高我国本土流通企业的技术创新能力及生产率水平，进而提升流通企业效率。此外，在坚持流通领域对外开放的同时，通过鼓励有实力的企业走出去，全面参与国际市场竞争，能够培养一批具有国际竞争力的中国流通企业生力军，并将国际市场竞争意识逐步传递给本土内资流通企业，促使内资流通企业积极推进企业组织结构的战略性重组，强化资本运营，力争规模效益，强调流通知识管理和人力资源开发，全面提高自身核心竞争力，为企业的规模化、集团化乃至国际化发展提供机遇与动力，也能够从整体上提升我国流通效率。

综上所述，流通领域对外开放程度影响中国区域流通效率的作用机理主要表现在以下几个方面：流通领域对外开放程度的提高能够进一步弥补此前我国流通建设资金短缺的问题，为流通企业扩大规模、提高市场竞争力提供充足的资金保障；能够促进国内流通产业市场集中度和流通规模经济效益的提高；能够促进国内流通企业运营经验和整体技术水平的提升。

（五）基础设施建设水平

基础设施建设是经济发展的重要前提和有效载体，一个地区的基础设施建设水平越发达，就越能为该地区经济发展提供坚实的基础保障。流通产业的快速发展更加依赖流通基础设施的完善，首先，这是因为商品流通过程本身就必须借助于一定的物流设施才能实现商品从生产领域向消费领域的转移，因而流通基础设施数量的多寡、技术含量的高低能够直接影响商品流通速度和商品运输及交易成

---

① H. 钱纳里. 工业化和经济增长的比较研究［M］. 上海：上海三联书店，1989.

本。刘根荣（2014）指出，一国或地区基础设施的发展状况是流通产业竞争力的重要来源，亦是流通效率的物质保障手段。[①] 其次，完善的现代通信手段及通信基础设施建设也为流通产业信息化发展道路提供了坚实的物质基础，提升了流通产业信息化水平，加快了商品流通体系的运行节奏。此外，流通基础设施建设水平也是外商投资地选择的重要依据之一，完善的流通基础设施能够吸引更多的外资注入当地流通产业，进而提升当地流通企业的综合竞争力。

综上所述，流通基础设施建设水平影响中国区域流通效率的作用机理主要表现在以下两个方面：流通基础设施建设水平的高低影响着商品流通能否得以正常运转，以及商品流通速度的快慢；影响着物流运输费用和商品流通交易成本的高低。

第五节 本章小结

本章首先基于对已有相关研究的总结梳理，界定了流通效率的本质内涵，认识到流通效率是现代流通产业发展体系的核心内容和关键问题，是一个宏观的、具有多元内涵的复合型概念，直接反映了流通运行的节奏和流通价值实现的速度及能力，具体体现在流通速度的提高、流通成本的降低、流通时间的缩短以及资源损耗的减少，它既不是企业层面的效率，也不是行业层面的效率，而是整个流通体系的综合效率，不能单独从某一个视角来衡量，包含了市场效率、企业效率、资本效率和人员效率四层含义。

在对流通效率内涵进行科学界定的基础上，本章依据指标体系构建的全面性、科学性、系统性、针对性和可操作性五项原则，从流通的市场效率、企业效率、资本效率、人员效率四个层面选取了市场集中度、市场流通速度、人均社会消费品零售总额、限额以上批发零售贸易企业单位效率、流通企业库存率、限额以上批发零售贸易企业税收占主营业务收入比重、限额以上批发零售贸易企业资产负债率和限额以上批发零售企业存货周转率、流通业万元固定资产投资回报率、限额以上批发零售企业总资产报酬率、劳动投入效率以及限额以上批发零售业从业人员人均实现利润共12个基础指标，构建了流通效率的测度指标体系。

接下来对流通效率区域差异进行了简要的理论分析，认识到流通效率的区域

[①] 刘根荣. 现代流通产业竞争力理论与实证研究 [M]. 厦门：厦门大学出版社，2014.

差异通常是指，在一定时期一个国家或地区内，各区域之间流通效率的不平衡现象，可分为静态差异和动态差异，其中，静态差异是指在某一固定时间点上各区域之间流通效率水平的差异，而动态差异则是指各区域之间流通效率增长速度的差异。受限于地区资源禀赋、经济社会条件、流通发展环境等因素，中国的流通效率难免会存在区域差异现象。根据循环累积因果理论可知，区域差异可能会随着经济的发展而不断扩大，仅依靠市场的力量是无法使其自动消失的。

本章基于既有文献对流通产业影响因素问题的研究，结合中国流通产业发展的实际情况，选取了包含市场化水平、城市化水平、信息化水平、对外开放程度以及基础设施建设水平在内的五个因素作为流通效率的外部影响因素，并分别就这五个外部影响因素对流通效率的作用机理进行了系统性分析。

第四章

中国区域流通效率的测度

第一节 指标权重的确定

在完成了流通效率测度指标体系的构建后,给指标体系中每个基础指标赋权成为了下一步的核心工作。目前,文献中常见的赋权方法有几十种之多,大致可分为两大类,即主观赋权法和客观赋权法。主观赋权法是基于决策者依据自身经验给出的偏好信息,根据各指标重要性进行比较而赋权的方法(也包括决策者直接给出指标权重),目前,较常用的主观赋权法包括德尔菲法(Delphi Method)、特征向量法、最小平方和法和层次分析法(AHP)等。主观赋权法能够有效把握决策者的主观经验与判断,但带有一定的主观随意性,也可能受限于决策者自身知识或经验的缺乏。客观赋权法是从实际数据出发,基于各基础指标值所反映的客观信息(决策矩阵信息)来确定权重的一种方法,较常用的客观赋权法包括主成分分析法、因子分析法、标准离差法和熵权法等。客观赋权法依据较为完善的数学理论,充分利用了实际数据的客观信息,却忽视了决策者的主观经验信息。由于主观赋权法与客观赋权法各有其优缺点,都是仅从某一侧面反映评价指标体系的真实权重,但又无法完全替代真实权重,因此,本章决定首先运用主观赋权法与客观赋权法分别计算出指标的主客观权重,再运用乘法合成归一化法确定一组现有条件下最优的综合权重。

一、基于层次分析法确定主观权重

层次分析法(analytic hierarchy process,AHP)是美国运筹学家、匹兹堡大

学教授萨蒂（T. L. Saaty）在20世纪70年代初提出的一种定性与定量相结合的层次权重决策分析方法。它将一个复杂问题分解为多个组成因素，并按照一定的支配关系对这些组成因素进一步分解，形成一个多层次的阶梯结构指标体系（分为目标层、准则层和指标层），并通过对指标体系中每个层次的诸因素进行重要性的两两比较，得到指标体系各元素重要性的总体排序。其基本思想就是将构成复杂问题的诸因素的权重判断转变为对这些因素的两两比较，再依据比较的结果形成各因素的最终权重。这一思想与流通效率测度指标体系的形成思想较为吻合，因此，本章决定使用层次分析法（AHP）作为流通效率测度指标主观权重系数的确定方法。

本章运用层次分析法计算流通效率测度指标权重的主要步骤如下。

（一）构建流通效率测度指标体系的阶梯状层次结构模型

该阶梯状层次结构模型如图4-1所示。

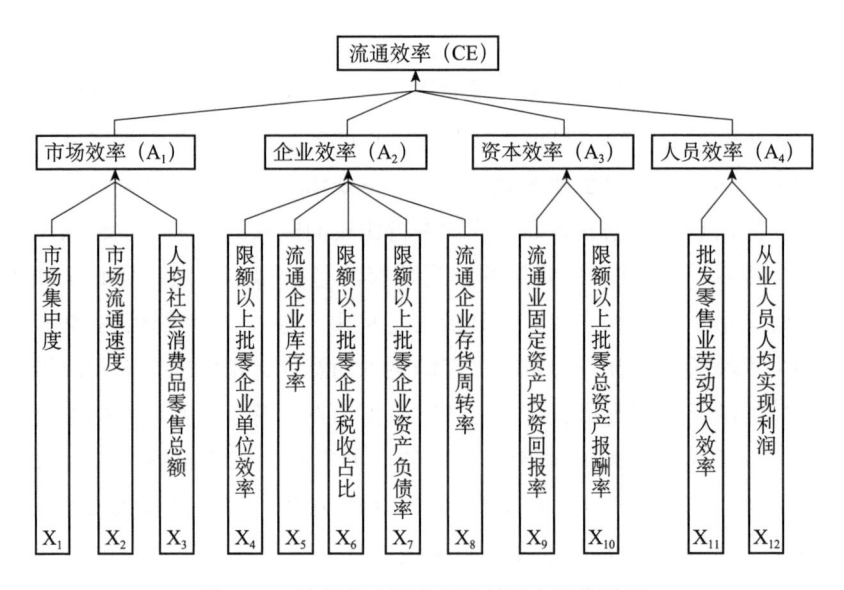

图4-1 流通效率测度指标的层次结构模型

观察图4-1我们发现，处于最上方的层次是问题的预定目标，即流通效率（CE），处于中间的层次是准则层，分别为市场效率（A_1）、企业效率（A_2）、资本效率（A_3）和人员效率（A_4），处于最下方的层次是指标层，即流通效率测度指标体系的各基础指标。CE对A_1、A_2、A_3、A_4有支配作用，A_i又分别指标案层相应的X_j有支配作用。

(二) 基于外部专家调查结果建立判断矩阵

本书选择了 16 位从事一线科研工作的商贸流通领域专家,以纸质问卷调查的形式向他们征集了有关流通效率测度指标体系中各基础指标的重要性排序,综合各位专家的意见,现将每一层次指标的相对重要性用数值形式标示,并写成矩阵形式。其中,数值标度的含义如表 4-1 所示。

表 4-1　　　　　　　　　　层次分析法数值标度示意

数值标度	标度含义
1	两指标相比较,具有相同的重要性或优势
3	两指标相比较,一个指标比另一个指标稍微重要/有优势
5	两指标相比较,一个指标比另一个指标比较重要/有优势
7	两指标相比较,一个指标比另一个指标十分重要/有优势
9	两指标相比较,一个指标比另一个指标绝对重要/有优势
2,4,6,8	介于相邻两标度之间
倒数	若 X_i 比 X_j 重要性之比为 n,则 X_j 与 X_i 重要性之比为 1/n

在建立判断矩阵时,由于受到专家调查系统不完全性和测度指标体系复杂性的影响,须对判断矩阵进行一致性检验,所谓一致性检验,即是证明判断矩阵所求出的权重系数是合理的。

首先应计算出判断矩阵的最大特征值 λ_{max},若 $\lambda_{max} = n$,且其余特征值均为 0,则说明判断矩阵具有完全一致性,当 $\lambda_{max} > n$ 时,须利用随机一致性比率 CR (consistency ratio) 来检验判断矩阵是否满足一致性,其中,$CR = \frac{CI}{RI}$,$CI = \frac{\lambda_{max} - n}{n - 1}$,$\lambda_{max}$ 是判断矩阵的最大特征值,n 为判断矩阵的阶数,RI 由萨蒂给出,见表 4-2。

表 4-2　　　　　　　　　　　　RI 数值

阶数	1	2	3	4	5	6	7	8	9
RI	0.00	0.00	0.58	0.90	1.12	1.24	1.32	1.41	1.45

如果 n=1 或 2,则判断矩阵具有完全一致性,且定义 CR=0;若 n>2 时,当且仅当 CR<0.1,判断矩阵才具有满意的一致性,否则判断矩阵就不具有一致性,即判断矩阵所求出的权重系数是不合理的。出现这种情况时,就须对判断矩阵进行修正,直至判断矩阵满足一致性要求,即 CR<0.1。

下面将给出准则层判断矩阵,以及准则层指标的相对权重系数以及一致性检验结果,具体见表 4-3。

表 4-3　　　　　　　　准则层判断矩阵及指标相对权重

流通效率（CE）	A_1	A_2	A_3	A_4	相对权重
市场效率（A_1）	1	2	6	4	0.5125
企业效率（A_2）	0.5	1	4	2	0.2755
资本效率（A_3）	0.1667	0.25	1	0.5	0.0743
人员效率（A_4）	0.25	0.5	2	1	0.1377

解得 $\lambda_{max}=4.0104$，n = 4，CI = 0.0035，CR = 0.0039 < 0.1，具有满意的一致性。

下面将给出市场效率、企业效率、资本效率和人员效率四个指标层判断矩阵和指标层相关权重系数以及一致性检验结果，具体见表 4-4 ~ 表 4-7。

表 4-4　　　　　　指标层（市场效率）判断矩阵及指标相对权重

市场效率（A_1）	X_1	X_2	X_3	相对权重
市场集中度（X_1）	1	0.3333	0.5	0.1638
市场流通速度（X_2）	3	1	2	0.539
人均社会消费品零售总额（X_3）	2	0.5	1	0.2973

解得 $\lambda_{max}=3.0092$，n = 3，CI = 0.0046，CR = 0.0089 < 0.1，具有满意的一致性。

表 4-5　　　　　　指标层（企业效率）判断矩阵及指标相对权重

企业效率（A_2）	X_4	X_5	X_6	X_7	X_8	相对权重
限额以上批零企业单位效率（X_4）	1	2	4	5	6	0.4618
流通企业库存率（X_5）	0.5	1	2	3	4	0.2538
限额以上批零企业税收占比（X_6）	0.25	0.5	1	1	2	0.1174
限额以上批零企业资产负债率（X_7）	0.2	0.3333	1	1	2	0.1045
流通企业存货周转率（X_8）	0.1667	0.25	0.5	0.5	1	0.0626

解得 $\lambda_{max}=5.0338$，n = 5，CI = 0.0085，CR = 0.0075 < 0.1，具有满意的一致性。

表 4-6　　　　　　指标层（资本效率）判断矩阵及指标相对权重

资本效率（A_3）	X_9	X_{10}	相对权重
流通业固定资产投资回报率（X_9）	1	0.3333	0.25
限额以上批零总资产报酬率（X_{10}）	3	1	0.75

由于 n = 2，CR = 0，具有完全一致性。

表 4-7　　　　　　指标层（人员效率）判断矩阵及指标相对权重

人员效率（A_4）	X_{11}	X_{12}	相对系数
批发零售业劳动投入效率（X_{11}）	1	0.3333	0.25
从业人员人均实现利润（X_{12}）	3	1	0.75

由于 n = 2，CR = 0，具有完全一致性。

（三）计算指标体系总体主观权重并进行一致性检验

接下来将基于准则层各指标的相对权重和市场效率、企业效率、资本效率、人员效率四个层面下各基础指标的相对效率，利用乘法合成归一化法公式（见公式 4.1），求得指标体系中全体基础指标对于流通效率的总体权重。

$$\omega_{ij} = \frac{\alpha_i \beta_{ij}}{\sum_{i=1}^{n} \alpha_i \beta_{ij}} \quad (i = 1,2,\cdots,n)(j = 1,2,\cdots,m) \quad (4.1)$$

即基础指标的总体权重是其在当前准则层下的相对权重与该准则层与流通效率的相对权重的乘积。

以基础指标 X_1 市场集中度为例，X_1 的主观权重计算过程为：

$$\omega_{A_1} = \frac{\alpha_A \beta_{A_1}}{\sum \alpha \beta} = \frac{0.5125 \times 0.1638}{1} = 0.0839$$

根据相同的计算过程，可依次得到 12 个基础指标的主管权重系数，表 4-8 给出了流通效率测度指标相对权重与总体权重汇总情况。

表 4-8　　　　流通效率测度指标相对权重与总体权重汇总

基础指标	市场效率 A_1 0.5125	企业效率 A_2 0.2755	资本效率 A_3 0.1377	人员效率 A_4 0.0743	各基础指标相对于流通效率的权重
市场集中度 X_1	0.1638				0.0839
市场流通速度 X_2	0.539				0.2762
人均社会消费品零售总额 X_3	0.2973				0.1523
限额以上批发零售企业单位效率 X_4		0.4618			0.1272
流通企业库存率 X_5		0.2538			0.0699
限额以上批发零售企业税收占比 X_6		0.1174			0.0323
限额以上批发零售企业资产负债率 X_7		0.1045			0.0288
流通企业存货周转率 X_8		0.0626			0.0172
流通业万元固定资产投资回报率 X_9			0.25		0.0186
限额以上批零总资产报酬率 X_{10}			0.75		0.0557
批发零售业劳动投入效率 X_{11}				0.25	0.0344
从业人员人均实现利润 X_{12}				0.75	0.1033

用层次分析法得出的流通效率指标体系的总体权重值也须通过一致性检验,检验是从上层指标向下层指标进行的,设指标层某基础指标 X_i 对应的准则层 A_i 的一致性检验指标为 CI_i 和 RI_i,则指标层总体权重的随机一致性比率 CR 可由公式 4.2 得出,当 CR<0.1 时,则通过一致性检验,也即认为流通效率测度指标体系的总体权重具有满意的一致性,权重系数是合理的,否则拒绝该评价权重体系。

$$CR = \frac{\sum_{i=1}^{n} \alpha_i CI_i}{\sum_{i=1}^{n} \alpha_i RI_i} \tag{4.2}$$

其中,α_i 是各准则层对于流通效率的相对权重系数。

代入相应数据,

$$CR = \frac{0.5125 \times 0.0046 + 0.2755 \times 0.0085}{0.5125 \times 0.58 + 0.2755 \times 0.9} \approx 0.0086 < 0.1$$

因此,运用层次分析法得到的流通效率指标体系的总体主观权重系数具有满意的一致性。

二、基于主成分分析法确定客观权重

主成分分析(principal component analysis,PCA)是一种数学变换的方法,旨在利用降维的思想,通过线性变换将一组原先含有多个指标的相关变量转换成另一组仅包含少数几个相互独立却能充分反映总体信息的新的变量。这些新的变量按照方差依次递减的顺序排列,方差最大的新变量被称为第一主成分,方差次大的新变量被称为第二主成分,以此类推,有 n 个变量就最多有 n 个主成分,且这些主成分的相关系数为 0。例如,n 个变量 X_1,X_2,$\cdots$,X_n 最多有 n 个主成分,即 P_1,P_2,$\cdots$,P_n,这些主成分又能表示为如下所示的原始变量的线性组合形式:

$$\begin{aligned} P_1 &= \alpha_{11}X_1 + \alpha_{12}X_2 + \cdots + \alpha_{1n}X_n \\ P_2 &= \alpha_{21}X_1 + \alpha_{22}X_2 + \cdots + \alpha_{2n}X_n \\ &\cdots \\ P_n &= \alpha_{n1}X_1 + \alpha_{n2}X_2 + \cdots + \alpha_{nn}X_n \end{aligned} \tag{4.3}$$

其中,$(\alpha_{i1}, \alpha_{i2}, \cdots, \alpha_{in})^T$ 分别是变量相关矩阵的 n 个特征根对应的特征向量,P_i 的方差分别为这 n 个特征根,即 $Var(P_i) = \lambda_i$ ($i=1, 2, \cdots, n$),且

$\lambda_1 \geqslant \lambda_2 \geqslant \cdots \geqslant \lambda_n$，各主成分的贡献率能够用方差表示出来，即

$$C_i = \frac{\lambda_i}{\sum_{i=1}^{n} \lambda_i} \qquad (4.4)$$

主成分贡献率 C_i 的大小直接反映了该主成分 P_i 综合反映原变量信息的能力强弱，例如，第一主成分 P_1 的方差 Var（P_1）是最大的，其贡献率 C_1 也应是最大的，根据既往经验，当 $C_1 > 85\%$ 时，其对应的特征向量即可粗略等价于原始变量的权重向量。[①] 当然，更常见的方法是选择特征值大于 1 的前 k 个主成分 P_1，P_2，…，P_k 组成全局主成分，往往这 k 个全局主成分的方差累计贡献率较高，足以反映原始变量的总体信息。掌握了各主成分的方差贡献率以及基础指标在各主成分线性组合中的系数，便可经过归一化处理后得到各原始指标相应的权重系数。

可以看出，使用主成分分析法给指标体系中各基础指标确定权重是可行的，且具有客观性强等优势，因此，本章将使用主成分分析法作为流通效率测度指标客观权重的确定方法。

本章将选择 2015 年全国 31 个省（市、区）流通效率测度基础指标的截面数据作为确定客观权重系数的样板数据，其余年份的流通效率值将参照此权重系数按原始变量数值比例逐级加权求和得到。

（一）数据来源及指标处理

本章用于确定客观权重系数的流通效率测度指标的所有基础性数据来自《中国统计年鉴》（2016）及《中国贸易外经统计年鉴》（2016）。

由于流通效率测度指标体系中各基础指标之间存在不可公度性，使得我们无法对基础指标变量直接进行合成，因此在作主成分分析之前，需要对各基础指标变量数值作适当的调整和处理。

一方面，在构建流通效率测度指标体系时，我们已经发现各基础指标数值存在量纲和量级上的差异，无法直接进行合成，需要进行一定的变换与调整，例如，在接下来进行主成分分析的过程中，如果直接采用原始变量数据就会造成主成分过分偏重于数量级较大或方差较大的基础指标。为保证各基础指标数值在量纲量级上的一致性，我们将对数据采取无量纲化处理。常见的无量纲化处理方法有标准化、极值化、均值化等，标准化方法是目前较为普遍的无量纲化方法，但

---

① 王凭慧. 科技项目评价方法 [M]. 北京：科学出版社，2003.

由于经标准化后的数据的均值均为0，标准差均为1，无法准确反映出变量间变动程度上的差异，因此，不适用于本书所构建的多重指标测度体系。经均值化方法处理后的各基础指标数据构成的相关系数矩阵，能够有效弥补标准化方法的不足，反映出变量间变动程度上的差异。因此，本书决定采用均值化方法对原始基础指标数值进行无量纲化处理。

另一方面，我们也发现选取的各基础指标的方向属性并不一致。这里的指标方向属性分为正向指标与负向指标两种，其中，正向指标的基础指标值与流通效率值存在正向变动关系，基础指标值越大，流通效率越高，而负向指标的基础指标值则与流通效率值呈反向变动关系，基础指标值越大，流通效率越低。若将方向属性不同的两种基础指标不加调整地直接合成，必然无法得到令人信服的实证结果，因此，需要首先对基础指标的方向属性进行调整，将负向指标转换成正向指标，使得所有基础指标对流通效率的作用力方向一致。本书采用的调整方法是将所有负向基础指标数值取倒数，以期得到正向作用效果。

为验证各基础指标方向属性的调整效果，我们将借助指标相关系数矩阵来进行检验，流通效率12个基础指标相关系数矩阵见表4-9。

表4-9　　　　　　　　　　流通效率测度指标相关系数

	X_1	X_2	X_3	X_4	X_5	X_6	X_7	X_8	X_9	X_{10}	X_{11}	X_{12}
X_1	1											
X_2	0.513	1										
X_3	0.753	0.690	1									
X_4	0.892	0.395	0.605	1								
X_5	0.462	0.739	0.702	0.345	1							
X_6	0.780	0.683	0.956	0.640	0.659	1						
X_7	0.879	0.589	0.943	0.734	0.603	0.925	1					
X_8	0.185	0.527	0.298	0.265	0.542	0.363	0.173	1				
X_9	0.736	0.332	0.645	0.636	0.393	0.535	0.800	-0.153	1			
X_{10}	0.829	0.658	0.928	0.710	0.648	0.911	0.921	0.265	0.638	1		
X_{11}	-0.207	0.052	0.148	-0.142	-0.008	0.236	0.028	0.251	-0.305	0.021	1	
X_{12}	0.522	0.054	0.381	0.502	0.160	0.368	0.529	-0.113	0.608	0.417	0.016	1

从表4-9中可以看出，经过适当调整和处理后，流通效率测度指标之间基本均存在着正相关线性关系，无须再做进一步的方向趋同化处理。

（二）主成分分析适应性检验

在使用SPSS19.0进行主成分分析之前，首先应对反映流通效率的原始变量进行适应性检验,即对各个基础指标变量间的相关性进行检验。常见的检验统计量为 KMO 样本测度,KMO 值越接近 1,越适合进行主成分分析,反之 KMO 值过小,则不适合。检验结果见表 4 - 10。

表 4 - 10　　　　　KMO 检验和 Bartlett 球形检验结果

Kaiser - Meyer - Olkin 检验值		0.791
Bartlett 球形检验	近似卡方值	453.160
	自由度	66
	显著性	0.000

从检验结果可以看出,Bartlett = 453.160,对应的概率 P = 0,P 值小于 1‰ 的显著性水平,拒绝 Bartlett 球形检验原假设,说明相关系数矩阵与单位矩阵存在显著差异,可以考虑进行主成分分析,KMO 检验结果为 0.791 > 0.7,同样表明流通效率各基础指标得到的数据适合进行主成分分析。

(三) 基于协方差矩阵进行主成分分析

在进行主成分分析的过程中,既能采用相关系数矩阵,也能采用协方差矩阵,现有相关文献一般采用的是相关系数矩阵,相关系数矩阵是将数据进行正态标准化后作为主成分分析的数据输入,这种方法能够有效地消除量纲不同所带来的影响,避免了主成分过分依赖量级较大的指标变量,但由于各基础指标标量均具有单位标准差,可能导致各基础指标的相对离散程度被夸大或低估。对于这种情况,采用均值化后的协方差矩阵,不仅可以有效地消除基础指标变量在量纲量级上的差异,而且能够对各基础指标在离散程度上的特性予以很好地保留。因此,本书选择协方差矩阵作为主成分分析的输入。

在实际问题中,X_i 总体的协方差矩阵通常是未知的,使用样本:

$$X_i = (x_{i1}, x_{i2}, \cdots, x_{ip})' \quad (i = 1, 2, \cdots, n) \quad (4.5)$$

的协方差矩阵:

$$\hat{\sum}_x = \left(\frac{1}{n-1} \sum_{i=1}^{n} (x_{ik} - \bar{x}_k)(x_{il} - \bar{x}_l) \right)_{p \times p} \quad (4.6)$$

替代总体的协方差矩阵 $\sum_x$ 后,即可求得原始指标的主成分。

以下是基于协方差矩阵进行主成分分析的具体过程。

首先须求出协方差矩阵的特征值,并计算各成分的累计贡献率。在使用 SPSS19.0 进行主成分分析时,协方差矩阵的特征值是判断需要提取的主成分因子数目的主要依据。流通效率测度指标进行主成分分析的变量共同度、初始特征根以及提取平方和载入的相关数据结果见表 4 - 11 和表 4 - 12。

表4-11 流通效率测度指标的变量共同度

测度指标	初始解	提取
X_1——市场集中度	1.000	0.644
X_2——市场流通速度	1.000	0.156
X_3——人均社会消费品零售总额	1.000	0.517
X_4——限额以上批发零售企业单位效率	1.000	0.483
X_5——流通企业库存率	1.000	0.199
X_6——限额以上批发零售企业税收占比	1.000	0.391
X_7——限额以上批发零售企业资产负债率	1.000	0.745
X_8——流通企业存货周转率	1.000	0.008
X_9——流通业万元固定资产投资回报率	1.000	0.985
X_{10}——限额以上批零总资产报酬率	1.000	0.515
X_{11}——批发零售业劳动投入效率	1.000	0.070
X_{12}——从业人员人均实现利润	1.000	0.388

提取方法：主成分分析法。

变量共同度是用来测量每一个原始变量被主成分（按照默认合成主成分的数量）提取的信息百分比。从表4-11可以看出，原始变量的绝大部分信息被提取出来，解释程度较高，合成主成分后，原始变量的大部分信息被保留，因此，本次主成分合成效果较为理想。

表4-12 流通效率测度指标的总方差解释

成分	初始特征值 合计	方差的%	累计%	提取平方和载入 合计	方差的%	累计%
1	6.947	57.893	57.893	6.947	57.893	57.893
2	1.974	16.451	74.344	1.974	16.451	74.344
3	1.086	9.049	83.393	1.086	9.049	83.393
4	0.707	5.890	89.283			
5	0.537	4.471	93.753			
6	0.257	2.145	95.899			
7	0.208	1.737	97.636			
8	0.131	1.094	98.730			
9	0.084	0.702	99.432			
10	0.044	0.367	99.800			
11	0.019	0.154	99.954			
12	0.006	0.046	100.000			

提取方法：主成分分析法。

从表4-12可以看出，流通效率测度指标体系中的12个原始变量，通过线性转换形成了12个新的成分，其中，成分1、成分2和成分3的初始特征值分别为6.947、1.974和1.086，均大于1，按照初始特征值大于1的原则，这三个新变量被提取为主成分，这三个主成分方差贡献率分别为57.893%、16.451%和9.049%，累计方差贡献率达到83.393%，说明12个原始变量所提供的信息的

83.393%被这三个全局主成分保留了，这样原有12个变量就转换成3个主成分，起到了降维的效果，且具有较强的解释性。

其次，求出因子载荷矩阵，判断主成分与流通效率测度指标体系原始变量之间的内在联系。表4-13给出了3个主成分因子相应的因子载荷矩阵。

表4-13　　　　　　　　　　因子载荷矩阵

基础指标	第一主成分	第二主成分	第三主成分
X_1——市场集中度	0.898	-0.264	-0.092
X_2——市场流通速度	0.711	0.47	-0.263
X_3——人均社会消费品零售总额	0.941	0.129	0.115
X_4——限额以上批发零售企业单位效率	0.789	-0.252	-0.048
X_5——流通企业库存率	0.713	0.419	-0.276
X_6——限额以上批发零售企业税收占比	0.929	0.193	0.185
X_7——限额以上批发零售企业资产负债率	0.968	-0.12	0.11
X_8——流通企业存货周转率	0.336	0.744	-0.152
X_9——流通业万元固定资产投资回报率	0.743	-0.528	-0.079
X_{10}——限额以上批零总资产报酬率	0.945	0.025	0.03
X_{11}——批发零售业劳动投入效率	0.001	0.527	0.829
X_{12}——从业人员人均实现利润	0.511	-0.515	0.391

从表4-13可以看出，第一主成分在"X_1市场集中度""X_2市场流通速度""X_3人均社会消费品零售总额""X_4限额以上批发零售企业单位效率""X_5流通企业库存率""X_6限额以上批发零售企业税收占比""X_7限额以上批发零售企业资产负债率""X_8流通企业存货周转率""X_9流通业万元固定资产投资回报率""X_{10}限额以上批零总资产报酬率"10个原始变量上具有较高的因子载荷，第二主成分在"X_{12}从业人员人均实现利润"这个原始变量上具有较高的因子载荷，而第三主成分在"X_{11}批发零售业劳动投入效率"这个原始变量上具有较高的因子载荷。

最后，计算各主成分与流通效率原始变量之间线性组合的系数。计算结果详见表4-14。

表4-14　　　　　　　原始变量在各主成分线性组合中系数

基础指标	第一主成分	第二主成分	第三主成分
X_1——市场集中度	0.129	-0.134	-0.085
X_2——市场流通速度	0.102	0.238	-0.242
X_3——人均社会消费品零售总额	0.135	0.065	0.105
X_4——限额以上批发零售企业单位效率	0.114	-0.128	-0.045
X_5——流通企业库存率	0.103	0.212	-0.254

续表

基础指标	主成分因子		
	第一主成分	第二主成分	第三主成分
X_6——限额以上批发零售企业税收占比	0.134	0.098	0.17
X_7——限额以上批发零售企业资产负债率	0.139	-0.061	0.101
X_8——流通企业存货周转率	0.048	0.377	-0.14
X_9——流通业万元固定资产投资回报率	0.107	-0.268	-0.073
X_{10}——限额以上批零总资产报酬率	0.136	0.013	0.028
X_{11}——批发零售业劳动投入效率	0.001	0.267	0.764
X_{12}——从业人员人均实现利润	0.074	-0.261	0.36

由表4-14可得三个主成分与流通效率测度指标体系中各原始变量间的线性关系组合，即：

$$Y_1 = 0.129X_1 + 0.102X_2 + 0.135X_3 + 0.114X_4 + 0.103X_5$$
$$+ 0.134X_6 + 0.139X_7 + 0.048X_8 + 0.107X_9 + 0.136X_{10}$$
$$+ 0.001X_{11} + 0.074X_{12} \quad (4.7)$$

$$Y_2 = -0.134X_1 + 0.238X_2 + 0.065X_3 - 0.128X_4 + 0.212X_5$$
$$+ 0.098X_6 - 0.061X_7 + 0.377X_8 - 0.268X_9 + 0.013X_{10}$$
$$+ 0.267X_{11} - 0.261X_{12} \quad (4.8)$$

$$Y_3 = -0.085X_1 - 0.242X_2 + 0.105X_3 - 0.045X_4 - 0.254X_5$$
$$+ 0.17X_6 + 0.101X_7 - 0.14X_8 - 0.073X_9 + 0.028X_{10}$$
$$+ 0.764X_{11} + 0.36X_{12} \quad (4.9)$$

其中，Y_1、Y_2、Y_3为第一主成分、第二主成分和第三主成分。

（四）计算客观权重系数

由于流通效率测度指标体系中的原始变量基本可由 Y_1、Y_2、Y_3 这三个主成分因子代替，因此，原始变量的权重系数可以看成是以这三个主成分因子的方差贡献率分别占累计方差贡献率的比重为权重，对该原始变量在三个主成分线性组合中的系数加权平均的归一化处理的结果。

以原始变量 X_1 市场集中度为例，X_1 的权重系数等于 Y_1、Y_2、Y_3 线性组合中 X_1 的系数分别乘以 Y_1、Y_2、Y_3 这三个主成分因子的方差贡献率，再除以累计方差贡献率。

具体数据表示如式（4.10）：

$$\alpha_1 = \frac{0.129 \times 57.893\% - 0.134 \times 16.451\% - 0.085 \times 9.049\%}{83.393\%}$$
$$= 0.0539 \quad (4.10)$$

其中，α_1 为 X_1 在综合得分模型中的权重系数。

运用同样方法可以依次计算出综合得分模型中其余变量 $X_2 \sim X_{12}$ 的权重系数，计算结果如表 4-15 所示。

表 4-15　　　　　综合得分模型中各基础指标权重系数

基础指标	在综合得分模型中的权重系数
X_1——市场集中度	0.0539
X_2——市场流通速度	0.0915
X_3——人均社会消费品零售总额	0.1179
X_4——限额以上批发零售企业单位效率	0.0490
X_5——流通企业库存率	0.0858
X_6——限额以上批发零售企业税收占比	0.1308
X_7——限额以上批发零售企业资产负债率	0.0954
X_8——流通企业存货周转率	0.0925
X_9——流通业万元固定资产投资回报率	0.0135
X_{10}——限额以上批零总资产报酬率	0.1000
X_{11}——批发零售业劳动投入效率	0.1363
X_{12}——从业人员人均实现利润	0.0389

由表 4-15 可得出基于主成分分析方法的流通效率综合得分模型：

$$Y = 0.0539X_1 + 0.0915X_2 + 0.1179X_3 + 0.0490X_4 + 0.0858X_5$$
$$+ 0.1308X_6 + 0.0954X_7 + 0.0925X_8 + 0.0135X_9$$
$$+ 0.1000X_{10} + 0.1363X_{11} + 0.0389X_{12} \quad (4.11)$$

在得到综合得分模型中各原始变量的权重系数后，我们需要进一步对这些系数进行归一化处理才能得到我们所需的基于主成分分析法的客观权重系数。运用公式（4.12）可得到客观权重系数，具体结果见表 4-16。

$$\omega_i = \frac{\alpha_i}{\sum_{i=1}^{12} \alpha_i} \quad (4.12)$$

表 4-16　　　　　基于主成分分析法的客观权重系数

基础指标	客观权重系数
X_1——市场集中度	0.0536
X_2——市场流通速度	0.0910
X_3——人均社会消费品零售总额	0.1173
X_4——限额以上批发零售企业单位效率	0.0487
X_5——流通企业库存率	0.0853
X_6——限额以上批发零售企业税收占比	0.1301
X_7——限额以上批发零售企业资产负债率	0.0949
X_8——流通企业存货周转率	0.0920

续表

基础指标	客观权重系数
X_9——流通业万元固定资产投资回报率	0.0134
X_{10}——限额以上批零总资产报酬率	0.0995
X_{11}——批发零售业劳动投入效率	0.1356
X_{12}——从业人员人均实现利润	0.0387

三、综合权重系数的确定

对流通效率的评价既要注重客观性，又不能失去主观性，因此，应该将主观权重系数与客观权重系数有机结合起来，形成综合权重系数，使主客观权重的信息能够得到较好的保留和体现，兼具主观性客观性的优点。本章运用乘法合成归一法公式，即公式（4.13），计算流通效率综合权重，得到了12个流通效率基础指标的综合权重系数，详见表4-17。

$$W_i = \frac{\alpha_i \beta_i}{\sum_{i=1}^{n} \alpha_i \beta_i} \quad (n = 1, 2, \cdots, 12) \tag{4.13}$$

表4-17　　　　　流通效率基础指标的综合权重系数

基础指标	综合权重系数
X_1——市场集中度	0.0544
X_2——市场流通速度	0.3042
X_3——人均社会消费品零售总额	0.2162
X_4——限额以上批发零售企业单位效率	0.0750
X_5——流通企业库存率	0.0722
X_6——限额以上批发零售企业税收占比	0.0509
X_7——限额以上批发零售企业资产负债率	0.0331
X_8——流通企业存货周转率	0.0192
X_9——流通业万元固定资产投资回报率	0.0030
X_{10}——限额以上批零总资产报酬率	0.0670
X_{11}——批发零售业劳动投入效率	0.0564
X_{12}——从业人员人均实现利润	0.0484

据此，我们可以构建出一个具体的流通效率综合权重测度公式，即公式（4.14）：

$$\begin{aligned} CE = & 0.0544X_1 + 0.3042X_2 + 0.2162X_3 + 0.0750X_4 + 0.0722X_5 \\ & + 0.0509X_6 + 0.0331X_7 + 0.0192X_8 + 0.0030X_9 \\ & + 0.0670X_{10} + 0.0564X_{11} + 0.0484X_{12} \end{aligned} \tag{4.14}$$

其中，CE为流通效率综合值，X_i为标准化的流通效率基础测度指标。

另外，流通效率综合值（CE）可以看出是由流通市场效率值（CE_m）、流通企业效率值（CE_e）、流通资本效率值（CE_s）和流通人员效率值（CE_l）共同构成，即

$$CE = CE_m + CE_e + CE_s + CE_l \qquad (4.15)$$

其中，

$$CE_m = 0.0544X_1 + 0.3042X_2 + 0.2162X_3 \qquad (4.16)$$
$$CE_e = 0.0750X_4 + 0.0722X_5 + 0.0509X_6 + 0.0331X_7 + 0.0192X_8 \qquad (4.17)$$
$$CE_s = 0.0030X_9 + 0.0670X_{10} \qquad (4.18)$$
$$CE_l = 0.0564X_{11} + 0.0484X_{12} \qquad (4.19)$$

第二节 中国区域流通效率的静态测度

一、数据说明

为准确客观地评价2015年中国各区域流通效率的真实水平，并对流通效率区域差异的现状进行静态描述性分析，必须首先明确所设定的研究对象，本章选取全国31个省（市、区）作为流通效率测度的研究对象，相关基础数据来自《中国统计年鉴》（2016）和《中国贸易外经统计年鉴》（2016）。根据前文对于流通产业的界定和流通效率测度指标的说明，在统计数据时，仅采用批发零售业和餐饮业的统计数据作为流通产业的基础数据展开研究。

二、中国区域流通效率的静态测度结果

根据前文给出的流通效率综合权重测度公式（4.14）以及流通市场效率公式（4.16）、流通企业效率公式（4.17）、流通资本效率公式（4.18）和流通人员效率公式（4.19）的测度公式，利用2015年全国31个省（市、区）经过标准化了的流通效率基础测度指标截面数据，本章对中国各区域流通效率的实证结果进行了测度，详细结果见表4-18。

表4-18 中国31个省（市、区）流通效率的测度结果（2015年）

省（市、区）	流通效率	市场效率	企业效率	资本效率	人员效率
北京	0.8964	0.5439	0.2360	0.0766	0.0398
天津	0.7371	0.4485	0.2018	0.0433	0.0436
河北	0.2415	0.1438	0.0815	0.0130	0.0032

续表

省（市、区）	流通效率	市场效率	企业效率	资本效率	人员效率
山西	0.3082	0.1793	0.1119	0.0136	0.0035
内蒙古	0.3159	0.1775	0.0845	0.0250	0.0288
辽宁	0.4408	0.3061	0.0868	0.0310	0.0171
吉林	0.3671	0.2714	0.0600	0.0168	0.0189
黑龙江	0.2373	0.1386	0.0527	0.0159	0.0301
上海	1.0545	0.6229	0.2836	0.0974	0.0505
江苏	0.5327	0.3632	0.1121	0.0355	0.0221
浙江	0.4960	0.3265	0.1083	0.0457	0.0156
安徽	0.1484	0.0860	0.0391	0.0134	0.0099
福建	0.4027	0.2816	0.0745	0.0267	0.0201
江西	0.2330	0.1649	0.0373	0.0126	0.0182
山东	0.4861	0.3494	0.0777	0.0258	0.0333
河南	0.2898	0.2097	0.0552	0.0132	0.0117
湖北	0.3328	0.2381	0.0610	0.0173	0.0164
湖南	0.3697	0.2308	0.0381	0.0157	0.0852
广东	0.4897	0.2981	0.1212	0.0420	0.0285
广西	0.1137	0.0604	0.0281	0.0127	0.0124
海南	0.4455	0.2757	0.1186	0.0156	0.0356
重庆	0.4486	0.3505	0.0577	0.0215	0.0190
四川	0.2960	0.2040	0.0635	0.0158	0.0128
贵州	0.1433	0.0132	0.0265	0.0092	0.0945
云南	0.1163	0.0354	0.0299	0.0113	0.0397
西藏	0.0806	0.0205	0.0162	0.0004	0.0436
陕西	0.3083	0.1900	0.0753	0.0155	0.0275
甘肃	0.1816	0.1105	0.0506	0.0076	0.0129
青海	0.3263	0.1597	0.1280	0.0131	0.0256
宁夏	0.2199	0.1435	0.0557	0.0171	0.0036
新疆	0.2808	0.1671	0.0739	0.0129	0.0269

资料来源：《中国统计年鉴》（2016）、《中国贸易外经统计年鉴》（2016）。

　　由表4-18得出的实证测度结果，我们可以看出，全国各省（市、区）的流通效率综合值、流通市场效率值、流通企业效率值、流通资本效率值、流通人员效率值均存在较大的差异，区域流通效率极不平衡，流通效率综合值较高的省份往往流通市场效率、流通企业效率、流通资本效率、流通人员效率这四项指标值均较高。

　　为了更为清晰地看出流通效率区域差异的现状，下面，我们将进一步对中国31个省（市、区）按流通效率综合值大小进行排序，具体的流通效率排名情况见表4-19。

表 4-19　　　　中国 31 个省（市、区）流通效率排名情况

省（市、区）	流通效率	排名	省（市、区）	流通效率	排名
上海	1.0545	1	陕西	0.3083	17
北京	0.8964	2	山西	0.3082	18
天津	0.7371	3	四川	0.2960	19
江苏	0.5327	4	河南	0.2898	20
浙江	0.4960	5	新疆	0.2808	21
广东	0.4897	6	河北	0.2415	22
山东	0.4861	7	黑龙江	0.2373	23
重庆	0.4486	8	江西	0.2330	24
海南	0.4455	9	宁夏	0.2199	25
辽宁	0.4408	10	甘肃	0.1816	26
福建	0.4027	11	安徽	0.1484	27
湖南	0.3697	12	贵州	0.1433	28
吉林	0.3671	13	云南	0.1163	29
湖北	0.3328	14	广西	0.1137	30
青海	0.3263	15	西藏	0.0806	31
内蒙古	0.3159	16			

资料来源：《中国统计年鉴》（2016）、《中国贸易外经统计年鉴》（2016）。

从表 4-19 可知，中国各省（市、区）流通效率水平各异，且分布不平衡，有显著的地域差异。其中，上海、北京的流通效率值高达 1.0545 和 0.8964，但流通效率总体水平不高，流通效率综合值超过 0.4 的省份仅有 11 个，约占全国省（市、区）总数的 35%，流通效率综合值不足 0.3 的省（市、区）却多达 13 个，约占全国省（市、区）总数的 41%，其中，甘肃、安徽、贵州、云南、广西和西藏 6 个省（市、区）的流通效率值甚至不足 0.2，西藏的流通效率综合值仅为 0.0806，从数值上看，与流通效率综合值最高的上海相差超过 13 倍。

为了更好地探索流通效率不同的地区的总体分布特征，本节采用层次聚类的方法（hierarchical cluster）对全国 31 个省（市、区）依据流通效率综合值进行聚类分析，对于类别间距的计算方法使用沃德法（Ward Method），并使用平方欧氏距离方法（squared euclidean distance）进行距离测度，因所用变量为单一的流通效率综合值，故相关数据无须标准化处理。聚类结果发现，我国 31 个省（市、区）可依据流通效率综合值分为三类地区：

第一类地区共有 3 个省（市、区），分别是上海市、北京市、天津市；

第二类地区共有 18 个省（市、区），分别是江苏省、浙江省、广东省、山东省、重庆市、海南省、辽宁省、福建省、湖南省、吉林省、湖北省、青海省、内蒙古自治区、陕西省、山西省、四川省、河南省、新疆维吾尔自治区；

第三类地区共有 10 个省（市、区），分别是河北省、黑龙江省、江西省、宁夏

回族自治区、甘肃省、安徽省、贵州省、云南省、广西壮族自治区、西藏自治区。

下面，我们将分别从地区流通效率、人均GDP、人均社会消费品零售总额和人均流通产业增加值等视角来对这三种类型地区进行比较分析。各类型地区的流通效率综合值由该类型区所包含省（市、区）的流通效率综合值的均值来表示；地区人均GDP则用所含省（市、区）GDP总额与总人口的比值来表示，通常被作为地区经济发展水平的重要衡量指标；人均社会消费品零售总额用所包含省（市、区）的社会零售商品销售总额之和与总人口的比值来表示，人均社会消费品零售总额在一定程度上反映了社会商品购买力的实现程度，即一定时期内人民物质文化生活水平的提高程度，更是直接反映了流通市场总体规模状况；人均流通产业增加值是用所包含省（市、区）的流通产业增加值之和与总人口的比值来表示，反映了地区流通产业的成长状况，在这里的流通产业增加值用批发零售产业增加值替代。利用人均社会消费品零售总额和人均流通产业增加值这两个指标可以从总体上观察出地区流通产业的总体发展水平，详细数据结果见表4-20。

表4-20　　　　　　　　流通效率三大类型区比较分析

地区分类	各类型区所包含省（市、区）	地区流通效率	人均GDP（万元）	人均社会消费品零售总额（万元）	人均流通产业增加值（万元）
第一类地区	上海、北京、天津	0.8865	10.6070	4.0797	1.4889
第二类地区	江苏、浙江、广东、山东、重庆、海南、辽宁、福建、湖南、吉林、湖北、青海、内蒙古、陕西、山西、四川、河南、新疆	0.3771	5.2352	2.0959	0.5777
第三类地区	河北、黑龙江、江西、宁夏、甘肃、安徽、贵州、云南、广西、西藏	0.1615	3.4414	1.3073	0.3389

资料来源：《中国统计年鉴》（2016）、《中国贸易外经统计年鉴》（2016）。

从表4-20可以看出，第一类地区流通效率综合值最高，达到0.8865，第二类地区流通效率综合值次之，为0.3771，第三类地区的流通效率综合值最低，仅为0.1615，从数值上看，第一类地区的流通效率综合值是第三类地区的5倍还多，地区间差距十分显著。

第一类地区的人均GDP为10.6070万元，远高于第二类地区的5.2352万元和第三类地区的3.4414万元，说明流通效率综合值高的地区的经济发展水平往往较高，相反，流通效率综合值较低的地区则多是一些经济欠发达省（市、区）。

人均社会消费品零售总额和人均流通产业增加值这两个指标也呈现了显著的区域差异，第一类地区拥有最高的人均社会消费品零售总额和人均流通产业增加值，第二类地区次之，第三类地区的人均社会消费品零售总额和人均流通产业增加值最低，说明了流通效率综合值较高的地区往往流通产业总体发展水平也较高，流通低效率的地区流通产业总体发展水平也较低。

此外，我们还发现，第一类地区流通效率综合值与第三类地区流通效率综合值的比值约为5.49，而这两种类型区的人均GDP的比值约为3.08，低于流通效率的地区比值，在一定程度上反映了我国流通效率的区域差异程度甚至比地区经济发展水平的差异程度更为严重，必须予以高度重视。

第三节　中国区域流通效率的动态测度

一、数据说明与处理

（一）数据说明

为客观准确地测度近年来中国各省（市、区）流通效率变动情况，并对流通效率区域差异的时空演进趋势进行动态描述性分析，必须明确研究的时间跨度。基于基础指标一致性和数据可获得性的考虑，本书将区域流通效率度量的时间起点定为2006年，时间跨度为2006~2015年，同样选取全国31个省（市、区）作为区域流通效率动态演进情况分析的研究对象，所选用测度指标的基础数据均来自历年《中国统计年鉴》（2007~2016）和《中国贸易外经统计年鉴》（2007~2016）。根据前文关于流通产业的界定和流通效率测度指标的说明，在统计数据时，仅采用批发零售业和餐饮业的统计数据作为流通产业的基础数据展开研究。

（二）数据处理

由于前文在确定流通效率测度指标体系的基础指标客观权重系数时，采用的是经过标准化了的2015年全国31个省（市、区）流通效率测度基础指标的截面数据作为样板参考数据，并得出了流通效率综合权重测度公式。因此，在进行除2015年外其他年份的基础数据代入时，存在数据适用性的问题。这里需要特别注意的是，为了算法的严谨性，在计算其他年份流通效率综合值时，不是直接将当年标准化了的各省（市、区）截面数据代入流通效率综合权重测度公式，因为如果对每一年的截面数据均进行无量纲化处理,会使得各年份间变量的可比性受到影响,为消除这种影响,本书拟以2015年基础变量的原始值作为公度值,用其余每一年份变量的原始值与2015年对应变量的原始值求比值,再用该比值乘以2015年对应变量的标准化值,就形成了一组新的截面变量值,将该组新的截面变量值代入流通效率综合权重测度公式即可得到当年流通效率值。

例如,在计算2006年全国31个省(市、区)流通效率实证结果时,是首先用2006年每个省(市、区)的每个基础指标 $X_{i(2006)}$(i = 1, 2, ···, 12)的原始值去除以2015年相应省(市、区)的对应 $X_{i(2015)}$(i = 1, 2, ···, 12)的原始值,得到比例值 r_i,再用该比例值 r_i 与2015年对应变量的标准化值 $X_i^*{}_{(2015)}$ 相乘,即可得到一组新的截面数据变量 $X_i^*{}_{(2006)}$,将该组新变量代入流通效率综合权重测度公式,即可得到2006全国31个省(市、区)流通效率的实际值。

这样的数据处理办法不仅具有算法上的严谨性,使得处理后的数据能够直接代入流通效率综合权重测度公式,而且能够将各年份各省(市、区)的每一个基础变量的真实变动信息完全保留,进而准确反映出各省(市、区)流通效率随时间演进趋势的真实情况。

二、中国区域流通效率的动态测度结果

根据前文给出的流通效率综合权重测度公式(4.14),利用2006~2015年全国31个省(市、区)的流通效率基础测度指标截面数据,本章对中国各区域流通效率的实证结果进行了测度,另外,通过对历年全国各省(市、区)流通效率综合值进行均值化处理,可得到相应年份的全国平均流通效率综合值,详细结果见表4-21。

表4-21   中国31个省(市、区)流通效率综合值的动态结果

省(市、区)	2006年	2007年	2008年	2009年	2010年	2011年	2012年	2013年	2014年	2015年
北京	0.4510	0.5090	0.5557	0.5790	0.6632	0.7258	0.8001	0.8265	0.8391	0.8964
天津	0.3451	0.3727	0.4169	0.4324	0.5004	0.5528	0.6092	0.6581	0.7206	0.7371
河北	0.1179	0.1461	0.1630	0.1506	0.1567	0.1894	0.2011	0.2180	0.2351	0.2415
山西	0.1145	0.1424	0.1789	0.1695	0.1873	0.2139	0.2524	0.2848	0.3092	0.3082
内蒙古	0.1473	0.1758	0.2241	0.2323	0.2509	0.2349	0.2504	0.2753	0.2973	0.3159
辽宁	0.2319	0.2583	0.2767	0.2636	0.2964	0.3566	0.3617	0.3830	0.4127	0.4408
吉林	0.1752	0.2089	0.3117	0.2311	0.2639	0.2780	0.3037	0.3363	0.3610	0.3671
黑龙江	0.0963	0.1111	0.1252	0.1421	0.1402	0.1750	0.1885	0.2053	0.2249	0.2373
上海	0.4785	0.5224	0.5553	0.5694	0.6546	0.7216	0.7690	0.8338	0.8899	1.0545

续表

省(市、区)	2006年	2007年	2008年	2009年	2010年	2011年	2012年	2013年	2014年	2015年
江苏	0.2673	0.2900	0.3538	0.3349	0.3806	0.4101	0.4304	0.4568	0.4957	0.5327
浙江	0.2551	0.2723	0.2852	0.2832	0.3208	0.3558	0.3863	0.4116	0.4459	0.4960
安徽	0.0836	0.0866	0.0987	0.0991	0.1063	0.1165	0.1265	0.1331	0.1393	0.1484
福建	0.2158	0.2218	0.2408	0.2381	0.2740	0.3056	0.3351	0.3552	0.3756	0.4027
江西	0.1319	0.1374	0.1550	0.1672	0.1870	0.1819	0.1936	0.2092	0.2274	0.2330
山东	0.1748	0.1896	0.2412	0.2418	0.2882	0.3256	0.3727	0.4172	0.4603	0.4861
河南	0.1242	0.1430	0.1598	0.1681	0.1935	0.2136	0.2253	0.2476	0.2698	0.2898
湖北	0.1789	0.2045	0.2396	0.2214	0.2410	0.2646	0.2730	0.2906	0.3102	0.3328
湖南	0.1385	0.1715	0.1840	0.2033	0.2175	0.2367	0.3053	0.3246	0.3390	0.3697
广东	0.2632	0.3037	0.3080	0.3073	0.3443	0.3680	0.3972	0.4300	0.4662	0.4897
广西	0.0635	0.0657	0.0763	0.0729	0.0821	0.0860	0.0930	0.1025	0.1106	0.1137
海南	0.1654	0.2010	0.1884	0.1879	0.2559	0.2773	0.3124	0.3451	0.4184	0.4455
重庆	0.1893	0.2261	0.2639	0.3017	0.3460	0.3470	0.3647	0.3854	0.4116	0.4486
四川	0.1532	0.1706	0.1708	0.1803	0.1863	0.2101	0.2290	0.2480	0.2654	0.2960
贵州	0.0488	0.0518	0.0647	0.0770	0.0830	0.0940	0.1242	0.1290	0.1376	0.1433
云南	0.0592	0.0722	0.0637	0.0714	0.0764	0.0852	0.0964	0.1039	0.1095	0.1163
西藏	0.0340	0.0347	0.0352	0.0440	0.0474	0.0446	0.0619	0.0639	0.0730	0.0806
陕西	0.1794	0.2120	0.2067	0.2282	0.2525	0.2560	0.2650	0.2776	0.2911	0.3083
甘肃	0.0946	0.1158	0.1189	0.1085	0.1225	0.1433	0.1570	0.1620	0.1714	0.1816
青海	0.1110	0.1112	0.1297	0.1322	0.1730	0.2224	0.2576	0.3081	0.3233	0.3263
宁夏	0.0795	0.0901	0.1310	0.1287	0.1381	0.1543	0.1756	0.1975	0.2073	0.2199
新疆	0.0878	0.1467	0.1647	0.1817	0.2047	0.2221	0.2470	0.2578	0.2978	0.2808
全国	0.1696	0.1924	0.2157	0.2177	0.2463	0.2700	0.2957	0.3186	0.3431	0.3658

资料来源：《中国统计年鉴》（2007~2016）、《中国贸易外经统计年鉴》（2007~2016）。

从表4-21可以看出，全国31个省（市、区）流通效率综合值在近十年间均有所提高，其中，效率综合值增长绝对量较大的5个省（市、区）分别是：上海（增长0.5760）、北京（增长0.4454）、天津（增长0.3921）、山东（增长0.3113）、海南（增长0.2801）；效率综合值增长绝对量较小的5个省（市、区）分别是：西藏（增长0.0466）、广西（增长0.0502）、云南（增长0.0571）、安徽（增长0.0648）、甘肃（增长0.0870）。但总体效率仍然不高，2006年，仅有13个省（市、区）的流通效率综合值超过了当年全国平均水平（0.1696），仅占全国省（市、区）总数的41.94%，除上海、北京等少数几个省（市、区）有着较高的流通效率综合值外，其余省（市、区）的流通效率综合值普遍较低，到了2015年，这一问题仍然存在，2015年，有14个省（市、区）的流通效率综合值超过了全国平均水平（0.3658），约占全国省（市、区）总数的45.16%，说明仍有超过半数省（市、区）的流通效率综合值是低于全国平均水平的。可以发现，各年份的流通效率均呈现出显著的区域差异，上海、北京、天津、江苏、浙江、广东等省（市、区）在 2006~2015 年的流通效率综合值均一直处于全国领先地位，而宁夏、安徽、贵州、云南、广西、西藏等省（市、区）的流通效率综合值在 2006~2015 年均处于靠后位置。这些流通低效率省（市、区）在 2015 年的流通效率综合值甚至比北京、上海、天津、江苏、广东、浙江等流通高效率省（市、区）在 2006 年的流通效率综合值还低，而且这些省（市、区）的流通效率综合值增长量在近十年间均较小，从这一点上看，中国流通效率不仅存在区域差异，而且区域差异的程度越发加剧，出现了强者越强、弱者越弱的"马太效应"。

三、东部、中部、西部三大区域视角下的流通效率动态描述性分析

在上文中，我们利用 2006~2015 年全国各省（市、区）流通效率综合值，得出了各年份的全国平均流通效率综合值，接下来，我们将按照全国东部、中部、西部的区域划分法将 31 个省（市、区）分为三大区域，并利用各区域所包含省（市、区）的流通效率综合值的均值得到各区域流通效率综合值，进而从三大区域的整体视角观察流通效率在 2006~2015 年的走势情况。本书关于东部、中部、西部的区域划分法将沿用"七五"规划中的相关界定，具体划分标准见表 4-22。

表 4-22　　中国东部、中部、西部三大经济地带划分标准

三大区域	所包含省（市、区）
东部区域（11 个省区）	北京、天津、河北、辽宁、上海、江苏、浙江、福建、山东、广东、海南
中部区域（8 个省区）	山西、吉林、黑龙江、安徽、江西、河南、湖北、湖南
西部区域（12 个省区）	内蒙古、广西、重庆、四川、贵州、云南、西藏、陕西、甘肃、青海、宁夏、新疆

根据东部、中部、西部的区域划分标准，我们将 2006~2015 年各地区所含省份的流通效率综合值进行均值化处理，得到了东部、中部、西部三大区域的流通效率综合值，详细数据见表 4-23。

表 4-23　中国东部、中部、西部三大区域流通效率综合值（2006~2015）

区域	2006	2007	2008	2009	2010	2011	2012	2013	2014	2015
东部	0.2696	0.2988	0.3259	0.3262	0.3759	0.4171	0.4523	0.4850	0.5236	0.5657
中部	0.1304	0.1507	0.1816	0.1752	0.1921	0.2100	0.2335	0.2539	0.2726	0.2858
西部	0.1040	0.1227	0.1375	0.1466	0.1636	0.1750	0.1935	0.2093	0.2247	0.2359
全国	0.1696	0.1924	0.2157	0.2177	0.2463	0.2700	0.2957	0.3186	0.3431	0.3658

资料来源：《中国统计年鉴》（2007~2016）、《中国贸易外经统计年鉴》（2007~2016）。

从表 4-23 中可以看出，东部、中部、西部三大区域的流通效率综合值在

2006~2015 年这十年间均有较大幅度的提高。

从区域总体流通效率增长率的视角来看，东部区域流通效率综合值增长率约为 109.83%，中部区域流通效率综合值增长率约为 119.17%，西部区域流通效率综合值增长率约为 126.83%，全国流通效率综合值增长率约为 115.68%，其中，西部区域增长幅度最大，中部区域次之，二者的增长幅度均超过了东部区域和全国总体水平。

然而，从流通效率综合值增长绝对量的视角来看，2006~2015 年，东部区域流通效率综合值从 0.2696 增长到 0.5657，增长量为 0.2961；中部区域流通效率综合值从 0.1304 增长到 0.2858，增长量为 0.1554；西部区域流通效率综合值从 0.1040 增长到 0.2359，增长量为 0.1319；全国流通效率综合值从 0.1696 增长到 0.3658，增长量为 0.1962。东部区域的流通效率综合值增长量最大，远超中西部区域，而且中西部区域的增长量均比全国平均水平低。

观察各大区域具体的流通效率综合值数据我们发现，西部区域 2015 年的流通效率综合值（0.2359）还不及东部区域 2006 年的流通效率综合值（0.2696）水平，而中部区域 2015 年的流通效率综合值（0.2858）还不及东部区域 2007 年的流通效率综合值（0.2988）水平。

从各年份东部、西部两大区域流通效率综合值绝对差值的视角来看，2006 年，东部区域流通效率综合值与西部区域流通效率综合值的绝对差值为 0.1656，这一数值逐年增长，截至 2015 年，绝对差值增长至 0.3298，可以明显地看出，东部、西部区域间流通效率差异呈现扩大化趋势。

综上所述，我们观察到中部、西部区域流通效率综合值持续处于较低水平，虽然近十年来这两大区域流通效率总体增长率超过了东部和全国平均水平，然而，这主要是因为中部、西部区域流通效率初始值较低，即流通效率的"底子差"，从流通效率综合值绝对增长量的视角来看，就会发现，中部、西部区域流通效率增长量远小于东部区域，且东部、西部两大区域间流通效率综合值的绝对差值在近十年间逐年增大，形势极为严峻。因此我们认为，从东部、中部、西部三大区域的视角来看，中国流通效率的区域差异程度十分严重，而且差异已呈现出明显的扩大化趋势，必须引起高度重视。

第四节 本章小结

本章的核心工作在于为流通效率测度指标体系中每个基础指标配赋主客观综

合权重，首先运用主观赋权法与客观赋权法分别计算出指标的主客观权重，再运用乘法合成归一化法确定了一组现有条件下最优的综合权重，最后构建出一个具体的流通效率综合权重测度公式。

基于已得出的流通效率综合权重测度公式，本章选取全国31个省（市、区）作为流通效率测度的研究对象，利用相关基础数据测算出了2015年全国各省（市、区）流通效率的实证结果，并对流通效率区域差异的现状进行了静态描述性分析，发现中国各省（市、区）流通效率水平各异，且分布极不平衡，有显著的地域差异。为了更好地说明流通效率不同的地区的总体分布特征，本章采用层次聚类的方法对全国31个省（市、区）依据流通效率综合值进行聚类分析，分为三类地区，结果发现，流通效率综合值高的地区的经济发展水平往往较高，相反，流通效率综合值较低的地区则多是一些经济欠发达省（市、区）。

同样基于流通效率综合权重测度公式，本章选取全国31个省（市、区）作为流通效率测度的研究对象，将区域流通效率度量的时间跨度定为2006~2015年，利用经过处理的基础数据得出了中国31个省（市、区）2006~2015年流通效率综合值的实证结果。可以看出，全国31个省（市、区）流通效率综合值在近十年间均有所提高，但总体效率仍然不高，仍有超过半数省（市、区）的流通效率综合值是低于全国平均水平的。各年份的流通效率均呈现出显著的区域差异，北京、上海、天津、江苏、广东、浙江等省（市、区）在2006~2015年的流通效率综合值均一直处于全国领先地位，而宁夏、安徽、贵州、云南、广西、西藏等省（市、区）的流通效率综合值在2006~2015年均处于靠后位置。此外，本章还测度了2006~2015年东部、中部、西部三大区域整体流通效率综合值，结果显示，东部、中部、西部三大区域的流通效率综合值在2006~2015年这十年间均有较大幅度的提高，但中部、西部区域流通效率增长量远小于东部区域，可以明显地看出，东部、西部区域间流通效率差异呈现扩大化趋势，必须引起高度重视。

第五章

中国流通效率区域差异的测度

在第四章中,我们已对中国流通效率的区域差异进行了一定程度的描述性分析。通过观察2015年全国31个省(市、区)流通效率的实证结果,初步发现了我国各省(市、区)流通效率水平各异,且分布极不平衡,有显著的地域差异。通过对2006~2015年流通效率动态演进趋势的分析,我们发现,中部、西部各省(市、区)的流通效率综合值持续处于较低水平,且东部与西部两大区域间流通效率综合值的绝对差值逐年增大,形势极为严峻。为了更加深入地揭示中国流通效率区域差异的真实状况,还必须运用科学严谨的实证方法对中国流通效率区域差异的程度及演进趋势进行定量分析。

第一节 区域差异测度方法概述

目前,对区域经济差异的测度已有一系列指标可供利用,常见的测度指标有极值差幅、极均值差幅、标准差、相对平均离差、变异系数、基尼系数、泰尔指数、威廉逊系数等,可分为两大类,即绝对差异的测度指标和相对差异的测度指标。

一、绝对差异的测度指标

绝对差异的测度指标包括极值差幅、极均值差幅、标准差等。

(一) 极差差幅 (R)

极值差幅 (R) 是指某经济指标的最大值 (y_{max}) 与最小值 (y_{min}) 的差额。

极值差幅反映了各地区间该经济指标的最大幅度差异,其计算公式如下:

$$R = y_{max} - y_{min} \tag{5.1}$$

其中,y_{max}是该经济指标的最大值,y_{min}是该经济指标的最小值。

(二) 极均值差幅(R_m)

极均值差幅(R_m)是指某经济指标的最大值与该指标平均值的差额,或某经济指标的平均值与该指标的最小值的差额。极均值差幅反映了各地区某经济指标偏离平均值的最大绝对幅度,其计算公式如下:

$$R_m = y_{max} - \bar{y}_i \text{ 或 } R_m = \bar{y}_i - y_{min} \quad (i = 1, 2, \cdots, n) \tag{5.2}$$

其中,y_{max}是该经济指标的最大值,y_{min}是该经济指标的最小值,$\bar{y}_i$是该经济指标的平均值,n 为地区个数。

(三) 标准差(S)

标准差(S)又称标准偏差或均方差,是指各地区某经济指标的各个数据与该指标平均值离差平方的算数平均数的平方根,主要用于计算某区域经济指标的离散程度,其计算公式为:

$$S = \sqrt{\frac{\sum_{i=1}^{n}(y_i - \mu)^2}{n}} \quad (i = 1, 2, \cdots, n) \tag{5.3}$$

其中,μ 为该经济指标的平均值,n 为地区个数。

二、相对差异的测度指标

相对差异的测度指标包括相对平均离差、变异系数、基尼系数、泰尔指数、威廉逊系数等。

(一) 相对平均离差(D_r)

相对平均离差(D_r)反映了各地区某经济指标偏离平均值的平均绝对幅度,其计算公式为:

$$D_r = \frac{1}{n} \sum_{i=1}^{n} \left| \frac{y_i - \bar{y}_i}{\bar{y}_i} \right| \quad (i = 1, 2, \cdots, n) \tag{5.4}$$

其中,$\bar{y}_i$是该经济指标的平均值,n 为地区个数。

(二) 变异系数(CV)

变异系数(CV)是衡量地区间相对差异的重要指标,是指所有地区对于某一标准的加权偏差的平均程度，通常将全国平均值作为标准，再计算各地区对于平均值的相对差距，即是用标准差与平均值求比。其计算公式为：

$$CV = \frac{S}{\overline{y_i}} = \sqrt{\frac{\sum_{i=1}^{n}(y_i - \overline{y_i})^2}{n\overline{y_i}^2}} \quad (i = 1,2,\cdots,n) \quad (5.5)$$

其中，S 是标准差，$\overline{y_i}$ 是该经济指标的平均值，n 为地区个数。

（三）基尼系数（Gini coefficient）

基尼系数（Gini coefficient）是 20 世纪初意大利经济学家基尼（Corrado Gini）依据洛伦兹曲线（Lorenz curve）所定义的判断收入分配公平程度的指标。洛伦兹曲线是美国统计学家洛伦兹在 1905 年最早提出来的，主要用于衡量国民收入与财富分配的不平等程度，现已广泛运用于区域差异、收入分配、产业集中等领域的研究。

图 5-1 是洛伦兹曲线的示意图，横轴 P 表示由小到大排列的人口份额累积百分比，纵轴 Q 表示由小到大排列的收入份额累积百分比，这样的洛伦兹曲线就能反映出不同地区或不同人口分组中的收入分配不平等的状况。图中直线 OA 表示理想化的绝对平均线，而折线 OBA 表示理想化的绝对不平均线，而洛伦兹曲线 L 则是一条介于直线 OA 与折线 OBA 之间的曲线。当洛伦兹曲线 L 向 B 点靠近时，即 S_a 面积增大时，表示收入分配不平等状况在加剧，地区收入差距在扩大，相反，当洛伦兹曲线 L 不断远离 B 点时，即 S_b 面积增大时，表示收入分配不平等状况在减弱，地区收入差距在缩小。以洛伦兹曲线为基础，基尼系数的定义是洛伦兹曲线 L 与绝对平均线 OA 之间的面积与绝对平均线 OA 与绝对不平均线 OBA 之间三角形面积的比值，即：

$$G = \frac{S_a}{S_a + S_b} \quad (5.6)$$

其中，S_a 是洛伦兹曲线 L 与绝对平均线 OA 之间的面积，S_b 是洛伦兹曲线 L 与绝对不平均线 OBA 之间三角形的面积。

当洛伦兹曲线 L 与绝对平均线 OA 重合，即 S_a 的面积为 0，此时基尼系数等于 0，表明收入分配是完全平均的，不存在地区收入差距，当洛伦兹曲线与折线 OBA 重合，即 S_b 的面积为 0，此时基尼系数等于 1，表明收入分配是完全不平均的，即一个人拥有了所有收入，其余人收入为 0，因此可知，基尼系数的数值区间为 [0, 1]，同时，可以推导出计算基尼系数的公式：

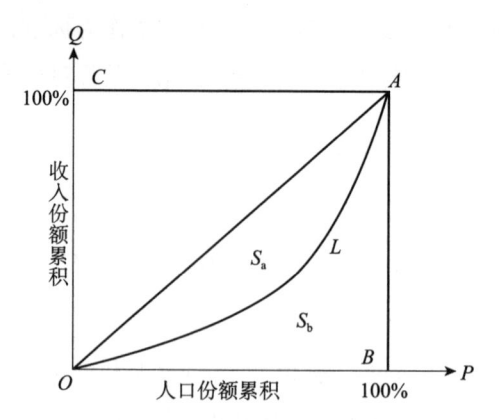

图 5-1 洛伦兹曲线示意图

$$G = 1 - \frac{1}{PQ}\sum_{i=1}^{n}(Q_{i-1} + Q_i) \times P_i \quad (i = 1,2,\cdots,n) \quad (5.7)$$

其中，P 为总人口，Q 为总收入，P_i 为累积到第 i 组的人口，Q_i 为累积到第 i 组的收入，n 为地区个数。我们将居民按收入进行分组，并且已知每组的人口与收入情况，就能计算出相应的基尼系数。由于通常情况下人口分组数据并不是等分的，各组人口比重存在差异，因此，在这种情况下，必须将人口分组情况纳入基尼系数的计算公式当中，托马斯等（Thomas et al., 2000）提出了在非等分组前提下的基尼系数计算公式:[1]

$$G = \frac{1}{\mu}\sum_{i=2}^{n}\sum_{j=1}^{i-1}P_i|y_i - y_j|P_j \quad (5.8)$$

其中，μ 为总体收入的期望值，y_i 与 y_j 分别是个体 i 与个体 j 的收入，P_i 与 P_j 表示组 i 与组 j 的人口占总人口比值，n 为观察值数。

如果将人口分为 n 个等分组，即每组人口占总人口比重相同，且已知每组收入水平，则可以利用迪顿（Deaton, 1997）[2] 提出的基尼系数直接测算公式：

$$G = \frac{1}{\mu n(n-1)} \cdot \sum_{i>j}\sum_{j}|y_i - y_j| \quad (5.9)$$

其中，μ 为总体收入的期望值，y_i 与 y_j 分别是个体 i 与个体 j 的收入，n 为观察值数。

---

[1] Thomas V., Wang Y., Fan X. Measuring education inequality: Gini coefficients of education [M]. Washington D. C.: The World Bank, 1999.

[2] Deaton A. The Analysis of Household Surveys: A Microeconomic Approach to Development Policy, published for the World Bank by John Hopkins University Press [J]. Baltimore and London, 1997.

（四）泰尔指数（Theil index）

泰尔指数（Theil index）又称泰尔熵标准（Theil's entropy measure），是泰尔在 1967 年对国家之间的收入差距问题进行研究时提出的，借助信息理论中熵的概念考察个体间的差异程度，用熵所能达到的最大值与熵的实际值相减就得出了泰尔指数数值，其计算公式有两个，分别为：

$$T_1 = \sum_{i=1}^{n} f(y_i)\left(\frac{y_i}{\mu}\right)\ln\left(\frac{y_i}{\mu}\right) \quad (i = 1,2,\cdots,n) \tag{5.10}$$

$$T_2 = \sum_{i=1}^{n} f(y_i)\ln\left(\frac{y_i}{\mu}\right) \quad (i = 1,2,\cdots,n) \tag{5.11}$$

其中，y_i 为第 i 个地区的收入水平，μ 为全部地区的平均收入水平，$f(y_i)$ 为第 i 个地区的人口占总人口的比重，n 为地区数量。

此外，泰尔指数相对基尼系数等其他区域差异测度指标还具有易于分解的优势，在考虑分组的前提下，能将总体差异分解为不同空间尺度的组内差异和组间差异，即如下公式：

$$T = T_B + T_W \tag{5.12}$$

T 为总体差异，T_B 为组间差异，T_W 为组内差异。组间差异是各分组的人均收入水平占全部地区平均收入水平的加权平均：

$$T_B = \sum_{i=1}^{n} f(x_i)\frac{x_i}{\mu}\ln\left(\frac{x_i}{\mu}\right) \tag{5.13}$$

其中，$f(x_i)$ 为分组 i 内地区总人口占全部地区总人口比重，x_i 为分组 i 的人均收入，μ 为全部地区的平均收入水平。组内总差异则为各分组的组内差异的加权平均：

$$T_W = \sum_{i=1}^{n} \left(\frac{x_i}{\mu}\right) \cdot T_{pi} \tag{5.14}$$

其中，T_{pi} 为第 i 个分组的组内差异，由该分组内各地区的人均收入占该分组人均收入的相对比重加权平均得来：

$$T_{pi} = \sum_{i}\sum_{j} f(x_{ij})\frac{x_{ij}}{x_i}\ln\left(\frac{x_{ij}}{x_i}\right) \tag{5.15}$$

其中，$f(x_{ij})$ 为分组 i 内 j 地区人口占分组 i 人口的比重，x_{ij} 为分组 i 内的 j 地区的人均收入，x_i 为分组 i 的人均收入。

（五）威廉逊系数（W）

威廉逊系数（W）是由美国学者威廉逊提出的衡量区域经济差异的指标，具体的计算公式如下：

$$W = \sqrt{\sum_{i=1}^{n} (y_i - y)^2 \frac{P_i}{P}} \quad (i = 1, 2, \cdots, n) \qquad (5.16)$$

其中，y 和 P 分别为全国某经济指标的标准值和总人口，y_i 与 P_i 是某地区该经济指标值与地区人口数，n 为地区数量。

第二节 中国流通效率区域差异的测度方法选择与调整

通过综合分析与比较，我们发现，上述这些区域差异测度指标各具优势与适用性，只有选用合适的测度指标，才能准确地对中国流通效率的区域差异实际情况进行测度与分析。为体现测度视角的全面性与客观性，本节将分别从绝对差异和相对差异两种视角来研究流通效率的区域差异，并对部分区域差异测度指标进行适当的调整，以适用于流通效率区域差异的实证测量。

一、流通效率区域绝对差异的测度方法选择与调整

在绝对差异的测度指标中，极值差幅这一指标虽然简单，却能直接客观地揭示全国各省（市、区）间流通效率的最大幅度差异。极均值差幅也能很好地反映全国各省（市、区）流通效率综合值偏离全国平均水平的最大绝对幅度。标准差主要用于反映经济指标的数据偏离程度，在测度区域流通效率的绝对差异方面不如极值差幅与极均值差幅直观。为了尽可能全面地反映流通效率的绝对区域差异，不遗漏绝对差异的有用信息，本节将选取极值差幅与极均值差幅两种测度指标来测度中国流通效率的区域绝对差异。

其中，适用于流通效率区域差异测度的极值差幅计算公式如下：

$$R = X_{max} - X_{min} \qquad (5.17)$$

式中，X_{max} 是各省（市、区）流通效率综合值中的最大值，X_{min} 是各省（市、区）流通效率综合值中的最小值。

适用于流通效率区域差异测度的极均值差幅计算公式如下：

$$R_m = X_{max} - \overline{X}_i \text{ 或 } R_m = \overline{X}_i - X_{min} \quad (i = 1, 2, \cdots, n) \qquad (5.18)$$

式中，X_{max} 是各省（市、区）流通效率综合值中的最大值，X_{min} 是各省（市、区）流通效率综合值中的最小值，$\overline{X}_i$ 是各省（市、区）流通效率综合值的平均值，n 为研究所考虑的全国省（市、区）总数（在本书中，n = 31，不包含港澳

台地区)。

二、流通效率区域相对差异的测度方法选择与调整

在相对差异的测度指标中,相对平均离差(D_r)是指各地区某经济指标的具体数值与该经济指标的全国平均水平的差额的绝对值再比上该经济指标数值的全国各地区总和,在本节可用于反映各省(市、区)流通效率综合值偏离全国流通效率综合值的平均绝对幅度,具体计算公式如下:

$$D_r = \frac{1}{n}\sum_{i=1}^{n}\left|\frac{X_i - \overline{X_i}}{\overline{X_i}}\right| \quad (i = 1,2,\cdots,n) \tag{5.19}$$

式中,X_i 为各省(市、区)流通效率综合值,$\overline{X_i}$ 是各省(市、区)流通效率综合值的平均值,n 为研究所考虑的全国省(市、区)总数(n=31)。

变异系数(CV)是指某经济指标的全国样本的标准差除以该经济指标的全国平均值,在本节使用变异系数能够测算出所有省(市、区)流通效率综合值对于全国流通效率平均综合值的加权偏差的平均程度,可用于衡量各省(市、区)之间流通效率综合值的相对差异。具体计算公式如下:

$$CV = \frac{\delta}{\overline{X_i}} = \sqrt{\frac{\sum_{i=1}^{n}(X_i - \overline{X_i})^2}{n\overline{X_i}^2}} \quad (i = 1,2,\cdots,n) \tag{5.20}$$

式中,δ 是全国各省(市、区)流通效率综合值的标准差,X_i 为各省(市、区)流通效率综合值,$\overline{X_i}$ 是各省(市、区)流通效率综合值的平均值,n 为研究所考虑的全国省(市、区)总数(n=31)。

基尼系数(Gini coefficient)是在洛伦兹曲线的基础上发展起来的,该指标的数值区间为[0,1],基尼系数越小,则说明收入分配越趋于平等,收入差距越小,相反,基尼系数越大,则说明收入分配越趋于不平等,收入差距越大。目前,基尼系数被广泛运用于衡量地区经济差异等问题上,在测度流通效率的区域差异时,由于流通效率综合值是单一变量,且无须考虑分组人口占总人口比重问题,因此,需要对上文中提到的基尼系数计算公式进行适当的调整,以适于本节的研究。如果将全国 31 个省(市、区)看成等分组,即不考虑各省(市、区)人口占总人口比重问题,又已知各省(市、区)流通效率综合值,我们可以按照如下公式来计算流通效率区域差异的基尼系数:

$$G = \frac{1}{2\mu n^2} \cdot \sum_{i=1}^{n}\sum_{j=1}^{n}|X_i - X_j| \quad (i = 1,2,\cdots,n) \tag{5.21}$$

式中，μ 为全国各省（市、区）流通效率综合值的期望值，X_i 与 X_j 分别为任意不同的两个省（市、区）的流通效率综合值，n 为研究所考虑的全国省（市、区）总数（n＝31）。

泰尔指数是泰尔在1967年对国家之间的收入差距问题进行研究时提出的，经常被用来衡量地区之间或是个人之间的收入差异，也适用于本节单变量的流通效率综合值区域差异的测度。在用泰尔指数测度中国流通效率区域差异时，无须考虑各省（市、区）人口占全国比重的问题，因此，需要对前文中提到的泰尔指数计算公式进行适当的调整，调整后具体的泰尔指数计算公式如下：

$$T = \frac{1}{n}\sum_{i=1}^{n}\frac{X_i}{\overline{X_i}}\ln\left(\frac{X_i}{\overline{X_i}}\right) \quad (i = 1,2,\cdots,n) \tag{5.22}$$

式中，X_i 为各省（市、区）流通效率综合值，$\overline{X_i}$ 是各省（市、区）流通效率综合值的平均值，n 为研究所考虑的全国省（市、区）总数（n＝31）。

威廉逊系数（W）也是衡量区域经济差异的重要指标之一，然而在具体计算时需要充分考虑区域内第 i 个地区的人口占比，因此，不适合本节针对流通效率综合值进行的区域差异测度。

三、东部、中部、西部流通效率区域差异的测度方法选择与调整

与基尼系数等其他测度区域差异的指标不同，泰尔指数具有易于分解的优势，在考虑分组的前提下，能够将总体差异分解为组间差异与组内差异，并衡量组间差异与组内差异分别对总差异的贡献度。

为了准确衡量我国东部、中部、西部三大区域之间和三大区域内部流通效率的差异程度，以及这两类差异分别占总差异的比重，本章考虑使用分解了的泰尔指数对我国按东部、中部、西部三大区域分组的流通效率区域差异进行综合测度，旨在发现三大区域之间、三大区域内部流通效率差异程度随时间演进的情况。根据前文中给出的考虑分组前提下的泰尔指数分解公式，结合流通效率综合值的单一变量特性，能够得出相应的按东部、中部、西部三大区域分组的流通效率区域差异的泰尔指数分解计算公式：

$$T_E = \frac{1}{n}\sum_{i=1}^{n}\frac{X_i}{X_E}\ln\left(\frac{X_i}{X_E}\right) \tag{5.23}$$

$$T_M = \frac{1}{n}\sum_{i=1}^{n}\frac{X_i}{X_M}\ln\left(\frac{X_i}{X_M}\right) \tag{5.24}$$

$$T_W = \frac{1}{n} \sum_{i=1}^{n} \frac{X_i}{\overline{X}_W} \ln\left(\frac{X_i}{\overline{X}_W}\right) \tag{5.25}$$

$$T_1 = \alpha_1 \sum \frac{\overline{X}_E}{\overline{X}_i} \ln\left(\frac{\overline{X}_E}{\overline{X}_i}\right) + \alpha_2 \sum \frac{\overline{X}_M}{\overline{X}_i} \ln\left(\frac{\overline{X}_M}{\overline{X}_i}\right) + \alpha_3 \sum \frac{\overline{X}_W}{\overline{X}_i} \ln\left(\frac{\overline{X}_W}{\overline{X}_i}\right) \tag{5.26}$$

$$T_2 = \frac{\overline{X}_E}{\overline{X}_i} \cdot T_E + \frac{\overline{X}_M}{\overline{X}_i} \cdot T_M + \frac{\overline{X}_W}{\overline{X}_i} \cdot T_W \tag{5.27}$$

$$T = T_1 + T_2 \tag{5.28}$$

其中，T_E、T_M、T_W 分别是东部、中部、西部三大区域的泰尔指数，T_1 为反映三大区域间流通效率区域差异的泰尔指数，T_2 为反映三大区域内部流通效率区域差异的泰尔指数，T 为流通效率的总体性差异，$\overline{X}_E$ 为东部区域各省（市、区）流通效率综合值的平均值，$\overline{X}_M$ 为中部区域各省（市、区）流通效率综合值的平均值，$\overline{X}_W$ 为西部区域各省（市、区）流通效率综合值的平均值，$\overline{X}_i$ 为全国各省（市、区）流通效率综合值的平均值，α_1、α_2、α_3 原意分别为东部、中部、西部三大区域的人口数占全国人口总数的比重，在不考虑人口占比的前提下，我们令 $\alpha_1 = \alpha_2 = \alpha_3 = 1/3$。

综上所述，为更加准确、客观、全面地评价分析中国流通效率的区域差异程度，我们将选用极值差幅（R）和极均值差幅（R_m）这两个指标作为流通效率区域绝对差异的测度指标，选用相对平均离差（D_r）、变异系数（CV）、基尼系数（Gini coefficient）、泰尔指数（Theil index）这四个指标作为流通效率区域相对差异的测度指标。在考虑将全国 31 个省（市、区）分为东部、中部、西部三大区域，并测量区域间流通效率差异以及区域内部流通效率差异时，将选取分解了的泰尔指数计算公式分别进行测度。

第三节　中国流通效率区域差异的测度结果与分析

为了客观准确地测度全国和东部、中部、西部流通效率区域差异及区域差异的动态演进情况，必须首先明确所观测的时间跨度。基于基础指标一致性和数据可获得性的考虑，本章将流通效率区域差异实证测度的时间起点定为 2006 年，时间跨度为 2006～2015 年，同样，选取全国 31 个省（市、区）作为流通效率区域差异测度的基础研究对象，当测度全国流通效率区域绝对差异与相对差异时，区域个数均为 31 个。当测度东部、中部、西部流通效率区域差异时，区域个数为3个,具体的三大区域分布情况参考前文给出的中国东部、中部、西部三大经济地带划分标准(见表4-22),所选用各省(市、区)流通效率综合值数据来自前文给出的中国31个省(市、区)2006~2015年流通效率综合值的实证结果(见表4-21),东部、中部、西部三大区域流通效率综合值由各区域所包含省(市、区)流通效率综合值的均值来表示。

一、中国流通效率区域绝对差异测度结果

根据流通效率区域差异测度的极值差幅计算公式(5.17)和极均值差幅计算公式(5.18),可以分别计算出2006~2015年全国31个省(市、区)流通效率区域差异的极值差幅(R)和极均值差幅(R_m),具体计算结果见表5-1。

为了更加清晰地观察中国流通效率区域绝对差异在2006~2015年的动态演进趋势,我们根据表5-1中极值差幅(R)和极均值差幅(R_m)的具体计算结果作出图5-2和图5-3。

表5-1 全国流通效率区域绝对差异的极值差幅与极均值差幅结果

年份	极值差幅(R)	极均值差幅(R_m)	极值差幅增长率(%)	极均值差幅增长率(%)
2006	0.4444	0.3089	—	—
2007	0.4877	0.3300	9.73%	6.82%
2008	0.5205	0.3400	6.73%	3.03%
2009	0.5350	0.3613	2.79%	6.27%
2010	0.6158	0.4169	15.09%	15.39%
2011	0.6812	0.4558	10.62%	9.33%
2012	0.7381	0.5044	8.36%	10.67%
2013	0.7699	0.5152	4.30%	2.13%
2014	0.8169	0.5468	6.10%	6.14%
2015	0.9739	0.6887	19.22%	25.95%

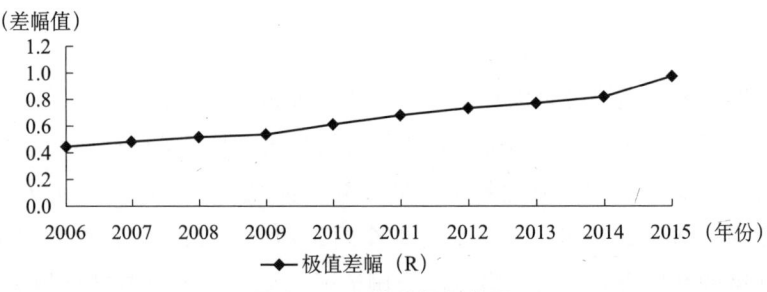

图5-2 极值差幅折线图

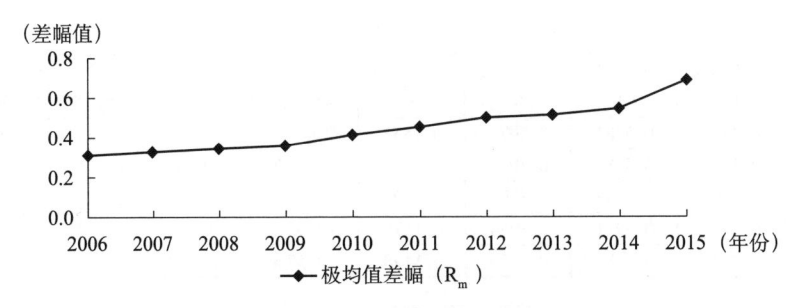

图 5-3 极均值差幅折线图

结合表 5-1、图 5-2、图 5-3 我们发现，从整体上来看，2006~2015 年中国流通效率区域绝对差异的极值差幅（R）和极均值差幅（R_m）是在不断增大的，两项指标的变动趋势基本一致，均是不断上升，只是每年的增长率有所不同。极值差幅（R）增长幅度最小的年份是 2009 年，增长率为 2.79%，极均值差幅（R_m）增长幅度最小的年份是 2013 年，增长率仅为 2.13%，从图 5-3 看，2007 年与 2008 年的极均值差幅几乎持平。极值差幅（R）和极均值差幅（R_m）增长幅度最大的年份均为 2015 年，从图 5-3 和图 5-2 看，2014~2015 年两项指标的走势最陡。2013~2015 年极值差幅（R）和极均值差幅（R_m）两项指标均大幅增长，说明近三年绝对差异加速扩大。

综上所述，2006~2015 年中国流通效率区域差异的极值差幅（R）和极均值差幅（R_m）不断增大，反映了我国省际流通效率的绝对差异在不断扩大。

二、中国流通效率区域相对差异测度结果

根据流通效率区域差异测度的相对平均离差（D_r）计算公式（5.19）、变异系数（CV）计算公式（5.20）、基尼系数计算公式（5.21）、泰尔指数计算公式（5.22），可以分别计算出 2006~2015 年全国 31 个省（市、区）流通效率区域差异的相对平均离差（D_r）、变异系数（CV）、基尼系数和泰尔指数，具体计算结果见表 5-2。

表 5-2 全国流通效率区域相对差异的相对平均离差、变异系数、基尼系数和泰尔指数结果

年份	相对离差（D_r）	变异系数（CV）	基尼系数（G）	泰尔指数（T）	D_r 增长率	CV 增长率	G 增长率	T 增长率
2006	0.4738	0.6443	0.3285	0.1799	—	—	—	—
2007	0.4677	0.6440	0.3279	0.1794	-1.28%	-0.05%	-0.19%	-0.32%
2008	0.4708	0.6450	0.3293	0.1800	0.65%	0.16%	0.43%	0.37%
2009	0.4570	0.6191	0.3229	0.1709	-2.93%	-4.01%	-1.95%	-5.05%
2010	0.4363	0.5950	0.3116	0.1610	-4.53%	-3.89%	-3.50%	-5.78%

续表

年份	相对离差 (D_r)	变异系数 (CV)	基尼系数 (G)	泰尔指数 (T)	D_r 增长率	CV 增长率	G 增长率	T 增长率
2011	0.4391	0.5781	0.3074	0.1557	0.64%	-2.86%	-1.35%	-3.35%
2012	0.4198	0.5786	0.3012	0.1515	-4.40%	0.10%	-2.01%	-2.66%
2013	0.4306	0.5938	0.3095	0.1596	2.58%	2.62%	2.75%	5.32%
2014	0.4265	0.5911	0.3054	0.1578	-0.95%	-0.46%	-1.34%	-1.10%
2015	0.4156	0.5786	0.2976	0.1498	-2.57%	-2.12%	-2.53%	-5.10%

为了更加清晰地观察中国流通效率区域相对差异在2006~2015年的动态演进情况，我们根据表5-2中相对平均离差（D_r）、变异系数（CV）、基尼系数和泰尔指数的具体计算结果作出图5-4~图5-7。

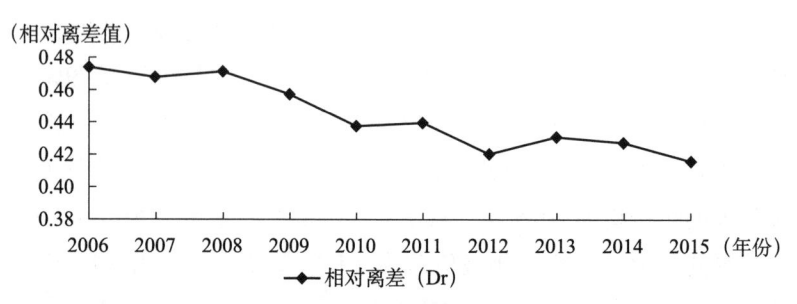

图5-4 相对平均离差折线图

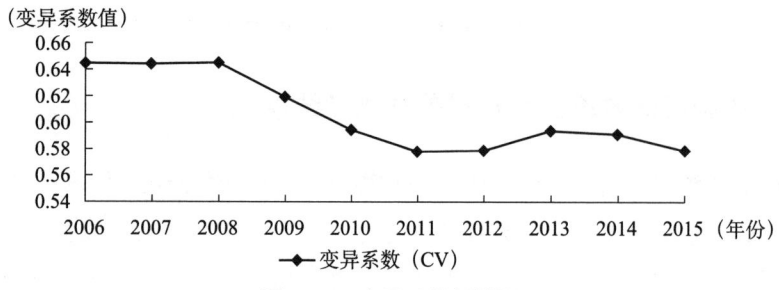

图5-5 变异系数折线图

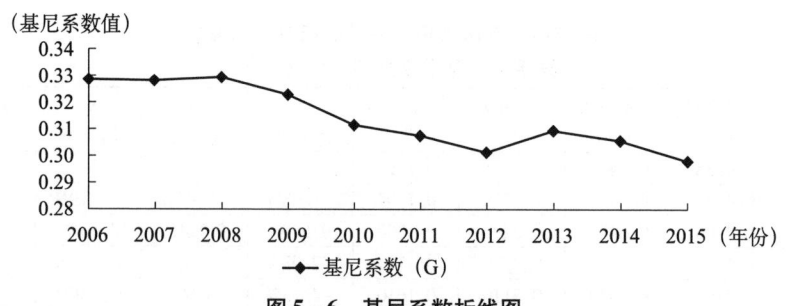

图5-6 基尼系数折线图

(泰尔指数值)

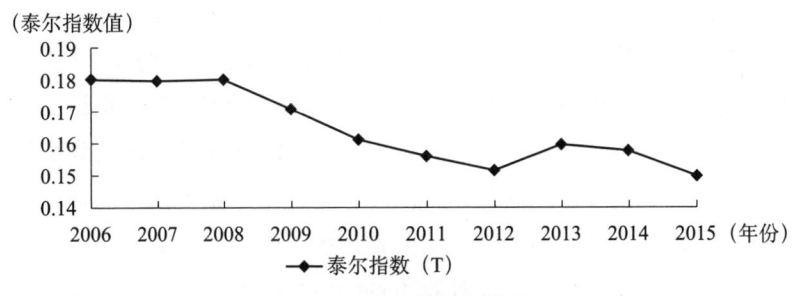

图 5-7 泰尔指数折线图

结合表 5-2、图 5-4、图 5-5、图 5-6、图 5-7 我们发现，从整体上来看，2006~2015 年中国流通效率区域相对差异的相对平均离差（D_r）、变异系数（CV）、基尼系数和泰尔指数这四项指标的变动趋势基本一致，均呈现出总体下降的趋势，但各指标的下降幅度却有较大不同，各指标在部分年份也存在小幅上升的现象。相对平均离差（D_r）从 2006 年的 0.4738 下降至 2015 年的 0.4156，总体下降了 12.29%，降幅最大的两个年份分别是 2007 年（下降了 4.53%）和 2009 年（下降了 4.4%），此外，2005 年和 2008 年相对平均离差值出现了 0.65% 和 0.64% 的小幅上涨，2009 年出现了幅度为 2.58% 的上涨，是各年份中涨幅最大的一年。变异系数（CV）从 2006 年的 0.6443 下降至 2015 年的 0.5786，总体下降了 10.2%，降幅最大的两个年份分别是 2006 年（下降了 4.01%）和 2007 年（下降了 3.89%），此外，2005 年和 2009 年变异系数值出现了 0.16% 和 0.1% 的小幅上涨，2010 年出现了幅度为 2.62% 的上涨，也是各年份中涨幅最大的一年。基尼系数从 2006 年的 0.3285 下降至 2015 年的 0.2976，总体下降了 9.4%，降幅最大的年份是 2007 年（下降了 3.5%），2005 年基尼系数出现了 0.43% 的小幅上涨，2010 年间出现了幅度为 2.75% 的上涨，也是各年份中涨幅最大的一年。泰尔指数从 2006 年的 0.1799 下降至 2015 年的 0.1498，总体下降了 16.77%，降幅最大的年份是 2007 年（下降了 5.78%），降幅超过 5% 的年份共有三个，分别是 2006 年（下降了 5.05），2007 年（下降了 5.78%）和 2015 年（下降了 5.1%），与前三种指标相类似的，泰尔指数在 2010 年也出现了各年份中的最大涨幅，上涨幅度高达 5.32%。

之所以四项相对差异测度指标均呈现总体下降趋势，是因为进入 21 世纪以来，随着改革开放的不断深入，流通产业迅猛发展，流通现代化步伐加快，流通基础设施也大为改善，地方保护主义大大减少，省际贸易壁垒逐步被取消，加之流通扶持政策的适度倾斜，使得流通欠发达地区得到了超常规的快速成长，这就使得流通欠发达地区与流通发达地区的相对差距有所缩小，流通效率的区域相对差异受此影响也呈现出逐步缩小的态势。四项指标测度结果均在2013年出现了最大幅度的上涨，说明中国流通效率区域相对差异在2013年确实扩大了，这极有可能与2009~2013年国内经济政策变化有关。为应对国际金融危机的严重影响，国家出台了一系列经济刺激计划，同时，推行了一系列搞活流通和扩大消费的政策措施，虽然在各方努力下，全国消费规模不断提高，流通竞争活力得到恢复，流通产业逐步回暖，然而，这种对市场的应急性调控和刺激性政策很难兼顾公平，这就导致了流通产业发展差异进一步扩大，流通效率的区域相对差异也随之扩大。

综上所述，用于测度中国流通效率区域相对差异的相对平均离差（D_r）、变异系数（CV）、基尼系数和泰尔指数这四项指标数值在2006~2015年均出现了10%左右的降幅，其中，泰尔指数的降幅最大，达到16.77%，基尼系数最小，为9.4%，总体上来看，四种指标的动态演进趋势基本是一致的，说明我国流通效率的区域相对差异在2006~2015年有所下降。

三、东部、中部、西部流通效率区域差异测度结果

根据东部、中部、西部内部流通效率区域差异的泰尔指数计算公式（5.23）、公式（5.24）和公式（5.25），可以分别计算出我国东部、中部和西部内部的流通效率区域差异，具体计算结果见表5-3。

表5-3　　　　东部、中部、西部流通效率区域差异测度结果

年份	东部差异	中部差异	西部差异	东部差异增长率	中部差异增长率	西部差异增长率
2006	0.0824	0.0203	0.1057	—	—	—
2007	0.0853	0.0243	0.0969	3.53%	20.08%	-8.30%
2008	0.0862	0.0283	0.0968	1.05%	16.21%	-0.07%
2009	0.0781	0.0297	0.1159	-9.41%	5.08%	19.73%
2010	0.0736	0.0356	0.1264	-5.70%	19.85%	9.04%
2011	0.0730	0.0336	0.1279	-0.88%	-5.61%	1.15%
2012	0.0831	0.0280	0.1332	13.81%	-16.68%	4.21%
2013	0.0815	0.0326	0.1363	-1.89%	16.55%	2.27%
2014	0.0760	0.0287	0.1233	-6.73%	-12.16%	-9.49%
2015	0.0764	0.0329	0.1038	0.44%	14.85%	-15.83%

为了更加清晰地观察东部、中部、西部内部流通效率区域差异在2006~2015

年的动态演进趋势，我们根据表 5-3 中东部、中部和西部内部区域差异的泰尔指数值作出图 5-8。

（泰尔指数值）

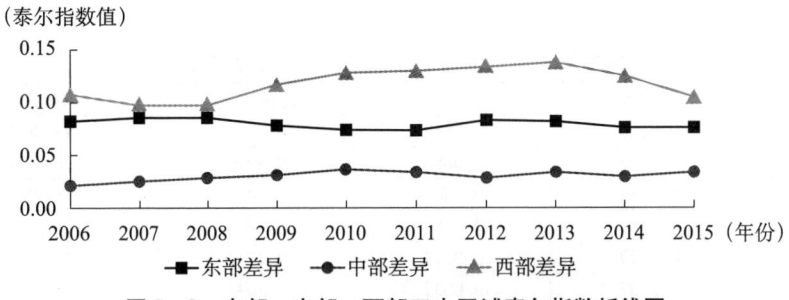

图 5-8　东部、中部、西部三大区域泰尔指数折线图

结合表 5-3 与图 5-8 我们发现，从整体上看，东部、中部、西部内部的流通效率区域差异程度各异，动态演进趋势也各不相同。西部内部流通效率的区域差异程度始终超过了东部和中部，泰尔指数值位于折线图的最高位置，东部次之，中部内部的流通效率区域差异的泰尔指数值始终处于折线图的最低位置，说明各年中三大区域的流通效率区域差异都是西部差异程度最高，东部次之，中部最低。东部内部的流通效率区域差异总体上呈现出先下降再上升的态势，2006 年，东部流通效率区域差异的泰尔指数为 0.0824，到 2015 年这一指数值变为 0.0764，下降了 7.31%，泰尔指数增长最快的一年是 2012 年，涨幅达到 13.81%，下降最快的一年在 2009 年，降幅达到 9.41%。中部内部的流通效率区域差异程度始终较低，但其差异的泰尔指数在 2006~2015 年总体上涨了 62.52%，说明中部地区内部流通效率的区域差异程度在扩大，中部泰尔指数的最大增幅出现在 2007 年，达到 20.08%，2010 年也出现了 19.85% 的增幅，降幅最大的年份是 2012 年，下降了 16.68%。西部内部的流通效率区域差异总体呈现出先上升后下降的趋势，泰尔指数值从 2006 年的 0.1057 到 2015 年的 0.1038，仅有 1.75% 的微小降幅，西部地区泰尔指数的最大增幅出现在 2009 年，增长了 19.73%，最大降幅出现在 2015 年，下降了 15.83%，西部地区内部的流通效率区域差异程度在 2013 年达到近年来的最高点，泰尔指数值为 0.1363。

综上所述，东部、中部、西部的流通效率区域差异程度各异，动态演进趋势也较复杂，各年份的流通效率区域差异泰尔指数值均是西部最大、东部次之、中部最小，说明西部和东部内部流通效率区域差异程度始终大于中部，然而，中部差异的泰尔指数在近年来超过 50% 的增幅也须引起重视。

为准确衡量东部、中部、西部三大区域之间、三大区域内部流通效率差异随时间演进的情况,我们利用上文给出的泰尔指数分解计算公式(5.26)、公式(5.27)和公式(5.28)来对三大区域之间、内部及总体的差异情况进行测度,具体计算结果见表5-4。

表 5-4　基于分解的泰尔指数的东部、中部、西部流通效率区域差异

年份	区域内差异	区域间差异	总体差异	区域间差异占比
2006	0.2126	0.0862	0.2988	28.86%
2007	0.2145	0.0865	0.3010	28.73%
2008	0.2188	0.0861	0.3049	28.25%
2009	0.2181	0.0785	0.2966	26.47%
2010	0.2229	0.0684	0.2912	23.48%
2011	0.2397	0.0637	0.3034	21.01%
2012	0.2367	0.0549	0.2917	18.84%
2013	0.2404	0.0600	0.3003	19.96%
2014	0.2197	0.0654	0.2851	22.93%
2015	0.2108	0.0622	0.2730	22.79%

为了更加清晰地观察东部、中部、西部三大区域之间、三大区域内部流通效率差异随时间动态演进趋势,我们根据表5-4中区域内差异、区域间差异和总体差异的泰尔指数值作出图5-9。

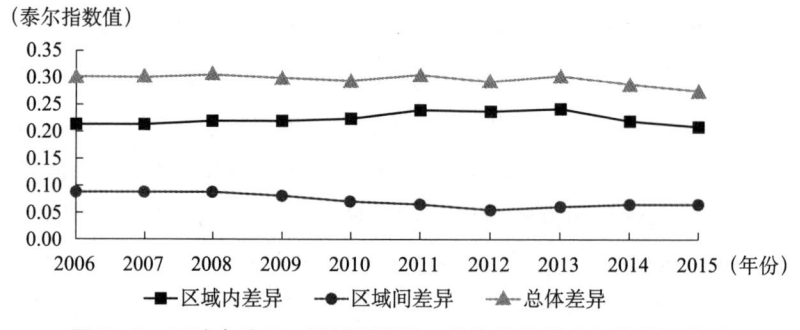

图 5-9　区域内差异、区域间差异、总体差异的泰尔指数折线图

结合表5-4与图5-9我们发现,基于分解的三大区域流通效率区域总体差异在2006~2015年呈现缓慢下降的趋势,2006年的总体差异泰尔指数值为0.2988,到2015年这一数值变为0.273,下降了8.65%。区域内差异呈现先上升后下降的趋势,2006年的区域内差异泰尔指数值为0.2126,在2013年达到最高的0.2404,到2015年这一数值变为0.2108,总体上下降了0.85%。区域间差异呈现出先大幅下降再小幅回升的趋势,2006年的区域间差异泰尔指数值为0.0862,到2012年降至最低的0.0549,到2015年这一数值为0.0622,总体上下降了27.87%。区域间差异占总体差异的比重呈现出先下降后回升的趋势,从

2006年的28.86下降至2012年的18.84%，再回升至2015年的22.79%。总体上可以看出，三大区域的内部差异占比始终高于区域之间差异占比，因此，可以说三大区域内部差异给总体差异"贡献了"较大份额。

第四节 中国流通效率区域差异的总体特征

本章选取了包括极值差幅（R）、极均值差幅（R_m）、相对平均离差（D_r）、变异系数（CV）、基尼系数（Gini coefficient）和泰尔指数（Theil index）在内的多种区域差异测度方法，从绝对差异和相对差异两种视角对2006~2015年中国流通效率区域差异的动态演进趋势进行了全面、准确、客观的实证测度，并利用分解了的泰尔指数计算公式测度了基于东部、中部、西部三大区域分组的区域间差异与区域内差异。根据已得到的实证结果，本书将2006~2015年中国流通效率区域差异的总体特征归纳如下。

（一）中国流通效率的区域绝对差异逐年扩大，且在近三年加速扩大

从总体上来看，2006~2015年两组区域绝对差异测度指标的运行轨迹呈现逐年提升的态势，其中，极值差幅（R）累计增长113.61%，极均值差幅（R_m）累计增长99.32%，2010~2012年这两组指标呈现出加速提升的态势，说明中国流通效率的区域绝对差异逐年扩大，且在近三年加速扩大。之所以出现这样的状况，主要原因在于东部区域拥有良好的市场环境、巨大的市场规模、先进的技术水平、较完善的流通基础设施和较高的贸易开放度，既可吸引大量外商投资，又能较早地引进发达国家先进的流通管理经验，加速流通效率的整体提升，也逐渐拉开了与中部、西部区域流通欠发达省（市、区）的差距。同时，流通发展政策上的地域歧视依然存在，统一市场尚难建成，中部、西部省（市、区）流通业面临流通企业散小、集中度低、竞争力不强等问题，此外，国家对于中部、西部省（市、区）流通业发展重视不足、扶持资金有限、流通人才缺乏等问题的存在将既有差距一再拉大。

（二）中国流通效率区域相对差异总体缩小

2006~2015年，四组流通效率区域相对差异测度指标的运行轨迹均呈现出总体下降的态势，其中，相对平均离差（D_r）总体下降12.29%，变异系数（CV）总体下降10.2%，基尼系数总体下降9.4%，泰尔指数总体下降

16.77%，且这四项指标均在2013年出现一定程度的增大，说明中国流通效率区域相对差异总体呈现出缓慢缩小的态势，但在2013年出现一定程度的扩大。之所以中国流通效率区域相对差异总体呈现出缓慢缩小的态势，主要是因为进入新世纪以来，随着改革开放的不断深入，流通产业迅猛发展，流通现代化步伐加快，流通市场秩序逐步规范，流通基础设施也大为改善，地方保护主义大大减少，省际贸易壁垒逐步被取消，加之流通扶持政策的适度倾斜，使得流通欠发达地区得到了超常规的快速成长，这就使得流通欠发达地区与流通发达地区的相对差距有所缩小，流通效率的区域相对差异受此影响也呈现出逐步缩小的态势。四项指标测度结果均在2013年出现了一定幅度的上涨，说明中国流通效率区域相对差异在2013年确实扩大了，这极有可能与2009~2013年国内经济政策变化有关，为应对国际金融危机的严重影响，国家在2009~2013年连续出台了一系列经济刺激计划，同时，推行了一系列搞活流通和扩大消费的政策措施，虽然在各方努力下，全国消费规模不断提高，流通竞争活力得到恢复，流通产业逐步回暖，然而，这种对市场的应急性调控和刺激性政策很难兼顾公平，这就导致了流通产业发展差异进一步扩大，流通效率的区域相对差异也随之扩大。

（三）东部、中部、西部的流通效率区域差异程度各异，区域内差异明显高于区域间差异

观察2006~2015年东部、中部、西部三大区域内省（市、区）的流通效率差异动态演进趋势可以发现，从整体上看，东部、中部、西部三大区域内部的流通效率差异程度各异，动态演进趋势也各不相同，西部区域内部流通效率差异始终超过了东部和中部，中部区域的内部差异程度最低，但其近年来高于50%的增幅须引起高度重视。2006~2015年，基于三大区域分组的流通效率区域总体差异呈现出缓慢下降的趋势，其泰尔指数值从0.2988降为0.273，下降了8.65%，区域内差异呈现先上升后下降的趋势，泰尔指数值从0.2126增至0.2404再降为0.2108，总体上下降了0.85%，区域间差异呈现出先大幅下降再小幅回升的趋势，泰尔指数值从0.862降至0.0549再升为0.0622，总体上下降了27.87%。区域间差异占总体差异的比重呈现出先下降后回升的趋势，总体上可以看出，东部、中部、西部的区域内部差异程度明显高于区域之间的差异程度，即可以说，中国流通效率区域差异主要是由东部、中部、西部三大区域内部差异造成的。

第五节 本章小结

本章是中国流通效率区域差异实证测度的核心章节。在对常见的区域差异测度方法进行了一定的概述后,总结出若干常见的绝对差异的测度指标和相对差异的测度指标,通过综合分析与比较,我们发现,这些区域差异测度指标各具优势与适用性,经过适当地选择与调整后,本章分别从绝对差异和相对差异两种视角来研究流通效率的区域差异,其中,流通效率区域绝对差异的测度指标为极值差幅(R)和极均值差幅(R_m),流通效率区域相对差异的测度指标为相对平均离差(D_r)、变异系数(CV)、基尼系数和泰尔指数,结果显示,2006~2015年,中国流通效率区域差异的极值差幅(R)和极均值差幅(R_m)不断增大,反映了我国省际流通效率的绝对差异在不断扩大,而用于测度中国流通效率区域相对差异的相对平均离差(D_r)、变异系数(CV)、基尼系数和泰尔指数这四项指标数值在2006~2015年均出现了10%左右的降幅,说明我国流通效率的区域相对差异在2006~2015年有所下降。此外,本章还对我国东部、中部、西部流通效率区域差异进行综合测度,结果显示,东部、中部、西部的流通效率区域差异程度各异,动态演进趋势也较复杂,各年份的流通效率区域差异泰尔指数值均是西部最大、东部次之、中部最小,说明西部和东部内部流通效率区域差异程度始终大于中部,与此同时,三大区域内部的差异程度明显高于区域间的差异程度。

第六章

中国区域流通效率的收敛性分析

在第五章中,我们选取了多种区域差异测度方法,从绝对差异和相对差异两种视角对2006~2015年中国流通效率区域差异的动态演进趋势进行了准确、客观的实证测度。也利用分解了的泰尔指数计算公式考察了东部、中部、西部的区域间差异与区域内差异状况。然而,中国流通效率的区域差异会否长期存在?流通低效率的省(市、区)能否追赶上流通高效率省(市、区)?这就涉及了一个区域经济学研究中广受关注的问题,即收敛性问题。

第一节 区域经济收敛理论与相关研究

一、区域经济收敛理论

收敛(convergence,又被译为趋同)原本是一个重要的数学概念,在经济领域中的收敛思想最早源于美国经济学家凡勃伦(Veblen,1915)将德国工业革命与英国工业革命进行的比较分析,他在研究过程中发现,德国工业革命作为后来者,其增长速度与范围均超过了英国,使得后来者具有了比先行者更高的经济增长速度。[1] 这种基于技术进步的视角分析后来者快速增长赶上先行者的理论最终形成了格申克龙(Gerschenkron,1962)首先提出的后发优势(advantage of backwardness)理论,认为利用从工业领先国家引进的先进技术并恰当使用这些技术,对人力、资本和生产资料进行集中动员,落后国家能够通过制造业的高速成长获

---

[1] Veblen T. Imperial Germany and the Industrial Revolution [M]. New York: Macmillan, 1915.

得规模与速度均超过领先国家的爆发式经济增长。① 作为对凡勃伦和格申克龙（Gerschenkron）思想的延续，阿布拉莫维茨（Abramovitz，1986）提出了著名的追赶假说②，认为经济落后国家与领先国家之间的既有技术差距以及落后国家所具备的一定水平的技术熟练程度和教育水准使得落后国家形成了比领先国家拥有更高的经济增长速度的潜力，一旦落后国家具有足够的社会能力③，能够顺畅地引进领先国家的先进技术，那么这种潜力就会得以实现，落后国家就会拥有比领先国家更高的经济增长率，经济发展水平呈现向领先国家收敛的态势，进而赶超领先国家。凡勃伦、格申克龙和布拉莫维茨等学者均是从历史的视角对经济收敛现象进行定性分析，而学术界一般认为，索罗（Solow，1956）④和斯望（Swan，1956）⑤的新古典增长模型才是收敛理论的真正起源，新古典经济增长理论假定技术进步与储蓄率外生，要素投入的边际收益递减，从而长期内经济增长将沿着某一路径趋向一种稳态（steady state）。巴罗等（Barro et al.，1995）对这种稳态的定义是"各种变量均以不变速率增长的状况"。⑥ 由于收敛假说的参照物是经济增长的稳态，而判断经济增长是否处于稳态相对比较困难，于是经济的初始状态和增长率成为了替代的判断方法，经济增长的初始水平和增长率之间是否存在负相关关系成为了判断经济增长是否具有收敛性的重要标准。这也就形成了学术界对经济收敛（economic convergence）现象的具体定义，即对于一个经济体中的不同经济单元（国家或地区等），其初期的经济发展水平与其经济增长率之间存在负相关关系。

到了20世纪80年代，有关经济增长是否存在着新古典经济增长理论所预测的收敛趋势的讨论逐渐成为了热门话题，鲍莫尔（Baumol，1986）依据新古典增长理论预测出来的收敛性，利用麦迪森（Maddison）的数据进行了实证分析，发

---

① Gerschenkron A. Economic Backwardness in Historical Perspective [M]. Massachusetts：Belknap Press of Harvard，1962.

② Abramovitz M. Catching Up，Forging Ahead and Falling Behind [J]. Journal of Economic History，1986，46（2）：385 – 406.

③ 根据阿布拉莫维茨（Abramovitz，1986）的观点，这种社会能力的大小取决于该国社会竞争与开放程度、企业的组织结构、国民教育水准、市场竞争强度和新产品进出口态势等因素。

④ Solow R. M. A contribution to the theory of economic growth [J]. The quarterly journal of economics，1956，70（1）：65 – 94.

⑤ Swan T. W. Economic growth and capital accumulation [J]. Economic record，1956，32（2）：334 – 361.

⑥ Barro R. J.，Sala – i – Martin X.，Blanchard O. J. et al. Convergence across states and regions [J]. Brookings papers on economic activity，1991：107 – 182.

现了1870年以来16个经济较发达国家间呈现了较显著的增长收敛性。[1] 很快，德朗（Delong, 1988）就指出了鲍莫尔的样本数据有偏，分析结论并不能令人信服，在加入了更多的样本数据后，德朗发现并不能证明国家间存在显著的收敛性。[2] 在同时期，罗默（Romer, 1986）[3] 和卢卡斯（Lucas, 1988）[4] 提出的内生增长理论对新古典经济增长理论进行了严厉的批评，根据内生增长理论，知识资本对一般消费品生产具有递增效益，同时，"干中学"的知识外溢产生了规模经济，规模效益所形成的物质资本、人力资本和知识资本的积累，使得拥有较多上述资本的发达国家的增长速度快于拥有较少上述资本的国家，即不存在所谓收敛性。然而，巴罗和萨拉·I. 马丁（Barro, Sala-i-Martin, 1992）的技术扩散模型则认为，知识技术在技术领先国与落后国之间可能发生低成本的模仿，这就使得国家间产生了一定的收敛性，而收敛速度的快慢则取决于国家间的开放程度。[5] 到了20世纪90年代，对经济收敛问题的研究进入了新的阶段，在新古典增长理论框架内的经济增长收敛性基本得到了确认。针对一些学者在实证研究中得出不支持收敛性的结论，巴罗（1991）提出了"条件收敛"的概念，即在适当控制人力资本等外生变量的基础上再来判断经济初始水平和经济增长率之间的相关性，即是否存在收敛性。[6] 巴罗和萨拉·I. 马丁（1992）[7] 以及曼邱等（Mankiw et al., 1992）[8] 等将条件收敛的概念进行了完善和拓展，指出新古典增长模型并不意味着所有经济体都会趋向于同一个经济发展水平，不同的经济体可能会具有各自的均衡增长路径。此后的实证研究大量增加，学者们力求从实证数据中寻找判断理论是否正确的依据。巴罗和萨拉·I. 马丁（1991）分别对美国

---

[1] Baumol W. J. Productivity growth, convergence and welfare: what the long-run data show [J]. The American Economic Review, 1986: 1072-1085.

[2] Delong J. B. Productivity growth, convergence, and welfare: comment [J]. The American Economic Review, 1988, 78 (5): 1138-1154.

[3] Romer, P. M., Increasing returns and long-run growth, Journal of Political Economy, 1986, 94 (5): 1002-1037.

[4] Lucas R. E. On the mechanics of economic development [J]. Journal of monetary economics, 1988, 22 (1): 3-42.

[5] Barro R. J., Sala-i-Martin X. Convergence [J]. Journal of political Economy, 1992, 100 (2): 223-251.

[6] Barro R. J. Economic growth in a cross section of countries [J]. The quarterly journal of economics, 1991, 106 (2): 407-443.

[7] Barro R. J., Sala-i-Martin X. Convergence [J]. Journal of political Economy, 1992, 100 (2): 223-251.

[8] Mankiw N. G., Romer D., Weil D. N. A contribution to the empirics of economic growth [J]. The quarterly journal of economics, 1992, 107 (2): 407-437.

48个州、西欧73个地区和22个OECD国家进行了特定时期内的收敛性实证检验，结果发现，上述考察对象均在考察时期内存在显著的δ收敛和β绝对收敛。[1] 巴罗（1991）对98个国家25年的历史数据进行实证分析后发现，以各国初始人均GDP为自变量，各国人均GDP平均增长率为因变量的回归分析并不能得出二者显著负相关的结论[2]，然而，添加初始人力资本水平作为自变量后的多元线性回归却能得出初始人均GDP与人均GDP平均增长率之间存在显著负相关的结论，即获得了β条件收敛的实证证据。巴罗和萨拉·I. 马丁（1992）又使用98个样本国家的历史数据进行更为详细的论证，进一步确定了这些国家间存在条件收敛而不是绝对收敛。在此之后，更多的国外学者对经济增长的收敛性问题进行了实证检验，如库阿（Quah，1996）[3]、库隆布（Coulombe，2000）[4] 等，他们通过实证研究均发现经济增长存在绝对或条件收敛。也有一些学者在研究中发现经济增长一般会存在多重稳态，即发现一些地区因为具有相似的初始条件和结构特征会收敛于某一特定稳态，而另一些具有不同初始条件和结构特征的地区则会收敛于不同的稳态，这就是文献中常说的"俱乐部"收敛（club - convergence）。正是基于地区初始条件和结构特征的异质性，加洛尔（Galor，1996）给出了"俱乐部"收敛的定义，他认为"俱乐部"收敛与条件收敛不同，指的是初期经济发展水平接近的经济集团各自内部不同的经济系统之间，在具有相似的初始条件和结构特征的前提下趋于收敛，一般而言，落后地区与领先地区各自内部存在着条件收敛，而两类地区之间不存在收敛性，即出现"组内相互收敛，组间相互发散"的现象。[5] 本-大卫（Ben - David，1998）通过将生存消费的假设引入新古典增长模型当中，能够得到与实证分析的结果相一致的结论，进而解释了"俱乐部"收敛现象，为"俱乐部"收敛的存在找到了理论依据。也有学者

---

[1] Barro R. J., Sala - i - Martin X., Blanchard O J, et al. Convergence across states and regions [J]. Brookings papers on economic activity, 1991: 107 - 182.

[2] Barro R. J. Economic growth in a cross section of countries [J]. The quarterly journal of economics, 1991, 106 (2): 407 - 443.

[3] Quah D. T. Empirics for economic growth and convergence [J]. European economic review, 1996, 40 (6): 1353 - 1375.

[4] Coulombe S. New evidence of convergence across Canadian provinces: The role of urbanization [J]. Regional Studies, 2000, 34 (8): 713 - 725.

[5] Galor O. Convergence? Inferences from Theoretical Models [J]. the Economic Journal, 1996, 106 (3): 1056 - 1069.

对中国的经济增长收敛性进行了研究①，简等（Jian et al.，1998）使用中国1953~1993年的地区经济增长数据进行收敛性检验，发现1978年改革开放后中国地区经济增长呈现明显的收敛性，且这种收敛性在资本流动和国际贸易自由化的中国沿海地区尤为显著。②

事实上，经济增长收敛的速度也是收敛理论的一个重要议题。在早期的基于传统新古典增长模型的研究中，收敛速度是利用技术增长率、人口增长率以及资本折旧率等截面数据直接估算而来的。如曼邱等（Mankiw et al.，1992）③ 就是使用新古典增长模型和人均收入的截面数据来估算收敛速度。伊斯兰（Islam，1995）最早使用经济增长的动态面板数据模型对收敛速度进行了估算④，随后巴罗和萨拉·I.马丁（1995）⑤、科格利和施皮格尔（Cogley, Spiegel, 1997）⑥ 以及李等（Lee et al.，1998）⑦ 等学者均运用动态面板回归模型对收敛速度进行了估算。

二、国内区域经济收敛相关研究

在国内的经济增长收敛性研究方面，宋学明（1996）较早地探讨了新古典经济增长理论的收敛假说是否适合中国区域经济增长，结果发现，去除计划经济影响比重较大的省份后，1978年的人均GDP与1978年后的经济增长率成反比，说明收敛假说在中国仍然适用。⑧ 魏后凯（1997）沿用巴罗和萨拉·I.马丁的分析方法对中国1978~1995年各省（市、区）的经济增长收敛性进行了研究，发现中国各地区人均GDP总体存在收敛性，但分阶段来看，1978~1985年各地区人

---

① Ben - David D. Convergence clubs and subsistence economies [J]. Journal of Development Economics, 1998, 55 (1): 155 - 171.

② Jian T., Sachs J. D., Warner A. M. Trends in regional inequality in China [R]. National Bureau of Economic Research, 1996.

③ Mankiw N. G., Romer D., Weil D. N. A contribution to the empirics of economic growth [J]. The quarterly journal of economics, 1992, 107 (2): 407 - 437.

④ Islam N. Growth empirics: a panel data approach [J]. The Quarterly Journal of Economics, 1995, 110 (4): 1127 - 1170.

⑤ Barro R. J., Sala - i - Martin X. Technological diffusion, convergence, and growth [R]. National Bureau of Economic Research, 1995.

⑥ Cogley T., Spiegel M. M. Panel evidence on the speed of convergence [R]. Federal Reserve Bank of San Francisco, 1997.

⑦ Lee K., Pesaran M. H., Smith R. Growth empirics: a panel data approach—a comment [J]. The Quarterly Journal of Economics, 1998, 113 (1): 319 - 323.

⑧ 宋学明. 中国区域经济发展及其收敛性 [J]. 经济研究, 1996 (9): 38 - 44.

均 GDP 收敛速度相对较快，而 1985~1995 年人均 GDP 的收敛性并不显著，此外，有条件模型得出的中国地区间收敛速度为 1.95%，无条件模型得出的收敛速度仅为 1%。① 丁琳和陈平（1998）研究发现，经过数十年的经济增长，中国各地区明显区分为东部、中部、西部三大经济地带，各经济地带内部的初始经济水平与经济增长速度之间呈现显著的负相关，说明各经济地带内部的经济增长存在收敛性，然而对整个国家来说，在长期的经济增长过程当中并不存在经济收敛性。② 刘强（2001）的研究发现，中国各地区间的经济收敛性存在着明显的阶段性和区域性，整体上不存在显著的绝对收敛，区际劳动力转移成为经济增长收敛机制的重要诱发因素。③ 周亚虹等（2009）利用中国 30 个省（市、区）1978~2006 年的人均 GDP 数据，采用半参数变系数面板数据模型，对中国经济增长收敛速度进行了估算，结果发现，中国经济总体还处于发散状态，但正从发散转向收敛，随着人均收入的提高，中国经济增长能够实现均衡增长的目标。④

第二节　区域流通效率的收敛性分析

收敛假说最初主要是针对用来衡量地区经济发展水平的人均收入展开的，但学者们逐渐意识到收敛假说已成为重要的分析工具，其研究范围也逐步扩展到生产率、环境效率、生态效率、能源效率、对外直接投资、碳排放等方面的收敛性研究。应用范围的广泛显示了收敛理论强大的生命力，根据伊斯兰（Islam，2003）的解释[5]，收敛能够理解为低效率经济体向高效率经济体的追赶过程。利用这一解释视角，我们同样能够将收敛的思想运用到流通效率上。当前，中国流通产业走区域协调发展的道路已成为大势所趋，而流通效率的区域间协调增长也成为必然选择，区域流通效率的收敛性能够准确地反映流通效率区域差异的演化趋势，然而遗憾的是，当前，学术界对流通效率的收敛性研究近乎空白。本书借鉴新古典增长理论经济收敛假说的基本思想，提出流通效率收敛的概念。我们认

---

① 魏后凯. 中国地区经济增长及其收敛性 [J]. 中国工业经济，1997（3）：31-37.
② 丁琳，陈平. 一个中国各地区经济增长的实证研究 [J]. 经济科学，1998（4）：47-55.
③ 刘强. 中国经济增长的收敛性分析 [J]. 经济研究，2001（6）：70-77.
④ 周亚虹，朱保华，刘俐含. 中国经济收敛速度的估计 [J]. 经济研究，2009（6）：40-51.
⑤ Islam N. What have we learnt from the convergence debate? [J]. Journal of economic surveys，2003，17（3）：309-362.

为，流通效率的收敛是指初始流通效率水平较低的地区，其流通效率的增长速度高于初始流通效率水平较高的地区，最终各地区流通效率水平逐步趋向均衡。

一、流通效率的收敛模型

通过对经典文献的梳理，我们发现，常见的经济增长收敛主要分为三类，分别称之为δ收敛（δ-convergence）、β收敛（β-convergence）和"俱乐部"收敛（club-convergence），它们也同样适用于流通效率的收敛。

（一）δ收敛（δ-convergence）

萨拉·I. 马丁（1996）给出了δ收敛的定义：当不同国家或地区的人均GDP差距随着时间推移逐步缩小，即人均GDP表现出趋同时，存在δ收敛，反之，则不存在δ收敛。[①] 流通效率的δ收敛则是指各省（市、区）流通效率综合值（CE）的对数标准差随着时间的推移逐步缩小。可以说，δ收敛是对收敛概念最直观的理解，一般采用经济指标的对数标准差来衡量，如果记各省（市、区）流通效率综合值为CE，则可以写出流通效率的δ收敛系数计算公式：

$$\delta_t = \sqrt{\frac{1}{n}\sum_{i=1}^{n}\left(\ln CE_{i,t} - \frac{1}{n}\sum_{i=1}^{n}\ln CE_{i,t}\right)^2} \quad (i=1,2,\cdots,n) \quad (6.1)$$

其中，t代表时期，i代表省（市、区），$CE_{i,t}$为i省（市、区）t时期的流通效率综合值，$\delta_{i,t}$为流通效率的δ收敛系数，即i省（市、区）t时期的流通效率综合值的对数标准差，n为地区数量。

（二）β收敛（β-convergence）

β收敛是指落后国家或地区的经济增长速度（人均GDP增长速度）超过了发达国家或地区。依据是否需要考虑收敛条件，β收敛可以分为β绝对收敛和β条件收敛。基于这种思想，我们认为，流通效率的β收敛是指流通效率较低的省（市、区）的流通效率增长速度超过了流通效率较高的省（市、区）。流通效率的β绝对收敛是指随着时间的推移，各省（市、区）的流通效率综合值会达到相同的稳态增长速度与增长水平，其中隐含了一个严格的假定条件，即假定所有省（市、区）的初始条件与结构特征完全一致。流通效率的β条件收敛则摆脱了上述假定条件，认为在考虑了各省（市、区）不同的初始条件和结构特征后，

[①] Sala-i-Martin X. The classical approach to convergence analysis [J]. The economic journal, 1996: 1019-1036.

每个省（市、区）的流通效率综合值都朝着各自的稳态增长速度与增长水平趋近。

参考曼邱等（1992）[①]、巴罗和萨拉·I. 马丁（1992）[②]、巴罗和萨拉·I. 马丁（1995）[③] 等学者的研究方法，我们将流通效率 β 绝对收敛的检验方程设为如下形式：

$$\frac{1}{T-t} \cdot \ln\left(\frac{CE_{i,T}}{CE_{i,t}}\right) = \alpha + \beta_{CE}\ln(CE_{i,t}) + \mu_{i,t} \quad (i=1,2,\cdots,n) \quad (6.2)$$

其中，t 表示期初时间，T 表示期末时间，T-t 为观察期长度，$CE_{i,t}$ 代表期初流通效率综合值，$CE_{i,T}$ 为期末流通效率综合值，α 为常数项，$\mu_{i,t}$ 为误差项，β_{CE} 为流通效率的收敛系数，如果 $\beta_{CE} < 0$，则各省（市、区）流通效率趋于收敛，如果 $\beta_{CE} > 0$，则各省（市、区）流通效率趋于发散，n 为地区数量。

由于流通效率的 β 条件收敛摆脱了所有省（市、区）的初始条件与结构特征完全一致的假定条件，因此，需要在收敛的检验方程中添加若干个外生控制变量，于是 β 条件收敛的检验方程如下：

$$\frac{1}{T-t} \cdot \ln\left(\frac{CE_{i,T}}{CE_{i,t}}\right) = \alpha + \beta_{CE}\ln(CE_{i,t}) + \psi x_{i,t} + \mu_{i,t}$$
$$(i=1,2,\cdots,n) \quad (6.3)$$

其中，$x_{i,t}$ 为影响区域流通效率收敛的控制变量，ψ 为其系数。

在加入一些控制变量后，若此时 $\beta_{CE} < 0$，则说明各省（市、区）流通效率存在条件收敛，反之，若 $\beta_{CE} > 0$，则说明各省（市、区）流通效率不存在条件收敛。

然而，在具体操作时，加入控制变量后，会出现两方面的问题，一方面是会遗漏解释变量，另一方面则是对于控制变量严格外生性的质疑。[④] 基于此，我们将借鉴伊斯兰（Islam，1995）[⑤] 和米勒和奥帕迪（Miller and Upadhyay，2002）[⑥]

[①] Mankiw N. G., Romer D., Weil D. N. A contribution to the empirics of economic growth [J]. The quarterly journal of economics, 1992, 107 (2): 407-437.

[②] Barro R. J., Sala-i-Martin X. Convergence [J]. Journal of political Economy, 1992, 100 (2): 223-251.

[③] Barro R. J, Sala-i-Martin X. Technological diffusion, convergence, and growth [R]. National Bureau of Economic Research, 1995.

[④] 彭国华（2005）指出，不可能加入所有可能的控制变量，同时一些变量（如 FDI）很难说具有严格的外生性。

[⑤] Islam N. Growth empirics: a panel data approach [J]. The Quarterly Journal of Economics, 1995, 110 (4): 1127-1170.

[⑥] Miller S. M., Upadhyay M. P. Total factor productivity and the convergence hypothesis [J]. Journal of Macroeconomics, 2002, 24 (2): 267-286.

的研究方法，运用面板数据（panel data）固定效应估计方法来进行条件收敛检验。由于面板数据固定效应估计方法能够设定时间与截面固定效应，因此，充分考虑了不同省（市、区）间的不同稳态水平，也考虑了各省（市、区）自身稳态水平随时间变动的趋势，其最大的优点就是避开了控制变量的选择问题，避免了控制变量的遗漏。运用面板数据固定效应估计方法来进行区域流通效率条件收敛检验的具体方程为：

$$d(CE_t) = \alpha + \beta_{CE}\ln CE_{t-1} + \varepsilon \tag{6.4}$$

t 对应的是所考察的年份。

此外，曼邱等（Mankiw et al, 1992）给出了收敛速度的计算公式[①]：

$$\beta = -\frac{(1 - e^{-\lambda\tau})}{\tau} \tag{6.5}$$

其中，τ 为首尾时段中间间隔年数。

（三）"俱乐部"收敛（club – convergence）

基于盖勒（Galor, 1996）给出的"俱乐部"收敛的定义，我们认为，流通效率的俱乐部收敛是指初期流通效率水平接近的类型区域内部省（市、区）之间在具有相似结构特征的前提下趋于收敛，而不同类型区域之间却不存在收敛的现象。对于流通效率俱乐部收敛的实证检验方法，我们将借鉴萨拉·I. 马丁（1996）检验俱乐部收敛的经典模型[②]，具体的流通效率俱乐部收敛检验方程如下：

$$I_{i,t} = \alpha_1 + \alpha_2 \ln CE_{i,0} + \mu_{i,t} \quad (i = 1, 2, \cdots, n) \tag{6.6}$$

其中，$I_{i,t}$ 为流通效率平均增长率，$CE_{i,0}$ 为代表期初流通效率综合值，α_1 为常数项，$\mu_{i,t}$ 为误差项，α_2 为流通效率的收敛系数，如果 $\alpha_2 < 0$，则所考察的区域内各省（市、区）流通效率存在俱乐部收敛，如果 $\alpha_2 > 0$，则所考察的区域内各省（市、区）流通效率不存在俱乐部收敛，n 为地区数量。

二、中国区域流通效率收敛性的实证检验

（一）δ 收敛检验

借鉴此前学者的 δ 收敛检验研究方法，本章将采用流通效率综合值的对数标

[①] Mankiw N. G., Romer D., Weil D. N. A contribution to the empirics of economic growth [J]. The quarterly journal of economics, 1992, 107 (2): 407 –437.

[②] Sala – i – Martin X. The classical approach to convergence analysis [J]. The economic journal, 1996: 1019 –1036.

准差作为中国区域流通效率的 δ 收敛系数。对于流通效率的 δ 收敛性检验，研究对象是全国 31 个省（市、区），研究的时间跨度是 2006~2015 年，各省（市、区）相应年份的流通效率综合值见第四章表 4-4。

根据公式（6.1），可以计算出中国区域流通效率的历年 δ 收敛系数，具体结果见表 6-1。

表 6-1　　　　　　中国区域流通效率的历年 δ 收敛系数

年份	δ 收敛系数	增长率
2006	0.6103	—
2007	0.6042	-1.00%
2008	0.6031	-0.17%
2009	0.6057	0.43%
2010	0.6073	0.27%
2011	0.6119	0.75%
2012	0.5800	-5.22%
2013	0.5986	3.20%
2014	0.6035	0.82%
2015	0.5710	-5.38%

从表 6-1 可以看出，2006~2015 年中国区域流通效率 δ 收敛系数的动态演进趋势较为复杂，虽然总体来看，流通效率综合值的对数标准差有所下降，从 2006 年的 0.6103 降至 2015 年的 0.571，但由于中间年份增减无序，无法满足"随着时间的推移逐步缩小"的条件，即不存在 δ 收敛。

（二）β 绝对收敛检验

本章进行的中国区域流通效率 β 绝对收敛检验将分别从全国和东部、中部、西部三大区域两种视角进行，研究对象为全国 31 个省（市、区），研究的时间跨度为 2006~2015 年。

为了尽量消除经济周期波动或其他周期性因素所带来的影响，我们将 2014~2015 年流通效率综合值的平均值作为期末流通效率水平，将 2006~2007 年流通效率综合值的平均值作为期初流通效率水平，两个时间段中间点间隔 8 年，结合 β 绝对收敛的检验方程（6.2），我们将流通效率 β 绝对收敛的检验方程变更为如下形式：

$$\frac{1}{8} \cdot (\ln CE_{i,5} - \ln CE_{i,1}) = \alpha + \beta_{CE} \ln(CE_{i,1}) + \mu \quad (6.7)$$

其中，$CE_{i,5}$ 和 $CE_{i,1}$ 是期末及期初流通效率水平，分别对应 2014~2015 年和 2006~2007 年流通效率综合值的平均值，两个时间段中间点间隔 8 年，用对数值的差除以 8 换算为每年的平均增长速度。收敛速度 λ 可由公式（6.4）计算得出，这里 τ=8。具体实证检验结果见表 6-2。

表 6-2　　　　　　区域流通效率 β 绝对收敛检验的实证结果

变量	全国	东部	中部	西部
β_{CE}	-0.0107	-0.0139	0.0012	-0.0039
F - Statistic	2.1619	1.3563	0.0008	0.0394
Adjusted R - squared	0.0373	0.0344	-0.1665	-0.0957
Implied λ	0.0112	0.0147	-0.0012	0.0039

注：＊＊＊为1%水平显著，＊＊为5%水平显著，＊为10%水平显著

从表 6-2 可以看出，全国与东部、中部、西部的区域流通效率 β 绝对收敛检验方程的回归系数均不显著，因此我们认为，中国区域流通效率无论在全国各省（市、区）间还是东部、中部、西部三大区域内部各省（市、区）间均不存在 β 绝对收敛。这也就意味着，我国流通效率的区域差异不会自动趋于同一均衡稳态，在不改变外部条件的前提下，差异将会长期存在。

（三）条件收敛检验

上文的分析表明，各省（市、区）流通效率综合值不存在同一收敛均衡稳态，那么考虑到各省（市、区）具有不同初始条件与结构特征的前提下，区域流通效率是否具有各自的收敛稳态呢，下面，本书将运用面板数据固定效应估计方法来进行区域流通效率条件收敛检验。

为了消除经济周期波动或其他周期性因素所带来的影响，在估计面板数据时，一般把整个样本的时间跨度细分为几个较短的时间段，用每个时间段的变量平均值作为新的变量值。对于时间段的划分并没有严格的标准，例如，里维拉和库赖斯（Rivera and Currais，2004）将样本时间跨度等分为 4 年一段[1]，姜雁斌和朱桂平（2007）将样本时间跨度等分为 2 年一段[2]。仿照彭国华（2005）[3]、姜雁斌和朱桂平（2007）[4] 以及吴延兵（2008）[5] 等人的做法，我们将区域流通效

---

[1] Rivera B., Currais L. Public health capital and productivity in the Spanish regions: a dynamic panel data model [J]. World Development, 2004, 32 (5): 871-885.

[2] 姜雁斌, 朱桂平. 能源使用的技术无效性及其收敛性分析 [J]. 数量经济技术经济研究, 2007 (10): 108-119.

[3] 彭国华. 中国地区收入差距、全要素生产率及其收敛分析 [J]. 经济研究, 2005 (9): 19-29.

[4] 姜雁斌, 朱桂平. 能源使用的技术无效性及其收敛性分析 [J]. 数量经济技术经济研究, 2007 (10): 108-119.

[5] 吴延兵. 用 DEA 方法评测知识生产中的技术效率与技术进步 [J]. 数量经济技术经济研究, 2008 (7): 67-79.

率条件收敛检验方程设为：

$$d(\ln CE_t) = \ln CE_t - \ln CE_{t-1} = \alpha + \beta_{CE} \ln CE_{t-1} + \varepsilon_t \quad (6.8)$$

$t = 1, 2, \cdots, 5$，分别对应 5 个时间段的平均值，使用如下公式计算收敛速度：

$$\beta = -(1 - e^{-\lambda T}) \quad (6.9)$$

$T = 2$，表示各时间段包含的年数。具体的区域流通效率条件收敛检验结果见表 6 – 3。

表 6 – 3   区域流通效率条件收敛检验的实证结果
（Panel Data 固定效应回归）

变量	全国	东部	中部	西部
β_{CE}	-0.2369***	-0.2845***	-0.1985***	-0.2187***
F – Statistic	7.6769	13.1407	7.0822	6.0115
Adjusted R – squared	0.6273	0.7564	0.6108	0.5613
Implied λ	0.1352	0.1674	0.1106	0.1234

注：***为1%水平显著，**为5%水平显著，*为10%水平显著。

由表 6 – 3 中面板数据固定效应回归的结果可知，在控制了时间固定效应和截面固定效应后，所有收敛系数 β_{CE} 均为负值，且达到了 1% 以上的显著性水平，说明全国各省（市、区）和东部、中部、西三大区域内各省（市、区）的流通效率均存在显著的条件收敛。从收敛速度来看，全国各省（市、区）流通效率条件收敛速度达到了 13.52%，东部区域内各省（市、区）的流通效率条件收敛速度达到了 16.74%，是三大区域当中速度最快的区域，中部区域内各省（市、区）的流通效率条件收敛速度达到了 11.06%，西部区域内各省（市、区）的流通效率条件收敛速度达到了 12.34%。

（四）"俱乐部"收敛检验

在已有的研究中国经济增长"俱乐部"收敛问题的文献中，对于"俱乐部"的选择，一般采取按地理区位划分的办法，如蔡昉和都阳（2000）使用分解的泰尔指数方法，发现中国东部、中部、西部三大区域能够分别形成可以识别开的俱乐部，并在内部呈现收敛趋势。[①] 此后，也有大量实证研究都是选取东部、中部、西部的视角来研究中国经济的俱乐部收敛性问题，基于此，本章将延续这一思路，预设东部、中部、西部三大区域为三个俱乐部，并探索中国流通效率在三大区域内部是否存在俱乐部收敛的现象。

根据流通效率俱乐部收敛检验方程（6.6），代入东部、中部、西部三大区域

[①] 蔡昉，都阳. 中国地区经济增长的趋同与差异——对西部开发战略的启示 [J]. 经济研究，2000 (10)：30 – 37，80.

内部省（市、区）的流通效率相关数据，可以得出相应的俱乐部收敛检验结果见表6-4。

表6-4　　　　区域流通效率俱乐部收敛检验的实证结果

变量	东部	中部	西部
β_{CE}	-0.2654	-0.6497	-0.4740
F - Statistic	1.0199	0.3150	1.0515
Adjusted R - squared	0.0020	-0.1085	0.0047

注：＊＊＊为1%水平显著，＊＊为5%水平显著，＊为10%水平显著。

虽然收敛系数 $\alpha_2<0$，然而，由于收敛系数均未能达到10%以上的显著性，因此，我们无法得出东部、中部、西部三大区域内各省（市、区）流通效率存在俱乐部收敛的结论。

综合上述区域流通效率收敛性检验的实证结果，我们发现以下三个结论：

（1）流通效率的区域差异会长期存在。全国各省（市、区）之间以及东部、中部、西部三大区域内各省（市、区）之间均不存在绝对收敛（不存在δ收敛和β绝对收敛），根据前文中述及的区域流通效率绝对收敛的含义可知，全国和东部、中部、西部三大区域内各省（市、区）的流通效率综合值不会随着时间的推移而达到一个相同的稳态增长速度与增长水平，流通效率的区域差异会长期存在。

（2）各省（市、区）流通效率将朝着各自的稳态增长速度与增长水平趋近。面板数据固定效应回归系数的实证结果证明了全国及东部、中部、西部三大区域内各省（市、区）的流通效率均存在显著的条件收敛。根据区域流通效率条件收敛的含义可知，在考虑了各省（市、区）不同的初始条件和结构特征后，每个省（市、区）的流通效率综合值都朝着各自的稳态增长速度与增长水平趋近。从收敛速度来看，全国和东部、中部、西部三大区域内各省（市、区）流通效率均有超过10%的条件收敛速度。

（3）三大区域流通效率不存在"组内相互收敛，组间相互发散"的现象。从东部、中部、西部三大区域不存在"俱乐部"收敛的结论可知，东部、中部、西部三大区域内部各省（市、区）流通效率的区域差异同样将长期存在，"组内相互收敛，组间相互发散"的现象并没有出现。

第三节　本章小结

本章重点讨论了中国区域流通效率的收敛性问题。首先，对关于经济收敛的理论及文献进行了较为系统的总结梳理,发现常见的经济增长收敛主要分为三类,分别称之为 δ 收敛(δ – convergence)、β 收敛(β – convergence)和"俱乐部"收敛(club – convergence),它们也同样适用于流通效率的收敛。其次,针对中国区域流通效率进行了收敛性的实证检验,对于中国流通效率的 δ 收敛性检验,本章采用流通效率综合值的对数标准差作为 δ 收敛系数,结果显示,2006~2015 年中国区域流通效率 δ 收敛系数的动态演进趋势较为复杂,不存在 δ 收敛。对于中国区域流通效率 β 绝对收敛检验,本章分别是从全国和东部、中部、西部三大区域两种视角进行分析,结果发现,中国区域流通效率无论在全国各省(市、区)间还是东部、中部、西部三大区域内部各省(市、区)间均不存在 β 绝对收敛,也就意味着,在不改变外部条件的前提下,我国流通效率的区域差异不会自动趋于同一均衡稳态,差异将会长期存在。本章运用面板数据(Panel Data)固定效应估计方法来进行区域流通效率条件收敛检验,结果显示,全国各省(市、区)和东部、中部、西三大区域内部各省(市、区)的流通效率均存在显著的条件收敛。此外,在利用俱乐部收敛检验方程对区域流通效率进行俱乐部收敛性检验时,发现无法得出东部、中部、西部三大区域内部各省(市、区)流通效率存在俱乐部收敛的结论。

第七章

中国流通效率影响因素的实证分析

在第三章中，本书基于既有文献对流通产业影响因素问题的研究，结合中国流通产业发展的实际情况，选取了包含市场化水平、城市化水平、信息化水平、对外开放程度以及基础设施建设水平在内的五个因素作为流通效率的外部影响因素，并对这五个流通效率影响因素的作用机理进行了系统性的分析。

基于流通效率影响因素的作用机理分析，我们可以提出相应的理论假设。具体而言：（1）市场化水平的提高能够激发流通市场活力，扩张流通产业规模，优化流通资源配置，提高流通企业的竞争意识和运营效率，提升流通从业人员的劳动效率，因此，我们假设市场化水平对流通效率具有正向影响作用。（2）城市化水平的提高能够增加流通市场需求，提高流通市场集中度，提高商品流通市场交易频率和交易效率，降低流通运输费用和交易成本，因此，我们假设城市化水平对流通效率具有正向影响作用。（3）流通产业信息化加快了流通运行速度，节省了流通交易时间，缩短了流通传输距离，优化了流通商品库存，降低了流通运营成本，提高了流通人员效率，从这些方面考虑，流通产业信息化进程加快了整个流通体系的运行节奏，因此，我们假设信息化水平对流通效率具有正向影响作用。（4）流通领域对外开放一方面通过外资注入弥补了此前我国流通基础建设资金短缺的弊端，另一方面，在流通领域引进国际先进流通技术与经验，是快速提高中国流通产业整体技术水平和运营经验的重要举措，也是内资流通企业在市场竞争中获得技术进步的直接来源与改善动力。可以说，随着流通对外开放程度的加深，中国流通产业在与国外先进流通产业的竞争与学习中不断地缩小差距、优势互补，从而能够达到共同发展的目的，也促进了国内流通市场体系建设的完善，因此，我们假设对外开放程度对流通效率具有正向影响作用。（5）完善与发达的流通基础设施建设是商品流通得以正常运转的基础与保障，流通基础设施建设水平的高低直接影响到商品流通速度、物流运输费用、流通交易成本等与流通效率紧密相关的因素，因此，我们假设基础设施建设水平对流通效率具有正向影响作用。

综上所述，我们假设在其他外部条件不变的情况下，市场化水平、城市化水平、信息化水平、对外开放程度和基础设施建设水平对中国流通效率均具有正向影响作用。接下来，本章将基于流通效率影响因素作用效果的理论假设，选取相应的统计数据，从全国和东、中、西部三大区域视角对中国流通效率影响因素的作用效果进行实证分析。

第一节 相关数据说明

一、研究对象、数据来源与研究步骤

为了准确客观地对中国流通效率各影响因素的作用效果进行实证分析，必须首先明确所建立的实证模型涉及的研究时期及研究对象。基于对流通效率综合值及各影响因素指标值数据可获得性的考虑，本书将中国流通效率影响因素的实证分析考察时间起点定为2006年，时间跨度为2006~2015年，同样选取全国31个省（市、区）作为流通效率综合值及各影响因素指标数据取样的研究对象，所选用全国31个省（市、区）2006~2015年流通效率综合值实证数据见第四章表4-21，其余各影响因素涉及的基础数据均来自《中国统计年鉴》（2007~2016）和《中国贸易外经统计年鉴》（2007~2016）。根据前文关于流通产业的界定和流通效率测度指标的说明，在统计数据时，仅采用批发零售业和餐饮业的统计数据作为流通产业的基础数据展开研究。

本章中涉及的相关数据统计分析主要使用EViews7.2进行。具体的研究步骤为：首先确定流通效率各影响因素的指标数据，并进行相应的处理，然后构建流通效率的影响因素实证分析面板回归模型，再分别从全国和东部、中部、西部三大区域视角检验流通效率各影响因素的作用效果。针对面板数据模型，为防止出现虚假回归的问题，将使用单位根检验来确定各组变量数据的平稳性，若各组变量数据为非平稳数据还需进行面板协整检验，即考察流通效率综合值与各影响因素之间是否存在长期稳定的协整关系。在解决好上述问题的基础上，通过对面板回归模型中各影响系数的估计，探索各影响因素对流通效率的真实作用效果。

二、各影响因素指标数据的选取及处理

(一) 市场化水平

对于市场化水平的衡量，通常的做法是，利用非国有经济比重变动来替代市场化进程，鉴于单一指标无法全面反映各省（市、区）非国有经济在地区经济中所占的比重，因而选取两组指标进行加权处理，第一组指标是非国经济社会消费品零售总额占社会消费品零售总额的比重，第二组指标是流通产业非国有单位从业人数占流通产业从业人员总数的比重（这里采用的是批发零售业及餐饮业相关数据）。所选用的加权处理方法是乘法合成归一法，计算公式参见第四章中公式 (4.1)，具体的计算过程在此不再赘述。

(二) 城市化水平

对于城市化水平的衡量，通常的做法是利用城镇人口（或非农人口）占总人口的比重，在这里，我们希望将城镇人口密度因素也考虑进城市化水平里，因为城镇人口密度较城镇人口占总人口比重更能准确反映城市人口集中度，因此，本章城市化水平的衡量指标有两组，第一组指标是城镇人口数量占总人口数量的比重，第二组指标是城镇人口密度，所选用的加权处理方法同样为乘法合成归一法，具体的计算过程在此不赘。

(三) 信息化水平

信息化水平是涵盖信息网络建设、信息技术应用、信息产品及服务等多方面内容的综合指数，对于信息化水平的衡量方法较多，其中，有代表性的是盛龙和陆根尧（2013）使用地区电信业务总量作为地区层面信息化水平的衡量标准。[1] 电信业务总量是以货币形式表示的电信企业为社会提供的各类电信产品及服务的总数量，是适于作为信息化水平的衡量标准的。为了更为全面地反映信息化水平，本章将额外选取互联网普及率（互联网上网人数占总人口比重）作为信息化水平的另一重要衡量标准，与地区电信业务总量一起共同衡量地区信息化水平，两组指标仍采用乘法合成归一法的加权处理方法，具体计算过程在此不赘。

(四) 对外开放程度

对于地区对外开放程度的衡量，通常的做法是利用地区进出口总额与地区国民生

---

[1] 盛龙，陆根尧. 中国生产性服务业集聚及其影响因素研究——基于行业和地区层面的分析 [J]. 南开经济研究，2013 (5)：115-129.

产总值求比值，鉴于本章同样重视针对外商直接投资数额对地区流通效率影响程度的考察，因此，选取两组指标共同衡量对外开放程度，第一组指标是地区进出口总额占地区国民生产总值比重，第二组指标是地区外商直接投资总额占地区国民生产总值比重，两组指标仍采用乘法合成归一法的加权处理方法，具体计算过程在此不赘。

(五) 基础设施建设水平

对于基础设施建设水平的衡量，通常的做法是使用公路、铁路里程数来表示，也有学者使用基础设施投资额来表示（张云和李秀珍，2010）[①]，本章考虑的是与流通效率相关的基础设施建设水平，而良好的交通基础设施网络是降低商品流通成本、提高商品流通效率的重要保证，因此，我们采用地区单位土地面积内公路、铁路里程数即公路、铁路网密度来作为基础设施建设水平的衡量标准。

第二节 面板模型的设定与检验

一、面板回归模型的设定

为了消除可能存在的异方差，本章对流通效率各影响因素变量取对数，面板回归模型设定如下：

$$\ln CE_{it} = \alpha + \beta_1 \ln Market_{it} + \beta_2 \ln City_{it} + \beta_3 \ln Informa_{it} \\ + \beta_4 \ln Open_{it} + \beta_5 \ln Infrast_{it} + \mu_{it} \qquad (7.1)$$

其中，CE_{it}表示流通效率综合值，$Market_{it}$表示市场化水平，$City_{it}$表示城市化水平，$Informa_{it}$表示信息化水平，$Open_{it}$表示对外开放程度，$Infrast_{it}$表示基础设施建设水平，α为常数项，μ_{it}为随机误差项，β_1、β_2、β_3、β_4和β_5分别表示市场化水平、城市化水平、信息化水平、对外开放程度和基础设施建设水平对流通效率综合值的影响系数，i和t分别表示各省（市、区）和年份。

二、面板回归模型的检验

(一) 固定效应与随机效应检验

在模型估计的选择上，可以通过似然比（likelihood，LR）检验和豪斯曼（Hausman）检验来选择适合个体固定效应模型还是随机效应模型。其中，似然

[①] 张云，李秀珍. 现代服务业 FDI 经济效应与影响因素计量分析 [J]. 现代财经（天津财经大学学报），2010（11）：87-93.

比检验的原假设是固定效应是多余的,如果拒绝原假设则认为引入的固定效应是合适的,而豪斯曼检验的原假设是随机效应有效,如果拒绝原假设则认为应该选择个体固定效应模型。下面给出了全国及东部、中部、西部三大区域的似然比检验和豪斯曼检验结果,详见表7-1。

表7-1　　　　　　　　LR检验和Hausman检验结果

区域	Effects Test	Test cross – section fixed effects				Test cross – section random effects			
		Statistic	d. f.	Prob.	Test Summary	Chi – Sq. Statistic	Chi – Sq. d. f.	Prob.
全国	Cross – section F	147.71911	(30, 274)	0.0000	Cross – section random	49.883982	5	0.0000
东部	Cross – section F	146.12813	(10, 94)	0.0000	Cross – section random	53.642788	5	0.0000
中部	Cross – section F	80.313746	(7, 67)	0.0000	Cross – section random	13.3782	5	0.0345
西部	Cross – section F	93.944346	(11, 103)	0.0000	Cross – section random	10.952513	5	0.0523

从似然比检验的结果来看,全国及东部、中部、西部三大区域均在1%置信水平下拒绝原假设,即认为引入的固定效应是合适的。从豪斯曼检验的结果来看,全国及东部在1%置信水平下拒绝原假设,中部在5%置信水平下拒绝原假设,而西部在10%置信水平下拒绝原假设,因此,可以拒绝原假设,即认为应该选择个体固定效应模型。综合两种检验结果,可以判定流通效率影响因素最终估计模型可以选择个体固定效应模型。

(二) 面板数据的单位根检验

虽然本书时间跨度不大,但是考虑到流通效率综合值和各影响因素涉及的宏观数据可能是非平稳的,因此,在检验流通效率综合值与各影响因素之间是否存在长期稳定的协整关系之前,需要首先判断各变量数据的平稳性,即进行面板数据的单位根检验,以确保回归估计结果的有效性,防止出现"伪回归"。通常,面板单位根检验有两种类型,一种是同质面板的单位根检验,另一种是异质面板的单位根检验。同质面板的单位根检验主要有LLC检验 (Levin et al., 2002)[①],异质面板的单位根检验主要有LPS检验 (Im et al., 2003)[②]、Fisher –

[①] Levin A, Lin C. F., Chu C. S. J. Unit root tests in panel data: asymptotic and finite – sample properties [J]. Journal of econometrics, 2002, 108 (1): 1 – 24.

[②] Im K. S., Pesaran M. H., Shin Y. Testing for unit roots in heterogeneous panels [J]. Journal of econometrics, 2003, 115 (1): 53 – 74.

ADF 检验和 Fisher – PP 检验（Maddala and Wu，1999）[①]。下面，我们使用这四种方法对全国及东部、中部、西部三大区域视角下的变量 ln CE_{it}、ln $Market_{it}$、ln $City_{it}$、ln $Informa_{it}$、ln $Open_{it}$ 和 ln $Infrast_{it}$ 同时进行单位根检验，并选取检验一致的结果。具体的单位根检验结果见表 7 – 2 ~ 表 7 – 5。

表 7 – 2　　　　　　　　全国视角下六变量的单位根检验结果

变量	水平值方程				一阶差分方程			
	LLC 统计量	IPS 统计量	Fisher – ADF 统计量	Fisher – PP 统计量	LLC 统计量	IPS 统计量	Fisher – ADF 统计量	Fisher – PP 统计量
ln CE_{it}	-4.4246*** (0.0000)	2.7450 (0.9970)	36.4866 (0.9960)	86.1376** (0.0230)	-18.2700*** (0.0000)	-8.8736*** (0.0000)	207.778*** (0.0000)	360.081*** (0.0000)
ln $Market_{it}$	-8.0828*** (0.0000)	2.7760 (0.9972)	49.1837 (0.8811)	81.0170* (0.1529)	-13.6125*** (0.0000)	-7.2035*** (0.0000)	179.933*** (0.0000)	275.726*** (0.0000)
ln $City_{it}$	-6.3241*** (0.0000)	2.2968 (0.9892)	45.1164 (0.9473)	147.073*** (0.0000)	-16.4567*** (0.0000)	-8.9422*** (0.0000)	206.592*** (0.0000)	261.746*** (0.0000)
ln $Informa_{it}$	-5.6520*** (0.0000)	-0.5748 (0.2827)	72.9706 (0.1607)	114.504*** (0.0001)	-53.1359*** (0.0000)	-12.2241*** (0.0000)	191.209*** (0.0000)	226.710*** (0.0000)
ln $Open_{it}$	1.9845 (0.9764)	4.6452 (1.0000)	20.5357 (1.0000)	21.4338 (1.0000)	-16.5377*** (0.0000)	-8.2047*** (0.0000)	191.875*** (0.0000)	222.005*** (0.0000)
ln $Infrast_{it}$	-7.2458*** (0.0000)	1.4601 (0.9279)	39.6080 (0.9881)	26.3393 (1.0000)	-8.7293*** (0.0000)	-2.6442*** (0.0041)	94.1102*** (0.0053)	79.657* (0.0534)

注：括号中的数为对应统计检验的收尾概率，即 p 值；***、**、* 分别表示在 1%、5% 及 10% 显著性水平上显著，即拒绝"存在单位根"的原假设；估计方程含截距项与时间趋势项。

表 7 – 3　　　　　　　　东部视角下六变量的单位根检验结果

变量	水平值方程				一阶差分方程			
	LLC 统计量	IPS 统计量	Fisher – ADF 统计量	Fisher – PP 统计量	LLC 统计量	IPS 统计量	Fisher – ADF 统计量	Fisher – PP 统计量
ln CE_{it}	-2.1825** (0.0145)	1.8557 (0.9682)	36.4866 (0.9960)	22.8876 (0.4081)	-13.2847*** (0.0000)	-6.4649*** (0.0000)	86.9795*** (0.0000)	140.113*** (0.0000)
ln $Market_{it}$	-1.1624 (0.1225)	3.1952 (0.9993)	5.1389 (0.9999)	13.3697 (0.9223)	-11.7246*** (0.0000)	-6.0197*** (0.0000)	80.9454*** (0.0000)	107.427*** (0.0000)
ln $City_{it}$	-5.6960*** (0.0000)	-0.2942 (0.3843)	28.6828 (0.1541)	92.8293*** (0.0000)	-8.1544*** (0.0000)	-3.8650*** (0.0001)	57.6017*** (0.0001)	77.8734*** (0.0000)
ln $Informa_{it}$	-3.2824*** (0.0005)	-0.1472 (0.4415)	24.0101 (0.3467)	34.9710** (0.0390)	-12.7294*** (0.0000)	-5.6443*** (0.0000)	76.2867*** (0.0000)	107.852*** (0.0000)

---

① Maddala G. S., Wu S. A. comparative study of unit root tests with panel data and a new simple test [J]. Oxford Bulletin of Economics and statistics，1999，61（S1）：631 – 652.

续表

变量	水平值方程				一阶差分方程			
	LLC统计量	IPS统计量	Fisher-ADF统计量	Fisher-PP统计量	LLC统计量	IPS统计量	Fisher-ADF统计量	Fisher-PP统计量
ln Open$_{it}$	0.6716 (0.7491)	1.7360 (0.9587)	12.3545 (0.9496)	11.5609 (0.9658)	-10.9840*** (0.0000)	-5.1676*** (0.0000)	69.1699*** (0.0000)	73.9725*** (0.0000)
ln Infrast$_{it}$	-5.7830*** (0.0000)	0.2043 (0.5810)	19.1404 (0.6366)	14.3825 (0.8873)	-3.3262*** (0.0004)	-4.5137*** (0.0000)	34.2684** (0.0461)	33.3617* (0.0570)

注：括号中的数为对应统计检验的收尾概率，即 p 值；***、**、* 分别表示在1%、5%及10%显著性水平上显著，即拒绝"存在单位根"的原假设；估计方程含截距项与时间趋势项。

表7-4　　　　　　中部视角下六变量的单位根检验结果

变量	水平值方程				一阶差分方程			
	LLC统计量	IPS统计量	Fisher-ADF统计量	Fisher-PP统计量	LLC统计量	IPS统计量	Fisher-ADF统计量	Fisher-PP统计量
ln CE$_{it}$	-2.0746** (0.0190)	1.4263 (0.9231)	9.1864 (0.9055)	30.2862** (0.0166)	-8.6949*** (0.0000)	-4.2889*** (0.0000)	52.1981*** (0.0000)	76.6083*** (0.0000)
ln Market$_{it}$	-2.2244** (0.0131)	1.6836 (0.9539)	14.6206 (0.5526)	40.2853*** (0.0007)	-5.2167*** (0.0000)	-2.4268** (0.0076)	34.9033*** (0.0041)	51.4197*** (0.0000)
ln City$_{it}$	-2.3263** (0.0100)	1.7553 (0.9604)	8.2154 (0.9422)	26.7480** (0.0444)	-10.5801*** (0.0000)	-5.2414*** (0.0000)	60.9800*** (0.0000)	65.0402*** (0.0000)
ln Informa$_{it}$	-3.8736*** (0.0001)	0.2007 (0.5795)	15.0879 (0.5182)	45.7560*** (0.0001)	-6.6083*** (0.0000)	-2.5387*** (0.0056)	36.4349*** (0.0025)	47.5278*** (0.0001)
ln Open$_{it}$	2.8260 (0.9976)	3.9520 (1.0000)	2.2360 (1.0000)	1.8567 (1.0000)	-7.3112*** (0.0000)	-3.9580*** (0.0000)	49.8828*** (0.0000)	60.8992*** (0.0000)
ln Infrast$_{it}$	-3.8814*** (0.0001)	0.5290 (0.7016)	11.2063 (0.7966)	7.5851 (0.9603)	-4.8270*** (0.0000)	-1.4871* (0.0685)	25.7392* (0.0578)	42.0364*** (0.0004)

注：括号中的数为对应统计检验的收尾概率，即 p 值；***、**、* 分别表示在1%、5%及10%显著性水平上显著，即拒绝"存在单位根"的原假设；估计方程含截距项与时间趋势项。

表7-5　　　　　　西部视角下六变量的单位根检验结果

变量	水平值方程				一阶差分方程			
	LLC统计量	IPS统计量	Fisher-ADF统计量	Fisher-PP统计量	LLC统计量	IPS统计量	Fisher-ADF统计量	Fisher-PP统计量
ln CE$_{it}$	-3.5688*** (0.0002)	1.4700 (0.9292)	17.4156 (0.8304)	32.9638 (0.1048)	-9.4508*** (0.0000)	-4.5301*** (0.0000)	68.6001*** (0.0000)	89.3601*** (0.0000)
ln Market$_{it}$	-9.9309*** (0.0000)	0.1006 (0.5401)	29.4243 (0.2046)	27.3620 (0.2879)	-6.0986*** (0.0000)	-3.8802*** (0.0001)	64.0845*** (0.0000)	116.820*** (0.0000)

续表

变量	水平值方程				一阶差分方程			
	LLC 统计量	IPS 统计量	Fisher – ADF 统计量	Fisher – PP 统计量	LLC 统计量	IPS 统计量	Fisher – ADF 统计量	Fisher – PP 统计量
ln City$_{it}$	-2.4989*** (0.0062)	2.6128 (0.9955)	8.2182 (0.9989)	27.4954 (0.2819)	-10.7539*** (0.0000)	-6.3467*** (0.0000)	88.0104*** (0.0000)	118.832*** (0.0000)
ln Informa$_{it}$	-3.3557*** (0.0004)	-0.9545 (0.1699)	33.8725* (0.0870)	33.7771* (0.0887)	-48.4449*** (0.0000)	-12.1191*** (0.0000)	78.4878*** (0.0000)	71.3307*** (0.0000)
ln Open$_{it}$	0.4515 (0.6742)	2.6008 (0.9953)	5.9452 (0.9999)	8.0566 (0.9990)	-9.9236*** (0.0000)	-5.0150*** (0.0000)	72.8220*** (0.0000)	87.1334*** (0.0000)
ln Infrast$_{it}$	-2.9188*** (0.0018)	1.7119 (0.9565)	9.2612 (0.9970)	4.3716 (1.0000)	-6.2266*** (0.0000)	-2.3830** (0.0208)	40.6646** (0.0181)	56.8079*** (0.0002)

注：括号中的数为对应统计检验的收尾概率，即 p 值；***、**、*分别表示在1%、5%及10%显著性水平上显著，即拒绝"存在单位根"的原假设；估计方程含截距项与时间趋势项。

从表7-2中得到的检验结果可知，在全国视角下，变量 ln CE$_{it}$、ln Market$_{it}$、ln City$_{it}$、ln Informa$_{it}$、ln Open$_{it}$和 ln Infrast$_{it}$的水平值未能同时通过这四种单位根检验，即表明这六组变量数据并非平稳的，但是，这六组变量的一阶差分值均同时通过了四种单位根检验，即说明 ln CE$_{it}$、ln Market$_{it}$、ln City$_{it}$、ln Informa$_{it}$、ln Open$_{it}$和 ln Infrast$_{it}$这六组变量均是一阶单整的，可以进行面板协整检验。从表7-3、表7-4和表7-5中检验结果也能得出相类似的结论，即说明东部、中部、西部三大区域视角下的这六组变量也都可以进行面板协整检验。

（三）面板数据的协整关系检验

在完成了面板数据的单位根检验后，发现 ln CE$_{it}$、ln Market$_{it}$、ln City$_{it}$、ln Informa$_{it}$、ln Open$_{it}$和 ln Infrast$_{it}$这六组变量均为一阶单整序列，因而他们可能存在协整关系，本书将使用佩德罗尼（Pedroni, 1999）基于恩格尔和格兰杰（Engle and Granger）两步法提出的面板数据协整检验方法对全国及东部、中部、西部三大区域视角下的这六组变量进行协整检验。[①] 检验结果见表7-6。

从表7-6的结果看，全国及东部、中部、西部三大区域的 Panel PP – Stat、Panel ADF – Stat、Group PP – Stat、Group ADF – Stat 和 ADF 五种统计量均在1%~5%显著性水平下拒绝了"变量间不存在协整关系"的原假设，因此，可以认为 ln CE$_{it}$、ln Market$_{it}$、ln City$_{it}$、ln Informa$_{it}$、ln Open$_{it}$和 ln Infrast$_{it}$这六组变量间存在协整关系。

---

① Pedroni P. Critical Values for Cointegration Tests in Heterogeneous Panels with Multiple Regressors [J]. Oxford Bulletin of Economics & Statistics, 1999, 61 (S1): 653-670.

表7-6　　　　　　全国及东部、中部、西部三大区域视角下的
面板数据协整检验结果

区域	Panel v-Stat	Panel rho-Stat	Panel PP-Stat	Panel ADF-Stat	Group rho-Stat	Group PP-Stat	Group ADF-Stat	ADF
全国	-6.6769	6.8261	-21.8680***	-3.0110***	8.803156	-27.0584***	-1.7154**	-5.8404***
东部	-2.9090	3.2085	-13.5389***	-4.6425***	4.460502	-17.4938***	-2.8025***	-4.3043***
中部	-2.1947	2.9621	-6.5585***	-3.0461***	4.0062	-10.0562***	-1.8812**	-4.7434***
西部	-3.5713	3.2729	-15.3683***	-5.3411***	4.919535	-16.7069***	-5.2678***	-3.1775***

注：***、**、*分别表示在1%、5%及10%显著性水平上显著。

第三节　面板协整方程的估计及分析

一、面板协整方程的估计

在完成了上述针对 $\ln CE_{it}$、$\ln Market_{it}$、$\ln City_{it}$、$\ln Informa_{it}$、$\ln Open_{it}$ 和 $\ln Infrast_{it}$ 这六组变量进行的单位根检验和面板协整检验后，依据此前设置的面板回归模型（公式7.1），下面对全国及东部、中部、西部三大区域分别作流通效率影响因素的系数估计，具体估计结果如表7-7所示。

表7-7　　　　　全国及东部、中部、西部三大区域视角下的面板
数据协整系数估计结果

变量	全国	东部	中部	西部
$\ln Market_{it}$	0.2220*** (3.3119)	0.0789 (0.7909)	0.5622*** (2.8722)	0.3112** (1.9871)
$\ln City_{it}$	0.3912*** (6.6140)	0.7556*** (6.6516)	0.1397*** (5.4999)	0.3935*** (4.5695)
$\ln Informa_{it}$	0.0554*** (3.0812)	0.1428*** (2.6442)	0.1408*** (2.9867)	0.0269 (0.5376)
$\ln Open_{it}$	0.0751** (2.2243)	0.0519* (1.9186)	0.0945*** (3.3196)	0.0780* (1.7364)
$\ln Infrast_{it}$	0.0634** (2.4471)	-0.0666* (1.9381)	0.0242 (0.3765)	0.0879* (1.7154)
常数项	0.5874*** (3.2460)	1.0164*** (5.5507)	-0.4961 (0.9344)	0.1910* (0.3866)
Adj R^2	0.9782	0.9817	0.9563	0.9629
F-stat	397.1460	391.8908	145.0670	193.8355
观测量	310	110	80	120

注：***、**、*分别表示在1%、5%及10%显著性水平上显著，括号内为各系数对应的t统计量。

二、面板协整方程估计结果分析

表7-7列出了全国及东部、中部、西部三大区域视角下流通效率影响因素的回归系数,从表中结果可以看出,流通效率的这些外部影响因素在各区域视角下均对流通效率具有一定的影响作用,下面,我们将分别从不同区域视角来具体分析各影响因素对流通效率的作用效果。

(一) 基于全国视角的流通效率影响因素回归结果分析

从全国视角下的面板模型回归结果来看,各变量的回归系数与理论假设的预期结论基本一致,且回归系数均通过了1%~5%的显著性t检验,总体来看,市场化水平、城市化水平、信息化水平、对外开放程度和基础设施建设水平五个影响因素均对中国流通效率具有正向影响效果。其中,城市化水平对流通效率的正向影响效果最强,其影响系数达到0.3912,其次是市场化水平,影响系数达到了0.222,这一结果说明了在全国整体视角下,城市化水平与市场化水平是对我国流通效率最具正向影响力的两个外部影响因素。这可能是因为当前我国流通效率的提升亟需扩大市场需求和增强市场活力,而城市化进程的加速能够显著增加人口在城市的集中,扩大了市场整体需求,市场化进程也能够通过减少政府对流通市场的过分干预以及逐步取消流通贸易壁垒而达到市场对流通资源的高效配置,营造出良好的市场竞争氛围,增强了市场活力。信息化水平对流通效率的影响效果在这五种外部因素中最低,影响系数仅为0.0554,这可能与我国流通产业信息化进程才刚刚起步有关,虽然借助网络信息技术能够在一定程度上加快流通运行速度,节约流通交易时间,缩短流通传输距离,优化流通商品库存,进而提高流通效率,然而,当前我国流通产业对信息化应用的广度与深度还远远不够,尤其是中部、西部地区流通产业信息化进程起步晚,信息网络在流通产业中的覆盖比例还较低,对流通效率的提升效果还不甚明显。对外开放程度对流通效率也具有正向影响效果,其影响系数为0.0751,高于信息化水平对流通效率的影响系数,这可能是因为在当前我国流通贸易领域全面对外开放的大背景下,外商直接投资的增加与国外先进流通企业的进入,不仅缓解了国内流通产业资金短缺的问题,还使得国内流通企业在与国际流通巨头的竞争与学习中不断地缩小差距,优势互补,进而提高了整体流通效率。在回归结果中,基础设施建设水平对流通效率的影响系数为0.0634,其正向影响效果也略高于信息化水平,这可能是因为近年来我国基础设施建设水平的提高在一定程度上加快了商品流通速度,降低了物流运输成本，进而提高了流通运行的整体效率。

（二）基于东部、中部、西部三大区域视角的流通效率影响因素回归结果分析

首先来看市场化水平对三大区域内各省（市、区）流通效率的影响效果，我们发现，市场化水平在东部的影响系数为0.0789，但未能通过1%~10%的显著性t检验，即无法得出东部市场化水平对流通效率有正向影响作用的结论，出现这种情况的原因可能是，东部区域内各省（市、区）的产权改革要早于中部、西部区域，且改革更为充分，东部区域内流通产业的国有比率较低，政府对市场的干预力也较小，从而导致非市场化因素对于流通效率提升的阻碍作用已不明显。而市场化因素对中部、西部区域内流通效率的影响系数分别为0.5622和0.3112，均在1%~5%显著性水平下显著，中部市场化水平的正向促进作用明显强于其他影响因素，西部的市场化水平的正向促进作用也较强，仅次于城市化水平的促进作用，这可能是因为2000年以后随着国家西部大开发战略的启动实施，中部、西部区域内各省（市、区）间市场化进度明显加速，原有的贸易壁垒及地方贸易保护主义政策逐步被取消，陈旧的商业运作模式与落后的生产方式被淘汰，商品流通市场活力不断增强，流通企业的整体市场竞争力和运营效率提高，进而推动了区域整体流通效率的提升。

城市化水平对东部、中部、西部三大区域内部各省（市、区）流通效率的提升均具有较大的正向影响效果，尤其是在东部和西部区域，东部区域流通效率的城市化水平影响系数高达0.7556，西部区域则高达0.3935，均为各自区域内的最高影响系数，正向影响效果远超其他各因素，且均在1%的显著性水平下显著，可能的原因是近年来随着各地区城市化水平的提高，人口愈发集中于城区，城镇人口密度不断提高，消费需求日益提升，消费者购买能力也有所增强，一方面，使得流通企业获得了更大的发展空间和市场集中度；另一方面，城市化带来了分工和专业化的提高，促使交易效率不断提高，进而提升了整体流通效率。

从东部、中部、西部三大区域视角下信息化水平对流通效率的影响系数来看，东部与中部区域内信息化水平均对流通效率具有正向影响效果，影响系数分别为0.1428和0.1408，且均在1%的显著性水平下显著，然而，西部区域内信息化水平的影响系数0.0269，未能通过1%~10%的显著性t检验，即在西部视角下无法得出信息化水平对流通效率具有正向影响作用的结论。出现这种情况的原因可能是由于西部各省（市、区）对流通产业信息化发展战略重视不够，推

进思路不清晰，网络信息技术的应用广度和深度还有待提高，加上本身经济发展水平相对落后，网络通信类基础设施建设水平较低且投入严重不足，总体信息化水平难以满足流通产业的发展需要，各地区间尚存"信息孤岛"，流通信息传递受阻，因此，信息化水平在西部区域内对流通效率的提升作用有限，难以形成显著的正向影响。然而，在东部与中部区域内，由于流通产业信息化进程起步相对较早，应用范围也较广泛，使得这些地区流通领域的商流、物流、资金流、信息流都建立在现代信息技术基础上，突破了传统商品流通过程中信息传递的时空限制，提高了交易速度，优化了商品库存，节约了交易成本，加快了流通体系运行整体节奏，进而提升了流通效率。

对外开放程度对流通效率的影响系数在东部区域为 0.0519，在中部区域为 0.0945，在西部区域为 0.078，且均通过了 1%~10% 的显著性 t 检验，说明对外开放程度在东部、中部、西部三大区域内均对流通效率具有显著的正向影响效果，这可能是因为我国加入世界贸易组织后，国内流通贸易领域逐步实施了全面对外开放的发展战略，一方面，促使外商投资注入的速度加快，缓解了我国长期以来流通产业建设资金短缺的困难，另一方面，随着一大批具有世界领先水平的流通跨国企业涌入国内流通市场，一些先进的流通技术及管理经验逐渐被我国流通企业所掌握，成为了国内流通企业获得技术进步的直接来源与改善动力，达到了共同发展与进步的目的，并促进了国内流通市场体系建设的进一步完善，提升了整体流通效率。

基础设施建设水平对东部、中部、西部三大区域内流通效率的影响效果较为复杂，对于东部区域，基础设施建设水平对流通效率的影响系数是负值，为 -0.0666，且通过了 10% 的显著性 t 检验，说明在东部区域内基础设施建设水平与流通效率呈反向变动关系。中部区域的影响系数为 0.0242，但未能通过 1%~10% 的显著性 t 检验，即无法得出基础设施建设水平对流通效率有正向影响效果的结论。西部区域的影响系数为 0.0879，通过了 10% 的显著性 t 检验，即说明三大区域视角下只有西部的基础设施建设水平才对流通效率具有正向影响效果。之所以在东部出现影响系数为显著负值的这种不符合理论假设的结论，究其原因，可能是由于东部经济发展水平较高，基础设施建设完善程度也在全国处于领先水平。近年来，在东部省（市、区）出现了大量基础设施重复建设的现象，不仅造成了资源的浪费，而且基础设施整体建设水平也并没有实质性的提高，因而基础设施建设水平并未在东部区域对流通效率产生正向影响效果。然而，对于基础设施建设水平原先较为落后的西部，随着近年来西部大开发战略的实施，国家加大了对西部区域基础设施建设的投资力度，有效地促进了西部各省（市、区）基础设施建设的发展，为当地流通产业的快速发展提供了坚实的基础保障，同时加快了商品流通速度，降低了物流运输成本，进而在一定程度上提升了西部区域的流通效率。

综上所述，通过实证分析市场化水平、城市化水平、信息化水平、对外开放程度与基础设施建设水平等外部影响因素对中国流通效率的作用效果，我们认识到，各变量的回归系数与理论假设的预期结论基本一致，但也有微小的差异，从全国视角来看，市场化水平、城市化水平、信息化水平、对外开放程度与基础设施建设水平等外部因素均对流通效率具有显著的正向影响效果。然而，从东部、中部、西部三大区域视角下来看，部分变量存在统计上不显著的问题，例如，市场化水平的影响系数在东部不显著、信息化水平的影响因素在西部不显著、基础设施建设水平的影响因素在中部不显著等。此外，基础设施建设水平在东部的影响系数为负值，且通过了10%的显著性 t 检验，这一结论是不符合理论预期的。

第四节 本章小结

本章基于前文中关于中国流通效率影响因素的作用机理分析，提出了相应的理论假设，即假设在其他外部条件不变的情况下，市场化水平、城市化水平、信息化水平、对外开放程度和基础设施建设水平对流通效率均具有正向影响作用。

针对这一理论假设，本章选取相应的统计数据进行了实证检验。具体的实证检验步骤为：先确定流通效率各影响因素的指标数据，然后构建流通效率的影响因素实证分析面板回归模型，再分别从全国和东部、中部、西部视角检验流通效率各影响因素的作用效果。检验结果表明：各变量的回归系数与理论假设的预期结论基本一致，但也有微小的差异。从全国视角来看，五个外部因素均对流通效率具有显著的正向影响效果，依据影响效果的强弱排名分别为城市化水平、市场化水平、对外开放程度、基础设施建设水平和信息化水平。但在东部、中部、西部三大区域视角下，部分变量存在统计上不显著的问题，此外，基础设施建设水平在东部区域的影响系数为负值，针对这些不符合理论预期的结论，书中已进行了相应的解释。

第八章

促进中国流通效率区域协调稳步增长的对策

依据此前各章节理论与实证分析结果，虽然中国流通效率区域相对差异总体上有所缩小，但区域绝对差异逐年扩大，且在近三年呈现加速扩大的趋势，东部、中部、西部的流通效率区域差异也程度各异，区域内部的差异程度明显高于区域间的差异程度，必须引起高度重视。经过流通效率的收敛性分析可知，我国流通效率的区域差异不会自动趋于同一均衡稳态，若不改变外部条件，差异将会长期存在。

从流通效率的内涵界定中可知，流通效率是一个宏观的、具有多元内涵的复合型概念，它既不是企业层面的效率，也不是行业层面的效率，而是整个流通体系的综合效率，不能单独从某一个视角来衡量，应包含以下四层含义，即流通的市场效率、流通的企业效率、流通的资本效率和流通的人员效率。另根据中国流通效率的影响因素理论分析与实证检验结果可知，市场化水平、城市化水平、信息化水平、对外开放程度和基础设施建设水平均是流通效率的外部影响因素，且对流通效率具有正向影响效果。据此我们发现，只有从多层面、多维度、多因素综合把握，即通过对流通效率多种影响因素的综合调控，实现流通产业市场效率、企业效率、资本效率及人员效率的全面提高，才能切实有效地提高流通效率。对中国流通效率区域差异调控的总目标并非追求同一水平流通效率的平等化，而是加强流通产业的区域协调可持续发展，将流通效率的区域差异控制在合理的范围内。

基于以上认识，为避免流通效率区域差异程度进一步加剧，促进中国流通效率区域协调稳步增长，本书将从以下几个方面提出相应的对策建议。

第一节　全面深化流通体制改革

改革开放以来，中国流通产业经历了翻天覆地的变化，从长期被视为"末端""次要"的行业转变成了对社会经济发展具有重大影响的"基础产业""主导产业"等。然而从目前来看，我国流通产业仍处在粗放型发展阶段，在发展道路上选择的是通过不断增加投资实现的外延式发展，整体流通效率水平不高，流通结构性矛盾突出，商品流通体系缺乏统一规划。总体而言，现有流通体制尚不完善，影响了流通效率的提高，因此，要进一步深化流通体制改革，加速流通产业市场化进程，消除造成流通效率水平低下的体制性障碍。

（一）进一步深化流通体制改革，营造良性流通市场竞争环境

充分发挥市场机制在商品流通资源配置中的基础性作用，建立起以市场化为目标的商品流通体制，打破地区分割、部门分割以及国内国外市场分割，形成高效畅通、竞争有序、市场统一的商品流通体系。同时，政府应出台相应规制措施，尽可能化解流通领域的行政干预，避免流通资源的低效配置，扩大市场竞争，充分解放和发展流通生产力。尽快出台流通产业反垄断与反不正当竞争的相关政策，彻底打破商品流通领域内的行业垄断、地方贸易保护等不正当竞争行为，为流通市场的公平有序竞争和流通产业健康快速发展提供制度保障，营造良性的流通市场竞争环境。

（二）加快推进中部、西部区域市场化改革，促进流通产业区域协调发展

从上一章流通效率影响因素回归结果分析中可知，市场化水平在中部、西部区域内部对流通效率具有显著的正向影响效果，而在东部区域内却无法得出市场化水平对流通效率具有显著正向影响效果的结论，这主要是因为，东部区域内各省（市、区）的产权改革要早于中部、西部区域，且改革更为充分，非市场化因素对于流通效率提升的阻碍作用已不明显，而中部、西部区域的市场化改革显然并不彻底，因此，政府应从政策层面出发，着力推进中部、西部区域市场化改革，营造良好的流通产业发展环境，完善市场体系建设，为流通产业在中部、西部地区的发展营造良好的市场环境。同时，应树立"大流通、大市场、大商业"的观念，消除政策上对区域流通业发展的歧视，持续加大对中部、西部地区流通产业发展政策扶持力度。统领区域经济发展规划，促进统一市场的建立和流通产

业区域协调发展。

（三）深化流通管理体制改革，建设服务型政府

近年来，流通市场逐渐活跃，一些不法经营行为时有发生，这就需要政府部门加大监管处罚力度。然而，在实际操作过程中，政府管理部门功能重叠、权责不明等情况较为严重，"多头管理"的问题日益突出，特别是在一些市场化水平较低、经济欠发达的地区，这种现象尤为多见，因此，应进一步深化流通管理体制改革，建设服务型政府，转变政府部门管理方式，明确管理部门权责范围，各部门各尽职守、协调配合、收放自如，认真履行"有所为，有所不为"的管理理念，进而实现由直接管理向间接管理、由微观管理向宏观管理的转变，促进市场化水平的进一步提升。

（四）大力规范市场秩序，完善流通相关法律法规

当前，我国流通市场秩序尚不规范，违反国家规定抢购囤货、哄抬价格等现象时有发生，而且流通领域内的立法相对落后，阻碍了我国良好的流通市场秩序的形成。因此，应加强流通市场监管力度，制定明确的商品流通贸易准则与规范，营造良好的市场经营氛围，加快商业诚信体系建设，完善信用信息制度，出台相应法律法规，严厉打击制售假冒伪劣商品、侵犯他人知识产权、偷税漏税以及商业欺诈等违法行为，保障商品流通市场的高效、有序、规范、畅通。

（五）减轻流通企业税收负担，降低流通环节费用

全面落实国家对流通业的税收优惠政策，在一定时期内对农贸市场、农产品批发市场的城镇土地使用税和房产税实行减免政策。在全国范围内推行连锁经营企业的总分支机构汇总纳税政策，促进企业跨地区发展。在税收政策方面给予流通企业充分的优惠，并完善流通业税制。加紧出台降低流通费用的总体性方案，切实规范流通领域收费行为，重点加大供应商、零售商交易收费与农产品市场收费的监管力度。坚决清理各种违规及不合理的公路收费项目，推进全国高速公路"一张网"收费，认真落实鲜活农产品运输的"绿色通道"政策。

第二节 推进新型城镇化建设

随着城镇化水平的提高，经济活动和生产要素加快向城镇聚集，能有效降低商品流通过程中的交易费用和流通成本，促进区域商贸流通体系的完善，同时，

实现流通产业集群发展，促使流通市场规模扩大化，从而推动商贸流通产业快速发展。

（一）有序推进新型城镇化建设，促进区域市场需求协调发展

城市化水平的提升促使人口集中于城市，城镇人口密度的提升又会带动商品流通市场需求量的增大，对区域流通效率的提升具有正向影响作用，这一结论已在第七章中关于流通效率影响因素作用效果的实证分析中得到验证。因此，为促进区域流通效率和市场需求的协调稳步增长，须有序推进我国新型城镇化建设。首先，应优化提升东部区域城市群的流通功能。发挥东部区域既有市场优势，建成高效区域城市流通网络，科学定位城市群中各类城市的主体功能，尤其重视提高中小城市的人口聚集能力，为流通产业提供更大的市场发展空间，同时，合理分布流通资源，依托现有优势，促进流通市场需求的进一步提升。其次，应重视培育和发展中部、西部区域城市群。在保证生态系统不被破坏的基础上，引导一批具有较高市场效率的产业优先向中、西部区域转移，吸纳大批东部返乡农民工在中、西部城市聚集，在产业转移和人口聚集的基础上培育和发展若干新的城市群，带动当地流通市场需求稳步增长，同时，依托城市群和节点城市的流通功能，构建中、西部区域高效的城市流通网络。在推进新型城镇化建设过程中，应注意统筹规划城市发展战略，促进各类城市协调发展，重点发展具有流通枢纽功能的城市，制定全国流通节点城市布局规划，提高城市流通网络的运行效率。

（二）优化城市市场环境，合理布局流通网点

科学规划城市建设，在严格遵守资源环境承载力的基础上，制定与区域经济发展相适应的流通产业发展政策，发挥城市的流通市场平台作用，充分利用城市规模经济产生的流通专业化分工，形成适于当地城市发展的特色流通产业，减少行政干预，降低交易成本，激发市场流通活力，优化城市内部流通市场环境。在流通网点的布局和发展中，加强政府调控与引导，营造流通产业发展的良好环境。将流通网点规划纳入城市总体规划中来，经科学论证后合理选址，既要保证流通网点的辐射范围和经营效率，又要避免流通网点开发过程中的重复建设和盲目无序。与此同时，流通网点不能只建不管，应严格依照现代化城市发展要求，加强对流通网点的管理，维护市场竞争的公平有序，工商、质检、食药监等政府监管部门应协同做好流通网点消费维权监督管理，加大对流通网点失信行为的处罚力度，严厉打击经销假冒伪劣商品、欺行霸市、商业欺诈等违法违规行为，并进行常态化的监督和指导。建立和完善流通市场商品准入、商品销货流向备案机

制，对不符合规定的商品一律进行强制退市处理，严格做好流通网点的商品进出动态管理。

（三）加快农村流通体系建设，推进城乡商贸流通一体化

随着我国城市化水平的不断提高，农村人口逐渐向城镇转移，这无疑加大了城镇居民对农产品的市场需求总量，也对农产品的运输、储存、经销等环节提出了更高的要求。因此，政府应加大对农村市场流通体系建设的投入力度，重视农村商业网点建设，借助信息技术手段提升农产品批发市场营销效率，完善农产品物流配送体系建设，加强冷链物流建设，确保农产品快速完成农超对接。同时，应出台相应优惠政策，鼓励大型流通企业在农村建立农产品生产基地，或与农户签订合作协议，促进农产品生产、加工、储存、运输及销售的一体化，支持连锁企业下乡，构筑覆盖城乡的一体化连锁经营网络，保障农产品进城与工业品下乡的双向流通渠道畅通，进而推进城乡商贸流通一体化建设。

第三节　加快流通信息化建设步伐

信息化是当今世界经济社会发展的大势所趋，也是当前中国现代化流通产业发展的条件与基础，在既有文献研究中，无论是理论探讨还是实践检验，均印证了传统流通产业与信息化的结合必将对流通产业的发展产生深远的影响。而流通信息化对流通产业发展最深刻的影响恰恰在于促进了流通效率的提高，在关于中国流通效率影响因素的理论分析与实证检验部分，均得出了流通产业信息化对流通效率具有正向影响作用的结论。当前，我国虽已开启了信息化发展道路，然而信息化建设水平，尤其是西部落后地区的信息化建设水平还很低，已经成为制约我国现代化流通产业发展的技术瓶颈，并影响了中国流通效率的稳步提高。因此，我们针对流通产业信息化建设提出了如下建议。

（一）明确宏观战略思路，加大政策支持力度

长期以来，我国流通产业信息化发展的宏观战略思路不够清晰，缺乏有针对性的发展规划、发展目标以及相应的配套扶持政策。不仅影响了我国流通产业信息化发展的整体水平，而且造成了全行业信息化协同发展受阻。因此，政府应首先强化流通信息化在流通产业发展中的作用，明确现代流通产业信息化发展目

标,并在政策层面上予以大力支持与推广。其次,应将流通产业信息化确立为当前我国现代流通产业发展的长期战略任务,加强统一规划,明确流通产业信息化相关管理部门职责分工,建立一个覆盖全局的流通产业信息化区域协调管理体制。此外,现代流通信息化发展战略在实施过程中需要政府在政策引导、资金投入以及税收等方面予以大力支持,并随时总结经验教训,依据实际情况适当调整战略步骤。

(二)整合流通信息资源,加强统一网络建设

在传统的流通产业发展格局中,条块分割、各自为政的局面始终难以打破,商品流通信息资源共享受阻,信息化进程举步维艰。因此,政府应从国家利益的高度出发,整合商品流通信息资源,突破条块体制的束缚,加大商品流通信息跨区域、跨行业、跨部门的共享力度,形成流通信息的"大网络"[1]"大平台"。重点支持大型公益性质的商品流通数据库及统一网络信息服务平台的建设。与此同时,应加强信息质量提高工作,保障商品流通信息的时效性、准确性和全面性,并推动我国流通信息安全立法工作的开展,促进信息资源共享,保障商品流通信息安全,保护商业机密,促进国际商品流通信息交流。同时,应完善流通企业后台技术支撑体系,以创新和技术进步带动企业经营水平的提高,加速企业发展。随着流通企业自动化、信息化水平的提高,不但能降低流通成本,提高流通效率,而且通过对流通产业结构的调整,能够增强流通产业核心竞争力,促进全社会经济效益的提高。

(三)鼓励信息技术自主研发,加强信息化人才培养

流通企业是商品流通领域最为活跃的部分,是流通市场的主体,也是流通信息化的主体。在流通产业信息化进程中,无论是在流通信息技术的推广运用还是信息化专门人才培养等方面,流通企业均扮演了主要角色。国家应鼓励流通企业作为流通信息技术自主研发的主要阵地,给予相应的资金与政策扶持,建立流通信息技术自主研发的长效激励制度,营造流通企业的信息技术创新氛围。与此同时,要针对企业实际情况引进一批具有流通信息化专门知识的流通从业人员,因为流通信息化水平的迅速提高必须依靠一大批掌握流通信息化技术研发与运用能力的高水平创新型人才,还应借鉴发达国家的做法,建立流通企业从业人员信息

---

[1] 宋则. 新世纪新主题:流通现代化——促进流通创新提高流通效能政策研究[J]. 产业经济研究, 2003(03): 25-36.

化培训机制，注重流通信息化人才的培养，而这正是彻底改变流通信息化水平低下的关键因素。

（四）完善通信类基础设施建设，加大西部地区投入力度

网络通信类基础设施建设为流通产业信息化提供了基础平台和物质保障。为进一步优化流通产业结构，推进流通产业信息化进程，必须加快网络通信类基础设施建设，尤其应注重加快西部落后地区流通公共信息基础设施建设，这就需要政府加大对网络通信类基础设施建设投资力度，为流通产业信息化提供坚实的物质基础保障，同时，政府应进一步加强对网络通信资源的监管力度，防止流通信息资源浪费，切实保障流通公共信息基础设施利用效率。

第四节 深化流通产业对外开放

关于中国流通效率影响因素的理论与实证分析中，无论在全国视角下还是在东、中、西部视角下，对外开放程度均对流通效率具有正向影响作用。坚持流通领域的对外开放，首先，可以通过吸引外商直接投资弥补此前我国流通基础建设资金短缺的弊端，其次，在流通领域引进国际先进流通技术与经验，能够快速提高中国流通产业整体技术水平和运营经验，此外，通过鼓励有实力的流通企业走出国门，参与国际流通市场竞争，能够培养一批具有国际竞争力的本土流通企业。因此，我们针对流通产业深化对外开放提出了如下建议。

（一）推进全面对外开放，大力吸引外商直接投资

理论与实践均告诉我们，积极推进中国流通产业对外开放，是搞活国内流通市场、强化本土流通产业竞争力、提升中国流通效率的关键所在。当前，我国流通产业必须继续坚持全面对外开放，加大力度通过各种途径吸引外商投资，进一步引进、消化、吸收国际先进流通技术与经验，努力提高本土流通产业的整体技术水平和运营经验。具体措施有以下几点：第一，在借鉴发达国家流通产业对外开放政策制定方面优秀做法的基础上，结合中国流通产业实际情况，制定合适的流通产业对外开放政策，并保持政策的稳定性与连续性，为流通产业全面对外开放和吸引外商直接投资提供良好的政策环境；第二，对本土流通产业进行深入的调查研究，充分了解我国流通产业现状及发展潜力，并据此分阶段地有序推进流

通产业全面对外开放；第三，改善流通产业吸引外商直接投资的硬件设施和软件基础，即加大流通产业配套基础设施的投入力度，优化我国流通产业结构，发展现代流通业，进一步深化流通管理体制改革，使之与国际惯例接轨；第四，建立健全流通产业外商直接投资的相关规章制度和行政程序，使外资流通企业与外商直接投资均在法律允许的范围内公平竞争、优胜劣汰，促进国内流通市场步入良性发展轨道。

（二）鼓励流通企业走出国门，积极拓展海外市场

随着经济全球化进程的加速，我国流通贸易领域逐步实施了全面对外开放，大量国外流通企业争相涌入中国，加剧了国内流通市场竞争。当前，我国本土流通企业不仅需要在国内流通市场与国际流通业巨头展开竞争，而且随着对外开放广度和深度的不断拓展，还应积极融入国际市场，为自身赢得改革与发展的机遇。为促进中国流通产业国际竞争力的提升，我国政府应出台相应优惠政策，鼓励有实力的本土流通企业走出国门，在海外设立分支机构、流通网点和流通服务机构，开展跨境流通服务，鼓励国内具有较高市场份额的大型电商企业开展跨国网络流通服务等。通过鼓励实体与网络流通企业走出国门开展国际流通服务，逐步构建中国的国际流通网络，积极拓展海外流通市场。与此同时，为给中国流通企业走出国门铺平道路，我国还应加强服务贸易国际谈判，当前，最为紧迫的任务就是在已经签署的自由贸易协定基础上，继续与发达国家展开服务贸易方面的谈判，进一步完成自由贸易协定的签署和实施工作。中国政府应以更加积极主动的姿态去参与包括商品流通服务在内的服务贸易谈判，为日益壮大的中国流通产业全球化铺路。[①]

（三）适度保护本土流通企业，确保流通产业安全

当前，我国流通产业的发展水平和国际竞争力与发达国家相比还有较大的差距，本土流通企业的经营理念、管理方式、技术水平、规模效益、组织化程度等方面均相对落后，在坚持流通领域对外开放的过程中，由于既有差距的存在，常常会引发国内外流通企业之间的贸易冲突，例如，某些外商投资流通企业以超低价格恶性倾销，以谋取在我国流通市场的垄断地位，诸如此类的不正当竞争行为，给正常的商品流通市场秩序带来了消极的影响。因此，政府需完善相应政策法规，比如反垄断法、反不正当竞争法、市场准入法等，并对流通产业的发展风

---

① 荆林波，袁平红. 未来二十年中国流通产业发展战略 [M]. 经济科学出版社，2014.

险进行适度有效的干预，加强流通市场准入的后续管理，规范流通市场秩序，提高流通产业管理的规范性，以应对流通领域日益扩大的对外开放程度。与此同时，政府应出台相应政策，扶持和保护本土流通企业，防止我国流通领域完全被外国流通企业控制，确保流通产业安全。

第五节 加强流通基础设施建设

完善的流通基础设施建设是商品流通得以快速运转的基础与保障，在关于基础设施建设水平对流通效率影响效果的理论分析与实证检验中我们得知，流通基础设施建设水平的高低直接影响商品流通速度、物流运输费用、流通交易成本等因素，从全国总体视角来看，流通基础设施建设水平对流通效率具有显著的正向影响效果，为适应现代化流通产业发展需要，必须进一步加强流通基础设施建设。

（一）加大资本投入力度，提高基础设施建设水平

由于基础设施建设的投资大、回收期长、社会效益大于经济效益，政府应充当投资主体的角色，并在此基础上实行投资主体的多元化和投资渠道的多样化，除依靠政府财政拨款外，还应广泛利用外商直接投资资金、政策性银行贷款、信托基金、基础设施建设债券等多种筹款形式，并适当放宽对流通基础设施建设投资限制，鼓励有实力的企业及民间组织共同参与投资，充分保障流通基础设施建设资金充足。同时，各区域应依据自身区位特征，统筹物流基础设施建设，加快完善全国公路、铁路、航空、水运交通运输网络，基于就近原则合理安排货运站点选址。加大重要交通枢纽地区的商品仓储物流基础设施建设力度，打造物流中心城市，进一步发挥物流中心城市的商品集散功能。加快构建跨区域冷链物流体系，增加冷库基础设施建设，加大多元化冷藏车辆设备投资力度，合理布局冷链物流中心，提高冷链物流效率。鼓励利用旧厂房和闲置仓库等改造成为符合规划的流通基础设施。在加强流通基础设施建设的基础上，合理规划运输网络和流通节点，提高物流效率，进而提高流通基础设施的总体运行节奏。

（二）支持落后地区基础设施建设，保障区域流通顺畅

由于中国广大农村基础条件较差，流通基础设施建设成本较高，政府应安

排专项财政资金，牵头解决农村流通基础设施建设，尤其是集中连片贫困农村的流通基础设施建设过程中资金缺乏的难题，并调高政策性银行对农村流通基础设施建设的贷款额度，用于支持农村流通市场体系建设。同时，以补贴或贴息等方式鼓励和引导大型流通企业在农村地区投资建设专业化农产品生产加工基地，以此推进相应农村流通基础设施建设。适当扩大农村流通基础设施建设的财政补贴范围和补贴力度，提高投资者的投资积极性。西部落后地区的流通基础设施建设水平相对落后，然而，根据第七章相关实证分析的结果可知，加大西部地区流通基础设施建设力度能够显著提升区域流通效率，因此，在西部大开发战略实施背景下，政府应进一步加大对西部落后地区基础设施建设的投资力度，给予适当的政策倾斜，安排专项财政资金与政策性银行贷款，并出台优惠政策鼓励东部有实力的大型流通企业到西部投资建设流通网点与配套流通基础设施，提高西部落后地区流通基础设施的总体建设水平，为区域流通的顺畅提供基础保障。

（三）科学合理规划，避免资源浪费

在第七章关于基础设施建设水平对流通效率影响效果的实证检验结果中可知，在全国和西部区域视角下，基础设施建设水平对流通效率具有显著的正向影响效果，然而，中部区域却无法得出显著的影响系数，在东部区域甚至得出了显著的负向影响系数，这一结果与理论假设是不相符的，本书也给出了相应的解释，即认为可能是因为东部区域在近年来出现了大量基础设施重复建设的现象，不仅对提高当地流通基础设施整体建设水平没有实质性的作用，而且造成了资源的严重浪费。因此，政府应加强监管力度，遵循与地区经济发展水平、市场需求总量、城市总体规划相适宜的原则，严格把关流通基础设施建设规划，避免因重复建设造成的资源严重浪费现象。加强流通产业用地管理，严禁以商品集散地、物流配送中心等名义圈占土地，防止土地资源的闲置浪费。

第六节 本章小结

依据此前各章节理论与实证分析结果，我们发现，只有从多层面、多维度、多因素综合把握，即通过对流通效率多种影响因素的综合调控，实现流通产业市场效率、企业效率、资本效率及人员效率的全面提高,才能切实有效地提高流通效率。考虑到中国流通效率区域差异调控的总目标是加强流通产业的区域协调可持续发展,将流通效率的区域差异控制在合理的范围内,为促进中国流通效率区域协调稳步增长,避免流通效率区域差异程度进一步加剧,本章从以下几个方面提出相应的对策建议:全面深化流通体制改革,加速流通产业市场化进程;推进新型城镇化建设,完善城乡商贸流通体系;加快信息化建设步伐,全面提升流通信息化水平;深化流通产业对外开放,提升流通国际竞争力;加强流通基础设施建设,服务流通产业现代化。

第九章

结论与展望

第一节 主要结论

本书以全国 31 个省（市、区）和东部、中部、西部三大区域为研究视角，以流通效率的内涵界定及测度指标体系构建、流通效率及其区域差异的实证测度、区域流通效率的收敛性和影响因素分析为研究重点，运用多种理论与实证方法，深入系统地研究了中国流通效率区域差异及影响因素问题，科学评价了中国区域流通效率的真实水平，并从全国 31 个省（市、区）和东部、中部、西部三大区域的双重视角揭示了流通效率的区域差异客观现状和演进趋势，确定了流通效率的若干影响因素，并针对性地提出了促进中国流通效率区域协调稳步增长的相关对策建议。现将本书的主要结论总结如下。

（一）科学界定了流通效率的本质内涵，并在此基础上构建了流通效率测度指标体系

本书基于对已有相关文献的总结梳理，界定了流通效率的基本内涵，认识到流通效率是现代流通产业发展体系的核心内容和关键问题，是一个宏观的、具有多元内涵的复合型概念，直接反映了流通运行的节奏和流通价值实现的速度及能力，具体体现在流通速度的提高、流通成本的降低、流通时间的缩短以及资源损耗的减少，它既不是企业层面的效率，也不是行业层面的效率，而是整个流通体系的综合效率，不能单独从某一个视角来衡量，包含了市场效率、企业效率、资本效率和人员效率等四层含义。在对流通效率内涵进行科学界定的基础上，本书

依据指标体系构建的全面性、科学性、系统性、针对性和可操作性五项原则,从流通的市场效率、企业效率、资本效率、人员效率四个层面选取了 12 个基础指标构建了流通效率的测度指标体系。

(二)从理论视角探讨了流通效率区域差异形成的初始原因,并针对流通效率影响因素进行了作用机理分析

本书基于对区域差异概念的探讨,认识到流通产业的区域差异是区域经济差异的重要组成部分,作为流通产业运行节奏和流通价值实现的速度及能力的体现,流通效率也是存在区域差异的,这主要是由于各地区资源禀赋、经济社会条件、流通发展环境等因素的差异造成的。流通效率的区域差异通常是指,在一定时期一个国家或地区内,各区域之间流通效率的不平衡现象。借助于区域经济差异理论,本书从理论视角尝试对流通效率区域差异形成的初始原因进行了分析,同时认识到,中国流通效率存在区域差异现象是具有客观必然性的,这种区域差异还可能会随着经济的发展而不断扩大,仅依靠市场的力量是无法使其自动消失的。本书还基于既有文献对流通产业影响因素问题的研究,结合中国流通产业发展的实际情况,选取了包含市场化水平、城市化水平、信息化水平、对外开放程度以及基础设施建设水平在内的五个因素作为流通效率的外部影响因素,并分别就这五个外部影响因素对流通效率的作用机理进行了系统性分析。

(三)确定了流通效率综合权重测度公式,科学评价了中国区域流通效率的真实水平

在完成了流通效率测度指标体系的构建后,本书为流通效率测度指标体系中每个基础指标配赋主客观综合权重,首先运用主观赋权法与客观赋权法分别计算出指标的主客观权重,再运用乘法合成归一化法确定了一组现有条件下最优的综合权重,最后构建出一个具体的流通效率综合权重测度公式。基于已得出的流通效率综合权重测度公式,本书选取全国 31 个省(市、区)作为流通效率测度的研究对象,利用相关基础数据测算出了 2015 年全国各省(市、区)流通效率的实证结果,并对流通效率区域差异的现状进行了静态描述性分析,发现中国各省(市、区)流通效率水平各异,且分布极不平衡,有显著的地域差异。为了更好地说明流通效率不同的地区的总体分布特征,本书采用层次聚类的方法对全国 31 个省(市、区)依据流通效率综合值进行聚类分析,分为三类地区,结果发现,流通效率综合值高的地区的经济发展水平往往较高,相反,流通效率综合值

较低的地区则多是一些经济欠发达省（市、区）。

同样，基于流通效率综合权重测度公式，本书选取全国31个省（市、区）作为流通效率测度的研究对象，将区域流通效率度量的时间跨度定为2006~2015年，利用经过处理的基础数据得出了中国31个省（市、区）2006~2015年流通效率综合值的实证结果。可以看出，全国31个省（市、区）流通效率综合值在近十年间均有所提高，但总体效率仍然不高，仍有超过半数省（市、区）的流通效率综合值是低于全国平均水平的。各年份的流通效率均呈现出显著的区域差异，北京、上海、天津、江苏、广东、浙江等省（市、区）在2006~2015年的流通效率综合值均一直处于全国领先地位，而宁夏、安徽、贵州、云南、广西、西藏等省（市、区）的流通效率综合值在2006~2015年均处于靠后位置。此外本书还测度了2006~2015年东部、中部、西部三大区域整体流通效率综合值，结果显示，东部、中部、西部三大区域的流通效率综合值在2006~2015年这十年间均有较大幅度的提高，但中部、西部流通效率增长量远小于东部，可以明显地看出，东部、西部区域间流通效率差异呈现扩大化趋势，必须引起高度重视。

（四）实证测度了中国流通效率的区域差异，得出了区域差异的总体特征

本书选取了包括极值差幅（R）、极均值差幅（R_m）、相对平均离差（D_r）、变异系数（CV）、基尼系数（Gini coefficient）和泰尔指数（Theil index）在内的多种区域差异测度方法，从绝对差异和相对差异两种视角对2006~2015年中国流通效率区域差异的动态演进趋势进行了全面、准确、客观的实证测度。研究发现，2006~2015年中国流通效率区域差异的极值差幅（R）和极均值差幅（R_m）不断增大，反映了我国省际流通效率的绝对差异在不断扩大，而用于测度中国流通效率区域相对差异的相对平均离差（D_r）、变异系数（CV）、基尼系数（Gini coefficient）和泰尔指数（Theil index）这四项指标数值在2006~2015年均出现了10%左右的降幅，说明我国流通效率的区域相对差异在2006~2015年有所下降。此外，本书还利用分解了的泰尔指数计算公式对我国东部、中部、西部流通效率区域差异程度进行了综合测度。研究发现，东部、中部、西部的流通效率区域差异程度各异，动态演进趋势也较复杂，各年份的流通效率区域差异泰尔指数值均是西部最大，东部次之，中部最小，说明西部和东部内部流通效率区域差异程度始终大于中部，与此同时，三大区域内部的差异程度明显高于区域间的差异程度。

第九章 结论与展望

（五）对中国区域流通效率进行了收敛性分析

本书还讨论了中国区域流通效率的收敛性问题。基于对经济收敛理论及文献的总结梳理，采用适用于流通效率的常见的收敛检验方法，针对中国区域流通效率进行了收敛性的实证检验。对于中国流通效率的 δ 收敛性检验，本书选取流通效率综合值的对数标准差作为 δ 收敛系数，结果显示，2006~2015 年，中国区域流通效率 δ 收敛系数的动态演进趋势较为复杂，不存在 δ 收敛。对于中国区域流通效率 β 绝对收敛检验，本书分别从全国和东部、中部、西部三大区域两种视角进行分析，结果发现，中国区域流通效率无论在全国各省（市、区）间还是东部、中部、西部三大区域内部各省（市、区）间均不存在 β 绝对收敛，由绝对收敛的含义可知，全国和东部、中部、西部三大区域内部省（市、区）的流通效率综合值不会随着时间的推移而达到一个相同的稳态增长速度与增长水平，流通效率的区域差异会长期存在。

本书运用面板数据（Panel Data）固定效应估计方法对区域流通效率进行了条件收敛检验，结果显示，全国各省（市、区）和东部、中部、西部三大区域内部省（市、区）的流通效率均存在显著的条件收敛。根据区域流通效率条件收敛的含义可知，在考虑了各省（市、区）不同的初始条件和结构特征后，每个省（市、区）的流通效率综合值都朝着各自的稳态增长速度与增长水平趋近。从收敛速度来看，全国和东部、中部、西部三大区域内省（市、区）流通效率均有超过 10% 的条件收敛速度。

此外，在利用俱乐部收敛检验方程对区域流通效率进行俱乐部收敛性检验时发现，无法得出东部、中部、西部三大区域内部省（市、区）流通效率俱乐部收敛的结论，即认为东部、中部、西部三大区域内部各省（市、区）流通效率的区域差异将长期存在，"组内相互收敛，组间相互发散"的现象并没有出现。

（六）对流通效率影响因素的作用效果进行了实证检验

本书分别就这五个外部因素对流通效率的影响机理进行了理论分析，又提出了相应的理论假设，即假设在其他外部条件不变的情况下，上述五个因素对流通效率均具有正向影响作用。针对这一理论假设，本书选取相应的统计数据进行了实证检验。结果发现，虽然存在微小的差异，但各变量的回归系数与理论假设的预期结论基本一致。从全国视角来看，五个外部因素均对流通效率具有显著的正向影响效果，依据影响效果的强弱排名分别为城市化水平、市场化水平、对外开放程度、基础设施建设水平和信息化水平。但在东部、中部、西部三大区域视角下，部分变量存在统计上不显著的问题，此外，基础设施建设水平在东部区域的影响系数为负值。

（七）有针对性地提出了促进中国流通效率区域协调稳步增长的对策建议

基于中国流通效率区域差异及影响因素的理论及实证分析结果，我们认识到，只有从多层面、多维度、多因素综合把握，即通过对流通效率多种影响因素的综合调控，实现流通产业市场效率、企业效率、资本效率及人员效率的全面提高，才能切实有效地提高流通效率。考虑到中国流通效率区域差异调控的总目标是加强流通产业的区域协调可持续发展，将流通效率的区域差异控制在合理的范围内，为促进中国流通效率区域协调稳步增长，避免流通效率区域差异程度加剧，本书从以下几点提出了针对性对策建议：全面深化流通体制改革，加速流通产业市场化进程；推进新型城镇化建设，完善城乡商贸流通体系；加快信息化建设步伐，全面提升流通信息化水平；深化流通产业对外开放，提升流通国际竞争力；加强流通基础设施建设，服务流通产业现代化。

第二节 创新之处

在既有文献中，关于中国流通效率问题的研究并不丰富，而在中国流通效率区域差异、收敛性检验以及影响因素分析等方面更是很少有研究涉及，因此，本书针对中国流通效率区域差异及影响因素问题的深入系统的研究实现了一定的突破，在以下几个方面具有一定的创新性。

（一）从区域差异的视角研究中国流通效率的时空变动情况，为中国流通效率问题研究提供了一个新的视角

在既有文献中，有关流通效率问题的研究多是针对流通效率重要性和中国流通效率现状及成因的理论性探讨，在仅有的部分流通效率实证研究当中，学者们也是将研究的重点放在了测度指标体系的构建和全国层面的流通效率实证测度等方面，对于流通效率的区域差异极少涉及，本书则选择从区域差异的视角入手，利用全国31个省（市、区）相关基础数据，实证测度了2006~2015年中国区域流通效率的真实水平，一方面为中国流通效率问题研究提供了一个崭新的视角，另一方面也为后续的研究提供了实证数据支持。

（二）运用收敛性思想探索了中国流通效率区域差异的演化趋势，为中国区域流通效率问题研究提供了新的思路

收敛性思想最初主要是针对地区经济发展水平展开的，但学者们逐渐意识到收敛假说已成为重要的分析工具，其研究范围也逐步扩展到生产率、对外直接投资、生态效率、能源效率等方面的收敛性研究。中国区域流通效率的收敛性能够准确地反映流通效率区域差异的演化趋势，然而遗憾的是，当前，学术界对流通效率的收敛性研究近乎空白。本书借鉴新古典增长理论经济收敛假说的基本思想，提出流通效率收敛的概念，并首次对中国区域流通效率的收敛性进行了讨论，具有一定的创新性，为中国区域流通效率问题研究提供了新的研究思路。

（三）系统分析了中国区域流通效率的影响因素，并利用省级面板数据进行实证检验工作，是对流通产业发展影响因素研究理论及实践的拓展和补充

在已有的关于流通产业发展影响因素的文献研究方面，国内外学者均得出一定的研究成果，但多数学者是针对单一影响因素进行的分析，忽视了其余一些重要的外生影响因素，即使有部分学者提供了多种影响因素的分析思路，也多为理论分析，缺乏多种影响因素的实证研究，基于区域差异视角的影响因素分析则更为鲜见，本书基于既有文献对流通产业影响因素问题的研究，结合中国流通产业发展的实际情况，选取多种区域流通效率的影响因素，首先从理论上进行了深入的作用机理分析，提出了相应的理论假设，并完成了实证检验工作，这是对流通产业发展影响因素研究理论及实践的拓展和补充。

（四）运用多种创新性实证研究方法完成了本书所需的实证测度及检验工作，丰富了中国区域流通效率研究的实证研究方法

本书在各实证研究章节运用了多种创新性实证研究方法，既科学合理地完成了本书的实证测度及检验工作，又丰富了中国区域流通效率研究的实证研究方法，具体体现在如下两部分。第一，运用主客观综合权重系数确定了中国流通效率综合权重测度公式，并实证测度了2006~2015年全国31个省（市、区）的流通效率综合值。本书基于层次分析法确定了指标的主观权重，基于主成分分析法确定了指标的客观权重，再运用乘法合成归一化法确定一组主客观综合权重，这样的安排既体现出决策者的主观经验与判断，又充分利用了实际数据的客观信息，是现有条件下最优的综合权重。正是基于这组主客观综合权重，本书确定了

中国流通效率综合权重测度公式，并利用相应的实证数据测度了 2006~2015 年全国 31 个省（市、区）的流通效率综合值。第二，分别从绝对差异和相对差异选取多种区域差异测度指标衡量中国流通效率区域差异。为全面、准确、客观地反映中国流通效率区域差异的真实情况，本书通过对多种常见区域差异测度指标进行综合分析与比较后发现，这些区域差异测度指标各具优势与适用性，经过适当地选择与调整后，本书分别从绝对差异和相对差异两种视角来实证测度了流通效率的区域差异。

第三节 研究展望

本书在区域差异的视角下对中国流通效率问题进行了较为深入和系统的探讨，取得了一定的建设性研究成果，然而，由于中国流通效率问题研究的复杂性，加之笔者研究水平、理论功底有限，仍有许多相关重大问题尚未进行深入探讨，今后还需在本书的基础上作更进一步的研究，以充实和完善本书的研究内容，从而达到更加全面、深入地把握中国流通效率问题的目的。具体而言，关于这一问题的后续研究可从以下几个方面着手展开。

（一）中国流通效率测度指标体系还有待进一步完善

在中国流通效率测度指标体系构建方面，虽然本书基于流通效率的本质内涵，从流通的市场效率、企业效率、资本效率和人员效率等多层视角综合选取了十余项基础指标，然而，由于缺乏相关统计数据，一些颇具经济意义的指标，如各省（市、区）社会物流总成本、电子商务企业运营效率等均未加入流通效率测度指标体系，这样的安排难免会影响中国区域流通效率评价的准确性。因此，流通效率测度指标体系的进一步完善成为未来研究的主要工作。

（二）流通效率影响因素的选取需进一步加强理论模型支持

在对中国流通效率影响因素作用机理进行分析的过程中，本书确定了市场化水平、城市化水平、信息化水平、对外开放程度和基础设施建设水平五个外部影响因素，然而总体上看，这些影响因素的选取更多的是基于经验判断和借鉴前人的研究成果，缺乏理论模型的推导过程。因此，在接下来的工作当中，将重点深化对中国流通效率影响因素理论模型的研究。

(三) 中国区域流通效率收敛机理有待进一步研究

本书借鉴新古典增长理论经济收敛假说的基本思想，提出了流通效率收敛的概念，并分别对中国区域流通效率进行了 δ 收敛检验、β 绝对收敛检验、条件收敛检验以及"俱乐部"收敛检验。然而，缺乏在理论上阐释中国区域流通效率收敛性的内在机理。因此，针对中国区域流通效率收敛内在规律的理论分析也将成为未来研究的主要工作。

参考文献

[1] 蔡昉,都阳. 中国地区经济增长的趋同与差异——对西部开发战略的启示 [J]. 经济研究,2000 (10):30-37,80.

[2] 曹金栋,杨忠于. 关于流通业战略性地位的理论探讨及对策分析 [J]. 经济问题探索,2005 (2):108-109.

[3] 曹金栋,杨忠于. 流通业战略性地位实证 [J]. 商业时代,2005 (11):24-26.

[4] 曹静. 基于典型相关分析的流通产业与国民经济关联性研究 [J]. 商业经济与管理,2010 (5):13-17.

[5] 常东亮. 流通产业评价指标国际比较 [J]. 商业经济与管理,2014 (12):5-13.

[6] 丛颖睿. 流通业发展与城镇化——基于面板数据模型的实证研究 [J]. 中国流通经济,2014,28 (7):31-38.

[7] 丁俊发,张绪昌. 跨世纪的中国流通发展战略——流通体制改革与流通现代化 [M]. 北京:中国人民大学出版社,1998.

[8] 丁俊发. 流通成本高、效率低问题的冷思考 [J]. 中国流通经济,2012 (12):18-20.

[9] 丁俊发. 中国流通 [M]. 北京:中国人民大学出版社,2006.

[10] 丁琳,陈平. 一个中国各地区经济增长的实证研究 [J]. 经济科学,1998 (4):47-55.

[11] 董承华,刘国辉. 信息技术提升流通业效率的路径研究 [J]. 北京工商大学学报(社会科学版),2013 (2):31-34.

[12] 杜丹清. 现代流通产业经济学 [M]. 杭州:浙江工商大学出版社,2008.

[13] 樊秀峰,王美霞. 我国零售企业经营效率评价与微观影响因素分析——基于22家百强零售上市公司的实证 [J]. 西北大学学报(哲学社会科学版),2011 (3):26-31.

[14] 方虹,冯哲,彭博. 中国零售上市公司技术进步的实证分析 [J]. 中国零售研究,2009 (1):57-66.

[15] 甘碧群,王文超. 批发、零售行业的宏观营销效率研究 [J]. 武汉大

学学报（社会科学版），2003（3）：325-329.

[16] 高涤陈,陶琲. 商品流通的若干理论问题 [M]. 沈阳：辽宁人民出版社, 1985.

[17] 高涤陈. 论流通经济过程 [J]. 经济研究, 1984（4）：14-20.

[18] 高铁生. 流通力是竞争胜出的基础——中国家电连锁集团崛起的启示 [J]. 价格理论与实践, 2004（6）：24-25.

[19] 谷口吉彦. 配给组织论 [M]. 东京：千仓书房, 1935.

[20] 郭守亭,俞彤晖. 中国流通效率的测度与演进趋势 [J]. 北京工商大学学报（社会科学版）, 2013（6）：12-19.

[21] 郭文杰. 改革开放以来 FDI、城市化对服务业的影响研究 [J]. 财贸经济, 2007（4）：91-95.

[22] 何大安. 流通产业分析边界及其理论定位 [J]. 中国流通经济, 2014（10）：4-12.

[23] 何林,何炼成. 流通领域的价值创造与实现 [J]. 中国流通经济, 2005（3）：11-14.

[24] 何永达,赵志田. 我国零售业空间分布特征及动力机制的实证分析 [J]. 经济地理, 2012（10）：77-82.

[25] 洪涛. 降低流通成本、提高流通效率的路径选择 [J]. 中国流通经济, 2012（12）：30-35.

[26] 洪涛. 流通产业经济学 [M]. 北京：经济管理出版社, 2011.

[27] 洪涛. 流通基础产业论——理论与案例 [M]. 北京：经济管理出版社, 2014.

[28] 洪涛. 中国流通产业改革 30 年——实践与理论创新 [M]. 北京：经济管理出版社, 2009.

[29] 黄国雄. 流通效益是社会效益——流通实现是社会价值的实现 [J]. 北京工商大学学报（社会科学版）, 2013（1）：1-4.

[30] 黄国雄. 流通新论 [J]. 商业时代, 2003（1）：13-14.

[31] 黄国雄. 论流通产业是基础产业 [J]. 财贸经济, 2005（4）：61-65, 97.

[32] 黄国雄. 推进零售商业理论创新——促进零售市场健康发展 [J]. 商业研究, 2003（8）：1-3.

[33] 黄黎明. 流通力论 [J]. 当代财经, 1988（7）：1-4.

[34] 戢守峰,徐原青. 现代流通中的利润空间分析 [J]. 中国流通经济,

2004（1）：29 – 31.

[35] 纪宝成．流通竞争力与流通产业可持续发展［J］．中国流通经济，2010（1）：4 – 6.

[36] 江彤．流通创新促进消费的影响机理分析［J］．生产力研究，2014（8）：47 – 49，65.

[37] 江小涓，李辉．服务业与中国经济：相关性和加快增长的潜力［J］．经济研究，2004（1）：4 – 15.

[38] 姜雁斌，朱桂平．能源使用的技术无效性及其收敛性分析［J］．数量经济技术经济研究，2007（10）：108 – 119.

[39] 金永生．中国流通产业组织创新研究［M］．北京：首都经济贸易大学出版社，2004.

[40] 荆林波，袁平红．未来二十年中国流通产业发展战略［M］．北京：经济科学出版社，2014.

[41] 荆林波．中国流通业效率实证分析和创新方向［J］．中国流通经济，2013（6）：13 – 17.

[42] 蓝庆新．我国流通业竞争力状况评价及提升途径［J］．北京市财贸管理干部学院学报，2005（4）：4 – 7，12.

[43] 雷蕾．零售业上市公司全要素生产率增长的实证研究——基于Malmquist 指数的分析［J］．北京工商大学学报（社会科学版），2013（6）：20 – 26.

[44] 李陈华．中国流通产业的"序数安全度"测算——基于结构及趋势调整方法［J］．财贸经济，2014（4）：93 – 103.

[45] 李宏．工业化与流通产业发展关系的实证分析［J］．统计与决策，2007（22）：97 – 99.

[46] 李辉华，何曙．我国当前买方市场下的商品流通效率分析［J］．山西财经大学学报，2001（1）：44 – 46，49.

[47] 李靖华，常晓然．我国流通产业创新政策协同研究［J］．商业经济与管理，2014（9）：5 – 16.

[48] 李骏阳，李燕搏．从"末端产业"到"先导产业"——我国流通改革三十年述评［J］．市场营销导刊，2008（5）：3 – 10.

[49] 李骏阳，余鹏．对我国流通效率的实证分析［J］．商业经济与管理，2009（11）：14 – 20.

［50］李骏阳．建立扩大消费需求长效机制的流通业再造［J］．中国流通经济，2014（6）：7－12．

［51］李骏阳．我国商业的科学发展观探讨［J］．商业经济与管理，2006（12）：3－8．

［52］李松庆．广东流通产业发展的战略思考［J］．广东商学院学报，2008（1）：39－44．

［53］李颋，徐从才．论现代流通成本［J］．商业经济与管理，2006（12）：9－13．

［54］李细建．流通先导问题研究［M］．北京：经济科学出版社，2014．

［55］李小建．经济地理学［M］．北京：高等教育出版社，1999．

［56］李晓慧．技术效率、技术进步与中国流通业生产率增长［J］．商业经济与管理，2011（6）：18－25．

［57］李晓慧．中国流通业增长效率研究［D］．首都经济贸易大学，2012．

［58］李杨超，祝合良．中国流通现代化区域性差异实证分析［J］．中国流通经济，2014（10）：29－35．

［59］李颖灏，彭星闾．我国零售业市场集中度的现状及对策［J］．财贸研究，2006（5）：50－54．

［60］李志宏．经济收敛学说：理论、现实与启示［J］．学海，2005（4）：168－174．

［61］林文益．贸易经济学［M］．北京：中国财政经济出版社，1995．

［62］林至颖．中国与欧美流通发展比较及启示［J］．中国流通经济，2012（1）：19－22．

［63］林周二（日）．流通革命——产品、路径及消费者［M］．北京：华夏出版社，2000．

［64］铃木武（日）．现代流通政策和课题［M］．北京：中国商业出版社，1993．

［65］刘根荣，付煜．中国流通产业区域竞争力评价——基于因子分析［J］．商业经济与管理，2011（1）：11－18．

［66］刘根荣．现代流通产业竞争力理论与实证研究［M］．厦门：厦门大学出版社，2014．

［67］刘国光．把流通业从末端行业转向先导行业［J］．商业经济文荟，1999（2）：9－10．

［68］刘建国．区域经济效率与全要素生产率的影响因素及其机制研究［J］．经济地理，2014（7）：7－11．

［69］刘强．中国经济增长的收敛性分析［J］．经济研究，2001（6）：70－77．

［70］刘兴凯．中国服务业全要素生产率阶段性及区域性变动特点分析——基于1978－2007年省际面板数据的研究［J］．当代财经，2009（12）：80－87．

［71］刘勇，汪旭晖．对全国30个地区零售行业效率的分析［J］．统计与决策，2007（18）：75－77．

［72］刘子峰．论流通产业的战略性地位［J］．财贸研究，2005（2）：39－45．

［73］楼文高，吴晓伟．区域流通业竞争力投影寻踪建模及实证研究［J］．中国流通经济，2010（10）：17－20．

［74］路红艳．中日流通体制比较与启示［J］．中国流通经济，2014（11）：15－21．

［75］吕冰洋，余丹林．中国梯度发展模式下经济效率的增进——基于空间视角的分析［J］．中国社会科学，2009（6）：60－72，205－206．

［76］马龙龙．流通产业结构［M］．北京：清华大学出版社，2006．

［77］吕冰洋，余丹林．中国梯度发展模式下经济效率的增进——基于空间视角的分析［J］．中国社会科学，2009（6）：60－72，205－206．

［78］聂化林，王成勇．区域经济学通论［M］．北京：中国社会科学出版社，2006．

［79］彭国华．我国地区经济的"俱乐部"收敛性［J］．数量经济技术经济研究，2008（12）：49－57，86．

［80］彭国华．中国地区收入差距、全要素生产率及其收敛分析［J］．经济研究，2005（9）：19－29．

［81］彭晖．流通经济学［M］．北京：科学出版社，2010．

［82］钱纳里（美）等．工业化和经济增长的比较研究［M］．上海：上海人民出版社，1995．

［83］冉净斐，文启湘．流通战略产业论［J］．商业经济与管理，2005（6）：10－15，19．

［84］任保平，王辛欣．商贸流通业地区发展差距评价［J］．社会科学研究，2011（2）：45－50．

[85] 任保平. 马克思经济学与西方经济学商贸流通理论的比较 [J]. 经济纵横, 2011 (2): 1-5.

[86] 任保平. 中国商贸流通业发展方式的评价及其转变的路径分析 [J]. 商业经济与管理, 2012 (8): 5-12.

[87] 上创利. 流通产业发展方式转变研究 [D]. 哈尔滨商业大学, 2012.

[88] 盛龙, 陆根尧. 中国生产性服务业集聚及其影响因素研究——基于行业和地区层面的分析 [J]. 南开经济研究, 2013 (5): 115-129.

[89] 石明明, 张小军. 流通产业在国民经济发展中的角色转换: 基于灰色关联分析 [J]. 财贸经济, 2009 (2): 115-120, 137.

[90] 石忆邵, 朱卫锋. 商贸流通业竞争力评价初探——以南通市为例 [J]. 财经研究, 2004 (5): 114-121.

[91] 时珍, 韦奇. 关于流通力的几个问题 [J]. 财经理论与实践, 1988 (6): 26-29.

[92] 司增绰. 我国商贸流通业产业链识别与优化研究 [J]. 江海学刊, 2014 (5): 85-91.

[93] 宋学明. 中国区域经济发展及其收敛性 [J]. 经济研究, 1996 (9): 38-44.

[94] 宋则, 张弘. 中国流通现代化评价指标体系研究 [J]. 商业时代, 2003 (11): 2-3.

[95] 宋则. 构建现代商贸流通体系相关问题研究——基于通货膨胀治理的视角 [J]. 广东商学院学报, 2011 (2): 4-8, 53.

[96] 宋则. 流通现代化及流通业竞争力研究 (上) [J]. 商业时代, 2006 (4): 11-13.

[97] 孙金秀. 现代流通业效率指标体系的构建与评价——基于中国30个省际数据的比较分析 [J]. 商业经济与管理, 2014 (6): 14-21.

[98] 孙敬水, 姚志. 现代流通产业核心竞争力研究进展 [J]. 北京工商大学学报 (社会科学版), 2013 (6): 4-11.

[99] 孙薇. 基于因子分析法的地区流通力比较研究 [J]. 财贸研究, 2005 (4): 36-42.

[100] 孙志伟. 以现代化流通化解通货膨胀压力 [J]. 中国流通经济, 2008 (5): 16-19.

[101] 覃成林. 中国区域经济差异变化的空间特征及其政策含义研究 [J].

地域研究与开发, 1998 (2): 37-40.

［102］覃成林. 中国区域经济差异研究［M］. 北京: 中国经济出版社, 1997.

［103］田刚, 李南. 中国物流业技术进步与技术效率研究［J］. 数量经济技术经济研究, 2009 (2): 76-87.

［104］汪旭晖, 万丛颖. 零售业上市公司生产率增长、技术进步与效率变化——基于 Malmquist 指数的分析［J］. 经济管理, 2009 (5): 43-47.

［105］汪旭晖, 徐健. 服务效率、区域差异与影响因素: 零售业上市公司证据［J］. 改革, 2009 (1): 97-104.

［106］汪旭晖, 徐健. 基于超效率 CCR-DEA 模型的我国物流上市公司效率评价［J］. 财贸研究, 2009 (6): 117-124.

［107］王德章, 宋德军. 哈尔滨市现代流通业竞争力现状、问题与对策［J］. 北方经贸, 2006 (5): 19-23.

［108］王盾."流通力"假说［J］. 财经理论与实践, 1988 (5): 28-30.

［109］王先庆, 房永辉. 流通业成为"先导性产业"的约束条件和成长机制［J］. 广东商学院学报, 2007 (6): 25-28, 86.

［110］王笑宇, 廖斌. 商贸流通业基础性和先导性作用的再认识——基于投入产出模型分析［J］. 北京工商大学学报（社会科学版）, 2014 (3): 39-47.

［111］王永培, 宣烨. 基于因子分析的我国各地区流通产业竞争力评价——兼论中西部地区流通产业发展对策［J］. 经济问题探索, 2008 (4): 42-46.

［112］王月辉. 现代日本流通业［M］. 北京: 科学技术文献出版社, 2005.

［113］魏后凯. 论我国区际收入差异的变动格局［J］. 经济研究, 1992 (4): 61-65, 55.

［114］魏后凯. 中国地区经济增长及其收敛性［J］. 中国工业经济, 1997 (3): 31-37.

［115］文启湘, 王增涛, 邓欣. 工业化、信息化进程中的现代流通体系构建［J］. 经济经纬, 2002 (3): 44-46, 61.

［116］吴传清. 区域经济学原理［M］. 武汉: 武汉大学出版社, 2008.

［117］吴隽文. 从流通效率流通渠道谈提高流通力的途径［J］. 商业经济与管理, 1990 (1): 37-40.

［118］吴延兵. 用 DEA 方法评测知识生产中的技术效率与技术进步［J］. 数量经济技术经济研究, 2008 (7): 67-79.

[119] 夏春玉. 流通概论 [M]. 大连：东北财经大学出版社，2006.

[120] 谢菲，黄新建，姜睿清. 我国物流产业投入产出效率研究 [J]. 南京师大学报（社会科学版），2014（1）：48-56.

[121] 谢莉娟，王晓东. 中国商品流通费用的影响因素探析——基于马克思流通费用构成的经验识别 [J]. 财贸经济，2014（12）：75-86.

[122] 徐从才. 流通经济学 过程 组织 政策 [M]. 北京：中国人民大学出版社，2006.

[123] 徐从才，盛朝迅. 大型零售商主导产业链：中国产业转型升级新方向 [J]. 财贸经济，2012（1）：71-77.

[124] 徐从才. 流通理论研究的比较综合与创新 [J]. 财贸经济，2006（4）：27-35，96.

[125] 许建平，任燕. 我国服务业效率特征研究——基于区域发展差异影响因素的解释 [J]. 产业经济研究，2012（1）：70-77.

[126] 晏维龙，韩耀，杨益民. 城市化与商品流通的关系研究：理论与实证 [J]. 经济研究，2004（2）：75-83.

[127] 晏维龙. 论我国流通产业现代化 [N]. 经济日报，2002-12-23（T00）.

[128] 晏维龙. 中国城市化对流通业发展影响的实证研究 [J]. 财贸经济，2006（3）：55-59，97.

[129] 杨波. 我国零售业上市公司经营效率评价与分析 [J]. 山西财经大学学报，2012（1）：52-61.

[130] 杨青青，苏秦，尹琳琳. 我国服务业生产率及其影响因素分析——基于随机前沿生产函数的实证研究 [J]. 数量经济技术经济研究，2009（12）：46-57，136.

[131] 杨圣明，王诚庆. 论第五个现代化——流通现代化 [J]. 中国社会科学院研究生院学报，1995（2）：7-14.

[132] 杨小凯. 经济学——新兴古典与新古典框架 [M]. 北京：社会科学文献出版社，2006.

[133] 杨亚平，王先庆. 区域流通产业竞争力指标体系设计及测算初探 [J]. 商讯商业经济文荟，2005（1）：2-6.

[134] 依绍华，廖斌. 流通产业公益属性的理论探讨 [J]. 价格理论与实践，2014（8）：43-45.

[135] 依绍华. 流通业对扩大内需的促进机制及对策研究 [J]. 价格理论与实践, 2013 (5): 33-34.

[136] 俞彤晖, 郭守亭. 中国流通效率的区域差异研究 [J]. 河南社会科学, 2014 (5): 66-70.

[137] 俞彤晖. 广东省流通效率演进趋势及现状研究 [J]. 广东财经大学学报, 2014 (5): 68-77.

[138] 俞彤晖. 中国城乡收入不平等的时空演进及影响因素分析——基于收入两极分化视角 [J]. 北京工商大学学报 (社会科学版), 2018 (3): 115-126.

[139] 俞彤晖. 中国城乡收入两极分化与区域经济增长关系研究 [J]. 经济经纬, 2016 (1): 19-24.

[140] 俞彤晖. 中国流通产业发展水平测度及其空间分布动态演进 [J]. 河南师范大学学报 (哲学社会科学版), 2018 (3): 54-58.

[141] 俞彤晖. 中国流通效率区域差异演进趋势分析 [J]. 北京工商大学学报 (社会科学版), 2016 (1): 31-40.

[142] 张昊. 流通产业数据统计的现状、问题及改进建议 [J]. 中国流通经济, 2014 (9): 28-33.

[143] 张弘. 技术创新与我国流通产业的发展 [J]. 中国流通经济, 2009 (9): 16-19.

[144] 张弘. 技术创新与中国流通产业发展 [M]. 北京: 首都经济贸易大学出版社, 2009.

[145] 张弘. 信息化与中国流通创新 [J]. 财贸经济, 2003 (10): 58-62.

[146] 张弘. 信息化与中国流通现代化 [J]. 商业经济与管理, 2003 (9): 43-46.

[147] 荆林波. 中国流通业效率实证分析和创新方向 [J]. 中国流通经济, 2013 (6): 13-17.

[148] 张金锁, 康凯. 区域经济学 [M]. 天津: 天津大学出版社, 2003.

[149] 张连刚, 李兴蓉. 流通产业定位研究进展及趋势 [J]. 商业经济与管理, 2010 (3): 11-16.

[150] 张连刚. 省域流通产业竞争力评价体系构建与实证研究 [D]. 西南财经大学, 2011.

[151] 张赛飞, 欧开培. 流通产业竞争力评价指标体系研究 [J]. 商讯商业经济文荟, 2006 (4): 10-12.

[152] 张声书. 流通产业经济学 [M]. 北京: 中国物资出版社, 1999.

[153] 张声书. 流通经济学导论 [J]. 中国流通经济, 2007 (2): 12-15.

[154] 张秀生. 区域经济学 [M]. 武汉: 武汉大学出版社, 2007.

[155] 张绪昌, 丁俊发. 流通经济学 [M]. 北京: 人民出版社, 1995.

[156] 张云, 李秀珍. 现代服务业 FDI 经济效应与影响因素计量分析 [J]. 现代财经 (天津财经大学学报), 2010 (11): 87-93.

[157] 章迪平. 流通业发展方式转变实证研究——以浙江省为例 [J]. 商业经济与管理, 2008 (8): 22-28, 52.

[158] 赵玻, 文启湘. 发展西部流通业须着力吸引外商直接投资 [J]. 中国流通经济, 2003 (2): 15-17.

[159] 赵锋. 我国流通产业发展水平的测度与区域差异分析——基于 1997—2012 年数据的实证研究 [J]. 广西社会科学, 2014 (3): 79-83.

[160] 赵锋. 中国流通产业发展水平区域差异实证研究 [D]. 中南大学, 2013.

[161] 赵娴. 流通经济学的立论依据与研究定位的新视角——基于空间经济学角度 [J]. 中国流通经济, 2010 (1): 22-25.

[162] 赵娴. 流通先导作用辨析 [J]. 中国流通经济, 2007 (10): 11-14.

[163] 周亚虹, 朱保华, 刘俐含. 中国经济收敛速度的估计 [J]. 经济研究, 2009 (6): 40-51.

[164] 朱发仓, 苏为华. 我国流通业利用外资的实证分析 [J]. 统计研究, 2007 (8): 44-47.

[165] 朱军, 何静, 马虎兆. 城市服务业发展影响因素的实证分析——以天津市为例 [J]. 科学学与科学技术管理, 2008 (12): 86-91.

[166] 庄尚文, 王永培. 商品流通结构、效率与制造业增长——基于 2000～2006 年中国省际面板数据的实证分析 [J]. 北京工商大学学报 (社会科学版), 2008 (6): 11-18.

[167] 庄岩. 外商直接投资对中国流通业影响的实证分析 [J]. 中国软科学, 2010 (S2): 24-27, 61.

[168] 左峰. 流通与工业化互动的历史印证和现实路径 [J]. 中国流通经济, 2010 (3): 14-17.

[169] 左宪棠, 徐从才, 蒋玉珉. 社会主义商品流通经济学的研究对象 [J]. 安徽财贸学院学报, 1985 (4): 57-62.

[170]（日）佐藤肇. 日本的流通机构 [M]. 东京：有斐阁，1974.

[171] Abramovitz M. Catching Up, Forging Ahead, and Falling Behind [J]. Journal of Economic History, 1986, 46 (2): 385 – 406.

[172] Akanksha G., Sanjiv M. Measuring retail productivity of food & grocery retail outlets using the DEA technique [J]. Journal of Strategic Marketing, 2010, 18 (4): 277 – 289.

[173] Anrooy R. V. Vertical Cooperation and Marketing Efficiency in the Aquaculture Products Marketing Chain: A National Perspective From Vietnam [R]. FAO Working Paper. 2003

[174] Barro R. J. Economic growth in a cross section of countries [J]. The quarterly journal of economics, 1991, 106 (2): 407 – 443.

[175] Barro R. J., Sala – i – Martin X., Blanchard O. J. et al. Convergence across states and regions [J]. Brookings papers on economic activity, 1991: 107 – 182.

[176] Barro R. J., Sala – i – Martin X. Convergence [J]. Journal of political Economy, 1992, 100 (2): 223 – 251.

[177] Barro R. J., Sala – i – Martin X. Technological diffusion, convergence, and growth [R]. National Bureau of Economic Research, 1995.

[178] Baumol W. J. Productivity growth, convergence, and welfare: what the long – run data show [J]. The American Economic Review, 1986: 1072 – 1085.

[179] Ben – David D. Convergence clubs and subsistence economies [J]. Journal of Development Economics, 1998, 55 (1): 155 – 171.

[180] Brown J. R., Lusch R. F., Nicholson C. Y. Power and relationship commitment: their impact on marketing channel member performance [J]. Journal of retailing, 1995, 71 (4): 363 – 392.

[181] Buzzell R. D., Ortmeyer G. Channel partnerships streamline distribution [J]. MIT Sloan Management Review, 1995, 36 (3): 85.

[182] Charles A. I., Parry M. E. Is channel coordination all it is cracked up to be? [J]. Journal of Retailing, 2000, 76 (4): 511 – 547.

[183] Cogley T., Spiegel M. M. Panel evidence on the speed of convergence [R]. Federal Reserve Bank of San Francisco, 1997.

[184] Coulombe S. New evidence of convergence across Canadian provinces: The role of urbanization [J]. Regional Studies, 2000, 34 (8): 713 – 725.

[185] Daniels P. W., O'connor K., Hutton T. A. The planning response to urban service sector growth: an international comparison [J]. Growth and Change, 1991, 22 (4): 3-26.

[186] Deaton A. The Analysis of Household Surveys: A Microeconomic Approach to Development Policy, published for the World Bank by John Hopkins University Press [J]. Baltimore and London, 1997.

[187] Delong J. B. Productivity growth, convergence, and welfare: comment [J]. The American Economic Review, 1988, 78 (5): 1138-1154.

[188] Doms M. E, Klimek S. D., Jarmin R. S. IT investment and firm performance in US retail trade [R]. FRBSF Working Paper, 2003.

[189] Fred E. C. Criteria of Marketing Efficiency [J]. American Economic Review, 1921, 11 (2): 214-220.

[190] Friedmann J. Regional Development Policy: A Case Study of Venezuela [M]. Massachusetts: MIT Press, 1966.

[191] Galor O. Convergence? Inferences from Theoretical Models [J]. the Economic Journal, 1996, 106 (3): 1056-1069.

[192] Gerschenkron A. Economic Backwardness in Historical Perspective [M]. Massachusetts: Belknap Press of Harvard, 1962.

[193] Hirschman A. O. the Strategy of Economic Development [M]. New Haven: Yale University Press, 1958.

[194] Im K. S., Pesaran M. H., Shin Y. Testing for unit roots in heterogeneous panels [J]. Journal of econometrics, 2003, 115 (1): 53-74.

[195] Ingene C. A. Labor Productivity in Retailing [J]. Journal of Marketing, 1982, 46 (4): 75-90.

[196] Islam N. Growth empirics: a panel data approach [J]. The Quarterly Journal of Economics, 1995, 110 (4): 1127-1170.

[197] Islam N. What have we learnt from the convergence debate? [J]. Journal of economic surveys, 2003, 17 (3): 309-362.

[198] Jian T., Sachs J. D., Warner A. M. Trends in regional inequality in China [R]. National Bureau of Economic Research, 1996.

[199] Konopa L. J. An Analysis of Some Changes in Retailing Productivity Between 1948 and 1963 [J]. Journal of Retailing, 1968, 44 (3): 57-67.

[200] Lee K., Pesaran M. H., Smith R. Growth empirics: a panel data approach—a comment [J]. The Quarterly Journal of Economics, 1998, 113 (1): 319 –323.

[201] Levin A., Lin C. F., Chu C. S. J. Unit root tests in panel data: asymptotic and finite – sample properties [J]. Journal of econometrics, 2002, 108 (1): 1 –24.

[202] Lucas R. E. On the mechanics of economic development [J]. Journal of monetary economics, 1988, 22 (1): 3 –42.

[203] Maddala G. S., Wu S. A comparative study of unit root tests with panel data and a new simple test [J]. Oxford Bulletin of Economics and statistics, 1999, 61 (S1): 631 –652.

[204] Mankiw N. G., Romer D., Weil D. N. A contribution to the empirics of economic growth [J]. The quarterly journal of economics, 1992, 107 (2): 407 –437.

[205] Miller S. M., Upadhyay M. P. Total factor productivity and the convergence hypothesis [J]. Journal of Macroeconomics, 2002, 24 (2): 267 –286.

[206] Myrdal G. Economic Theory and Underdeveloped Region [M]. London: Duckworth, 1957.

[207] OECD. Regulation and Performance in the Distribution Sector [R]. Paris: *OECD Working Papers*. 1997, 5 (75).

[208] Perrigot R., Barros C. P. Technical efficiency of French retailers [J]. Journal of Retailing and Consumer Services, 2008, 15 (4): 296 –305.

[209] Perroux F. Note on the concept of growth poles, (trans. Livingstone, I. from Note sur la notion de croissance). In: Livingstone I, 1971: *Economic Policy for Development*: Selected Readings, Harmondsworth: Pengiun, 1955: 278 –289.

[210] Quah D. T. Empirics for economic growth and convergence [J]. European economic review, 1996, 40 (6): 1353 –1375.

[211] Rivera B., Currais L. Public health capital and productivity in the Spanish regions: a dynamic panel data model [J]. World Development, 2004, 32 (5): 871 –885.

[212] Romer, P. M., Increasing returns and long – run growth, *Journal of Political Economy*, 1986, 94 (5): 1002 –1037.

[213] Sala – i – Martin X. The classical approach to convergence analysis [J]. The economic journal, 1996: 1019 –1036.

[214] Shepherd G. S. *Agricultural Price Analysis* [M]. Ames: University of Io-

wa Press, 1963.

[215] Singelmann J. *From Agriculture to Services*: *The Transformation of Industry Employment* [M]. Sage Publications: Beverly Hills, 1978.

[216] Solow R. M. A contribution to the theory of economic growth [J]. The quarterly journal of economics, 1956, 70 (1): 65 - 94.

[217] Swan T. W. Economic growth and capital accumulation [J]. Economic record, 1956, 32 (2): 334 - 361.

[218] Tanskanen K. Vendor Managed Category Management—an Outsourcing Solution in Retailing [J] Journal of Purchasing and Supply Management, 2003 (4): 165 - 175.

[219] Teece J. B. The lessons GM could learn for its supplier shakeup [J]. Business Week, 1992, 8: 29 - 36.

[220] Thomas V., Wang Y., Fan X. Measuring education inequality: Gini coefficients of education [M]. Washington D. C.: The World Bank, 1999.

[221] Veblen T. Imperial Germany and the Industrial Revolution [M]. New York: Macmillan, 1915.

[222] Williamson J. G. Regional inequality and the process of national development: a description of the patterns [J]. Economic development and cultural change, 1965, 13 (4): 1 - 84.

[223] Yang X., Ng Y. K. Specialization and Economic Organization: A New Classical Microeconomic Framework [M]. Amsterdam: North - Holland, 1993.

[224] Yang X., Rice R. An equilibrium model endogenizing the emergence of a dual structure between the urban and rural sectors [J]. Journal of Urban Economics, 1994, 35 (3): 346 - 368.

后　记

本书是在我的博士学位论文基础上经过修改、完善、拓展而成的。

自 2012 年进入中南财经政法大学工商管理学院攻读博士学位以来，我的研究方向便稳定于"内贸流通"领域。来到信阳师范学院商学院工作及赴美国米勒斯维尔大学访学期间的几乎所有科研成果均与中国流通产业发展问题密切关联。

本书得以如期付梓，首当感谢我的恩师郭守亭教授，2011 年的国庆假期，那是我第一次去拜见郭教授，几句寒暄便被他的亲和质朴、儒雅风范深深折服，后来便有了我一封电邮前来"问津"，紧接着便是郭教授长长的回信，在信中，郭教授对我满是鼓励，今日想起，由衷地感激恩师愿意接纳我，2012 年 6 月，当我拿到博士录取通知书时的那份喜悦至今让我难以忘怀。在中南财经政法大学求学的三年，是我在思想上、学术上迅速成长的三年，这期间，无论是数篇学术论文的发表，还是博士学位论文的顺利完成，均饱含着郭教授的大量心血，学术之路永无止境，郭教授的培育之恩我也将永记于心！

其次要感谢产业经济学博士生导师组的汪海粟教授、胡立君教授、任剑新教授、石军伟教授等老师在课上课下的悉心指导，我的博士学位论文能够顺利完成也得益于各位师长们的无私教诲。

同时还要感谢信阳师范学院商学院诸位领导、同事在本书完善过程中所给予的帮助与支持，正是商学院和睦向上的工作氛围使我更加坚定地在教学科研岗位上勇往直前。

最后要深深感谢一直默默支持我、关心我的父母，是他们含辛茹苦地把我养育成人，也正是他们不求回报的爱让我能够心无旁骛地完成博士学业，在我撰写博士论文的艰难时期，每次与他们通完电话，所有的疲惫与心头积蓄的压力便会烟消云散。求学之路崎岖坎坷，他们始终是我最坚强的后盾。

总之，我要感谢所有关心和帮助我的人，我将在学术道路上继续砥砺前行，以无愧我的师长、挚友和亲人。

俞彤晖
2018 年 7 月 10 日于信阳师范学院北泽园